后浪出版公司

伦敦的崛起

商人、冒险家与资本打造的大都会

[英] 斯蒂芬·奥尔福德 —— 著　　郑禹 —— 译

九州出版社
JIUZHOUPRESS

致我的父母

哦！伦敦，你荣耀而伟大，引人艳羡。塔楼、庙宇和尖顶像金色花边戴在你的头上，水如银色流苏挂在你的衣角。邻居中你最漂亮，却又最骄傲；最富有，却又最肆意。

——托马斯·德克尔（Thomas Dekker）

《伦敦的七宗罪》（*The Seven Deadly Sinnes of London*，1606）

我的同胞最近开始尝试新的航行，去探索大海和新土地，我出于责任，对我的祖国和同胞怀着热切的感情和善意，我要赞扬他们，无论他们能否取得成功。

——理查德·伊登（Richard Eden）

《新印度条例》（*A Treatyse of the Newe India*，1553）

目　录

前 言

这本书讲述的故事打破了所有历史发展规律：一座城市，如何在高死亡率和疾病等大规模且反复发生的人口危机中不断发展，并应对大规模的移民问题？更重要的是，这座城市在16世纪末期才鼓起勇气，前往那些仅两代人之前还无人知晓的遥远地区，在那里开始探索、贸易和殖民。这是一个关于金钱、财富、贫穷、自信、贪婪、坚韧以及奇异的偶然事件和意外的故事。这个故事讲述的是都铎时期的伦敦——那座威廉·莎士比亚熟悉的城市。

尽管这是一本关于单个城市的书，但这本书也探索伦敦这座城市内外在经验、知识、可能性和想象力等方面的巨大变化。有人认为英格兰人在1500至1620年之间才放开眼界，这种说法严重低估了他们的雄心。几个世纪以来，伦敦的商人满足于将自己的船只驶向低地国家（Low Countries，今比利时和尼德兰）、法国和波罗的海。但到1620年时，他们已经熟悉了去往俄罗斯、波斯、东地中海远端和非洲的路，并且在从红海到日本都设立了基地，他们还在北美拥有殖民地。他们的野心是无限的，他们建立了庞大的贸易公司，并希望成立具有环球航行能力的跨国和跨洲企业。与此同时，通过伦敦出版的书籍，普通人发现这世界上还存在着许多遥远未知的地区。1500年时，最狂热的图书收藏家都很难用伦敦出版印刷的书来填满一个中等大小的书架。一个世纪以后，得益于出版业的蓬勃发展和读者对新知识的渴望，人们的书架上堆满了关于探险、航行、异域民情、宗教布道、外国语言、历史、诗歌和戏剧等方面的小册子和书籍。更何况，仅过了一个世纪，伦敦人口就翻了两番，而且这种人口增长重新塑造了这座城市的环境，这就不难理解为什么我们将会迎来一项令人激动的任务：尝试通过讲述一段令人眼花缭乱的故事来理解伦敦（或坦率地说，只是跟上伦敦的步伐）。

我们需要在一开始就摒弃一些现有的已被广泛接受的假设：一是都铎时期的英格兰在欧洲扮演了重要角色，二是（这种说法在当下仍然根深蒂固）无论什么事，说英语都很重要。在欧洲，1500年的英格兰是个边缘化的闭塞地区。伦敦虽然有一定实力，但总体上是座不引人注目的城市。当时，英语只是部分英格兰人使用的小语种，而当时使用英语的人绝不是现在我们称为不列颠群岛（British Isles）上的所有居民。如果考察1500年时，欧洲各地在各个领域的成就，我们会发现英格兰几乎没留下什么印记，其文化脉搏确实很微弱。当时大名鼎鼎的人物：艺术界的桑德罗·波提切利（Sandro Botticelli）和阿尔布雷希特·丢勒（Albrecht Dürer）、代表教会权威的乔瓦尼·迪·洛伦佐·德·美蒂奇（Giovanni di Lorenzo de’Medici）和后来的教宗利奥十世（Leo X）、金融业与银行业的雅各布·富格尔（Jakob Fugger）、航海探险领域的克里斯托弗·哥伦布（Christopher Columbus）、政治理论家尼科洛·马基雅维利（Niccolò Machiavelli）、科学和人类知识领域的列奥纳多·达·芬奇（Leonardo da Vinci）和大学学者鹿特丹的伊拉斯谟（Erasmus）——这些人除了才华横溢、成就卓著以外，至少还有另一个共同点：他们都不是英格兰人。当时最强大的宫廷和最吸引人的学习机会在意大利、西班牙、法国和德意志。1500年的英格兰国王、都铎王朝的亨利七世（Henry Ⅶ）通过签署和平条约，以及将自己的子女与其他欧陆王室联姻的方式，在外交上取得了突出成就。但亨利的影响力无法与法国和西班牙国王、超凡的神圣罗马帝国皇帝马克西米利安一世（Maximilian Ⅰ）相比，后者统治着构成现代德国和中欧的广袤领土。英格兰人若想要在国外被理解，不得不说一门欧洲语言——最好是说拉丁语。英语的使用范围最远只能到加来（Calais），至少在加来还隶属于英格兰的时候是如此（但英格兰在1558年与法国的战争中失去了它）。

在贸易和航海方面，英格兰也远远落后于其他欧洲大国。正如我们看到的，安特卫普（Antwerp）是当时西北欧的主要集散港口，也是英格兰商人采购来自中东和亚洲的奢侈品的地方，在安特卫普之前主要集散港是布鲁日（Bruges）。意大利城市热那亚（Genoa）和威尼斯（Venice）是东地中海地区的强大的商业城市。那不勒斯（Naples）的人口比巴黎多得多（而巴黎则比伦敦多得多）。奥格斯堡（Augsburg）银行业的大家族，例如富格尔（Fugger）家族和韦尔泽（Welser）家族，控制了西欧的金融环境，向欧洲的国王和皇帝——后来还包括英格兰国王——借出巨额资金。欧洲的跨国贸易体系中心稳固地根植于大陆中部，伦敦只是这个体系中的一颗中型卫星。

现在，让我们将目光转向更广阔的世界：1500年时，西班牙和葡萄牙已确定了意图称霸全球的野心。1497年，教宗亚历山大六世（Pope Alexander Ⅵ）用穿过佛得角群岛（Cape Verde

Islands）以西370里格[①]（league）的子午线，将全球划分为两部分。这意味着在教宗的护佑下，这两个伊比利亚半岛国家已经实际达成瓜分世界的协议。西班牙建立西方帝国的野心开始膨胀。1500年，葡萄牙探险家已经了解了非洲和中东，并在东印度群岛建立了进口胡椒和贵重香料的基地。墨西哥的巨大财富将在几十年内被掠夺和剥削。通过加勒比海返回大西洋的白银舰队（silver fleets）成为西班牙全球势力的最大支柱。1503年，西班牙成立贸易署（Casa de la Contratacíon），这是负责处理从世界另一端运回的珍贵货物的中央政府部门，也是一所受到高度重视的航海学校，它为人们进一步探索世界开发了更先进的技术。在这个新世界里，我们看不到英格兰商人和航海家的身影。1500年时，英格兰商人听到"帝国"或"殖民地"这些词只会一头雾水，因为这些词与他的生活和业务没有明显关联。同样的，英格兰的航海家还需要半个世纪才能赶上葡萄牙和西班牙船长先进的航海技术。

如果16世纪初，在英格兰处于极端边缘化的情况下，伦敦的崛起引人瞩目，那么同样值得人们惊讶的是，在随后的几十年中，当欧洲大陆在宗教战争、大屠杀和叛乱中遭到破坏时，这座城市却在蓬勃发展。

即使在鼎盛时期，欧洲也只是由王国、行省、公国和城邦组成的大杂烩，甚至法国和英格兰这些相对稳定的王国也有各种半自治的地区和封邑。欧洲名义上被天主教观念和等级结构捆绑在一起，天主教会是个强大的多民族精神团体，它和罗马教宗一起

① 里格是一种古老的长度单位，约等于5.556千米。本书脚注均为译者注，下文不再重复说明。——译者注

向所有信仰天主教的欧洲人提供通往天堂的钥匙，并赋予这个差异化和多元化的大陆凝聚感。1500年，天主教的敌人——位于东地中海远端、一直是个威胁的奥斯曼帝国（Ottoman empire），以及15世纪后期被强行赶出西班牙南部的伊斯兰教——被牢牢地挡在外面。除了一小部分散布各地的孤立的异教徒和异端分子，天主教在欧洲内部几乎没有敌人。但1517年，这一切都变了。奥古斯丁会（Augustinian）修士、大学教师马丁·路德（Martin Luther）发表的言论被升级为一场宗教运动，进而撼动了天主教的根本。

宗教改革的成因是这本书的重要背景之一。1517年以后，新教思想颠覆了整个欧洲，瓦解了天主教欧洲的结构。新教思想不止一种，每代新教领袖也不同：路德、乌尔里赫·茨温利（Ulrich Zwingli）、约翰内斯·厄科兰帕迪乌斯（Johannes Oecolampadius）、约翰·加尔文（John Calvin）、泰奥多尔·贝扎（Theodore Beza）等。这些新教运动和新教信仰有一个共同点，那就是它们不仅挑战了天主教会，而且挑战了国王和君主的权威：《圣经》作为上帝无可置疑的话语，可以用来质疑谁有权掌管王国和人民这一基本前提。在之后的一个世纪内，欧洲几大强权间的战争使欧洲处于剧烈震荡下。16世纪60年代后，不时发生的恶性宗教内战使法国几近瘫痪。与此同时，在低地国家，人们将爱国主义和宗教信仰结合起来，用来抵制哈布斯堡家族皇室的统治。当时最强大的国王、神圣罗马帝国皇帝查理五世的儿子、西班牙的腓力二世（Philip Ⅱ）出巨资派遣训练有素的西班牙军队镇压叛军。1517至1600年间，欧洲没有任何事物能够长久不变。在这80多年中，一切关于宗教信仰、政治秩序和权威的假设都从根本上受到了撼动。

英格兰距离这场动荡稍远。英格兰的宗教改革有些独特：这场改革不是受到那场流行运动的启发，而是由亨利八世——绝对不是新教徒，而是极特殊的天主教徒——出于政治、治国方针和纯粹的自我中心等原因而发起。他促使英格兰在16世纪30年代与罗马教廷决裂。除了1553至1558年亨利的长女、天主教徒玛丽一世统治期间，亨利的儿子爱德华六世和小女儿伊丽莎白一世统治的英格兰都是新教国家，其君主是人民的宗教领袖。伊丽莎白女王的顾问相信，在这片浸泡在殉道和迫害的鲜血中的大陆上，英格兰是个模范王国，是希望的灯塔。然而，在信奉天主教的欧洲人看来，都铎时期的英格兰是由被社会遗弃者组成的王国，孤立无援、危机四伏。西班牙的腓力二世尤其认为英格兰是可憎的异端。16世纪晚期，人们经常想象伊丽莎白一世统治的新教英格兰将在1600年灰飞烟灭。这一结果看似合理，但不符合历史事实。相反，英格兰顽强地生存了下来。

16世纪晚期，伦敦没有被隔绝于欧洲的风暴之外。诚然，在很多方面伦敦人是幸运的。他们享有1572年的巴黎人求而不得的和平：那一年，巴黎的天主教徒屠杀了数以千计的新教同胞。然而，伊丽莎白时代的伦敦人感受到了他们的时代挑战。他们奋力解决国内外移民问题。数十年来，成千上万流离失所的难民和移民试图在伦敦谋求新生。普通的伦敦人不得不忍受那些威胁生计的外来人口，因此这座城市有时充满敌意和暴力威胁。同样的，16世纪的伦敦吸引新移民加入其社会结构的能力也十分突出。

伦敦的商人别无选择，只能与动荡中的欧洲进行贸易。君主间的外交争端使他们的货物和船只时而被扣押，时而因为西班牙的军事封锁和外交禁运被挡在低地国家的港口之外。经过了几十年，他们对这一切已经习以为常。16世纪80年代和90年代，英格兰水手和军队在海上和低地国家的陆地上与西班牙交战。伦敦商人学会了适应战况，并借款给几乎被耗尽的国库。他们摆脱了数百年来教会以放高利贷为罪的观念，用全新的方式思考金钱，务实地接受利润。他们开始寻找新市场和机会。伦敦商人某种程度上受到了他们不可控的因素影响，他们在地理学家和航海家的帮助下，到达了比西欧更远的地区。这些地理学家和航海家笃信可以通过远距离航行建立新的贸易联系，这样就能效仿甚至超越葡萄牙和西班牙。尽管在一本关于伦敦的书中详细描写他们前往亚洲和俄罗斯、美洲和东印度群岛的航程有些奇怪，但是不写这些，我们就不能理解为什么这座城市的商业精英在全球各处留下了自己的足迹，但未能将整个世界收入囊中。正是在伦敦历史上这一决定性时期，商人和君主顾问的利益才相互交融。本书显示了金钱和权力如何毫不费力地走到了一起。如果不仔细审视伊丽莎白时代的伦敦发生了什么，我们就很难理解一个像东印度公司这样的世界性的贸易组织是如何成立的，又如何在接下来的几个世纪成就了一个帝国。如果说世界重塑了伦敦，那么伦敦反过来又改变了世界。

这是一本雄心勃勃的书。我希望这本书在研究方法上有所创新。当然，关于伦敦的书已经汗牛充栋，其中一些作品讲述了这座城市两千年的漫长历史；还有一些作品，其详尽的学术研究成果令人敬佩，堪称典范：它们探索伦敦的组织管理、商业精英和同业公会、古迹、人口、宗教改革、印刷文化、建筑和文学生活。

尽管这本书的大部分学术基础都隐藏在尾注和参考资料中，但我应在一开始说明，我必须向那些投入到这些专业领域的学者致以诚挚的谢意。

我试图写出新意，通过从三个层面捕捉伦敦的生活来推动这个主题（也推动自己的思考）：探索城市及其建筑是必不可少的，但首要的是那里的人民，我尝试辨认出他们的些许生活痕迹。我重视人物肖像、信件、戏剧、诗歌、布道和旅行冒险书籍，同样我也看重木刻、织物、信件和墓碑。所有这些材料帮助我们发挥想象力，复原伊丽莎白时代伦敦人的生活。探索和遭遇这两个词在本书中不断出现，这本书的一部分内容就是关于人们如何接受一个改变中的世界。对于16世纪和17世纪初的伦敦人来说，这些变化真实地发生在现实、物质、思想和想象等方面，而且他们无处可逃。

我们在最开始必须考虑1666年伦敦大火造成的损失。当时这座都铎王朝城市的大部分地区都被彻底摧毁，本书中描述的多数建筑和场所都被烧成灰烬。我们对16世纪伦敦的认识来自考古学知识，以及那些在那场大火中幸免于难、而后又逃过了战时的炸弹和时间侵蚀的书籍、报纸、地图和图画。如今，我们仍有很多工作要做，而令人惊讶的是，我们已经很大程度上让都铎王朝的城市走出黑暗、成为焦点。中世纪编年史寥寥数笔描绘的伦敦教堂尖顶的木刻画，与我们后来利用图纸、草图、版画和调研考察出的伊丽莎白时代的每一个角落存在着天壤之别。这座城市发展出了自我认识和自我理解，似乎伦敦人和其他人都认识到他们身边事物的广袤和本质，并且他们以新的方式记录伦敦。例如，伊丽莎白时代剧场里的戏剧就为我们展现了这座城市的样貌、声音、颜色、时尚、娱乐和生活方式。彼时这座城市正在发展出崭新的、引人瞩目的文化自信。

一些伊丽莎白时代历史上最伟大的名字，如沃尔特·雷利（Walter Ralegh）爵士、弗朗西斯·德雷克（Francis Drake）爵士，甚至伊丽莎白一世女王都被有意地放在本书的边缘位置。我给另一些人更多的空间，大多情况下这些人都隐藏在我们熟知的那些人物的阴影下。他们当中有些成就卓越，应该被更多人所知晓，比如小理查德·哈克卢特（Richard Hakluyt），他是殖民地的地理学家和理论家，其巨著《重要的航程》（*The Principal Navigations*）是英格兰散文的骄傲。还有探险家和商人安东尼·詹金森（Anthony Jenkinson），他把伦敦的名字及其贸易往来带到了俄罗斯、波斯和其他国家。托马斯·斯迈思（Thomas Smythe）爵士，他跨越16和17两个世纪，是位能力高超的商业官僚，使英格兰在东印度群岛和美洲的贸易与殖民得以成型。另一些人不太显眼，然而，无论他们是在安特卫普贸易的普通商人、在教区教堂做礼拜的普通伦敦人、来到城市寻找安全感和工作的外国移民、反权威的愤怒年轻学徒，还是劝说伦敦人悔改的传教士，他们一同组成了复杂的伦敦生活网络。这本书意图引领读者用更多的时间观察伦敦街头和海外商人，而不是行走于伊丽莎白时代宫廷权力集团之间。

许多人都帮助我，让我笔下的都铎王朝的伦敦鲜活起来。确实，我们不可能不被人们的生活、活力和经验累积形成的影响力、社会团体的丰富多样，以及致力于探索世界上遥远地区的巨大力量所打动。而所有的这一切都归于一座城市。

作者说明

本书中的日期参照旧式儒略历（ Old Style Julian calendar ）。虽然伊丽莎白时代的人们每年在1月1日交换新年礼物，但欧洲历法的新年开始于圣母玛利亚报喜节或圣母节（即3月25日）。我已经把所有的日期按照现在的习惯，调整为新年从1月1日开始计算。

货币采取1971年使用十进制前一直沿用的形式。1先令（相当于现在的5便士或8美分）等于12便士，1英镑（现在的1英镑或1.60美元）等于20先令。考虑到通货膨胀、货币贬值等因素的影响，我们实际上无法换算16世纪货币和现代货币。如果要粗略地估计，可以把所有16世纪货币的数字乘以1000，来换算成现代货币。

为了了解货币的相对价值，读者可能会希望了解在都铎王朝和詹姆斯一世时期伦敦的商品价格和工资。1506年，1夸脱（2品脱）①的红葡萄酒的价格是3便士，1小桶（一种容量为16到18加仑②的酒瓶）麦芽酒的价格是2先令。16世纪50年代，乘船从威斯敏斯特（Westminster）到兰贝斯（Lambeth）穿越泰晤士河

① 夸脱（quart），液量单位，1夸脱约等于1.14升。

② 加仑（gallon），液量单位，1加仑约等于4.5升。

的价格是1便士；男士理发8便士；1条牛里脊肉的价格是1先令；12只兔子的价格是4先令4便士；1加仑高浓度啤酒的价格是9先令；1大桶（63加仑）红葡萄酒40先令。到了1610年，一份伦敦的“普通套餐”（一种固定价格的餐点）的价格为12便士，套餐可选鹅、丘鹬或炖羊肉，外加一份水果加奶酪的甜点。1563年，伦敦工人的日工资是9便士（如果提供食物和饮品，则为5便士），1588年也是如此。那些年，受雇于城市公会的木匠每周挣4先令，类似的啤酒酿造匠年薪10英镑，鞋匠或造箭匠年薪是4英镑。

关于戏剧和诗歌中的角色、场景或台词，我主要参考了以下版本：《托马斯·德克尔戏剧作品集》（*The dramatic works of Thomas Dekker*），F.鲍尔斯（F. Bowers）编著，四卷集（剑桥，1953—1961）；《剑桥版本·琼生作品集》（*The Cambridge edition of the works of Ben Jonson*），大卫·贝文顿（David Bevington）、马丁·巴特勒（Martin Butler）和伊恩·唐纳森（Ian Donaldson）编著，七卷集（剑桥，2012）；《托马斯·米德尔顿作品集》（*Thomas Middleton: the collected works*），加里·泰勒（Gary Taylor）和约翰·拉瓦尼诺（John Lavagnino）编著（牛津，2007）；还有《河滨的莎士比亚》（*The Riverside Shakespeare*），G.布莱克莫尔·埃文斯（G. Blackemore Evans）编著（波士顿，马萨诸塞州，1974）。其他参考文献收录在书末尾的注释中。

第 1 章

商人的世界

1533 年左右，艺术家小汉斯 · 霍尔拜因（Hans Holbein the Younger）为德意志汉萨同盟的伦敦总部大厅制作了两幅气势磅礴的装饰壁画。被称作“钢院”（Steelyard）的汉萨同盟伦敦总部坐落在泰晤士河河畔的一块长方形的土地上，隶属伦敦桥以西的万圣大教堂（All Hallows the Great）教区。这个地区受到伦敦市长和市议员们的精心监管，而汉萨商人长久以来在这片地区享有特权。“钢院”是一处工作基地，包括河边的一间半木结构的仓库，以及伊斯特林（Easterlings）码头的一台用于装卸船只的起重机。蓝色的圆顶塔楼高耸入云，蔚为壮观，俯瞰着周边的昆希瑟（Queenhithe）码头、三鹤（Three Cranes）码头和冷港（Coldharbour）码头等众多码头。和伦敦很多其他地方一样，“钢院”赤裸裸地宣扬着商人的权力和金钱。

霍尔拜因也是德意志人，他和一些汉萨商人很熟，他给他们画过肖像画。他能生动地抓住作画那一瞬间人物的神韵：画中的青年们机敏、胸有成竹并充满自信，画像常以办公室或账房为背景，他们身着锦衣华服，享受着美酒佳肴。相比之下，霍尔拜因的这两幅壁画在绘画技巧和目的上都与他绘制的肖像画截然不同。巨大的壁画以精美的亚麻布为底，蓝色的背景上点缀着金色，两种颜色形成强烈对比，极为引人注目。它们更像是寓言——一种大胆而勇敢的道德挑战。一幅壁画中，贫穷被人格化为一个衣衫褴褛的女人，坐在摇摇晃晃的车里，身后跟着一群工匠、工人和流浪汉。另一幅描绘了普路托斯（Plutus），罗马的财富之神，他形象老迈、身形佝偻，坐在一辆堆满财宝的战车上。

乍一看，财富之神的巡游像在大肆庆祝财富和物质享受。事实正好相反，这是一场毫无乐趣的游行，因为跟在财富之神旁边艰难跋涉、为自己的财富所累的是克娄巴特拉（Cleopatra）、克洛伊斯（Croesus）、弥达斯（Midas）和坦塔罗斯（Tantalus）这些命运悲惨的人，以及命运女神，后者被蒙住双眼，盲目地抛撒金块。复仇女神涅墨西斯（Nemesis）盘旋在上空，随时准备惩罚那些骄傲自大、冒犯神明的人。在中世纪的雕刻中，恶魔把地狱中不知悔改的罪人生吞活剥，霍尔拜因向商人客户们展示的也是这样一个残酷、毫无希望的场景。像寓言一样，这幅画背后隐藏着画家的意图，它在警醒世人：没有人能逃过上帝的审判。显然，财富虽是寻求世俗上成功的途径，却也铺就了一条通向地狱的道路。霍尔拜因就像一名教士或布道者，他知道罪恶终究会让罪人尝到苦果。

这两幅壁画均配有题词。一幅写道："黄金既催生阿谀奉承，又导致悲伤失望/没有它的人死亡，拥有它的人恐惧。"另一幅写道："因为命运之轮随时可能转向，富有的人每时每刻都在担心害怕。"

霍尔拜因的寓言有两个标题。第一个是《贫穷的胜利》（*The*

Triumph of Poverty），第二个是《财富的胜利》（*The Triumph of Riches*）。[1]

* * *

我们的故事开始于距离“钢院”不远的地方。从泰晤士河的码头和岸边台阶往北面走一点，穿过城市中紧密相连的街道，就到了圣安东尼教区的教堂里。那里有一个人非常熟悉这座教堂，并在1500年初埋葬在这里。一方面，圣安东尼教区教堂属于宗教改革前的伦敦，那个伦敦拥有值得引以为傲的教堂和修道院，但在欧洲的标准下不算特别突出的城市。另一方面，这位埋在教堂中的教区居民是那个时代的普通商人的代表，在新世纪前夕的伦敦，他这样的人很典型。他们在某种意义上都是时代的纪念碑。在这本书里，这样的纪念碑非常重要，因为伦敦和伦敦人的生活在接下来的120年间，将会发生翻天覆地的变化。

圣安东尼教堂像这座城市的其他许多教堂一样小巧整洁，有一座精巧的塔楼和一些醒目的彩色玻璃，安静地坐落在巴奇路旁的空地上。教堂始建于12世纪，1400年左右，一位伦敦市长慷慨解囊，将其重建。几代人以来，另有几十位富有的捐助者和教区居民参与改建这座教堂，修补外墙，增筑小礼拜堂，用玻璃美化它，他们的墓和铭文遍布教堂四周。可以说，只有一座古老的教堂能在当下唤起人们对往昔的深深感触。

1500年初的一天，一位中年伦敦商人的尸体被从圣安东尼教堂祈祷室送入了坟墓里。这件事很平常，数十年来城里每周都会举办同样的葬礼。随着时间流逝，这一传统已经有数百年的历史了。这位商人也没有特别之处，因为在伦敦有几百个像他一样的人。他成功且受人尊重，在城市里担任重要职责，他的名字是托马斯·温杜特（Thomas Wyndout）。

对于温杜特而言，死亡并不意外。他对待死亡的态度和对待他的精细织物生意一样：小心谨慎、深思熟虑。1499年7月，也就是都铎王朝的国王亨利七世统治的第14个年头，他提前立好遗嘱。当时约翰·珀西维尔（John Percyvale）是伦敦市长，斯蒂芬·杰宁斯（Stephen Jenyns）和托马斯·布拉德伯里（Thomas Bradbury）任伦敦治安官。为了他的家庭及亲朋好友的幸福，温杜特做了所有他认为必要的安排。作为一个虔诚的天主教徒，他庄严地等待上帝对自己做出最后的审判，并向圣母玛利亚和所有天上的神灵推荐自己，期盼能得到永生。[2]

温杜特是丝绸商公会（Mercers' Company）的自由民，也是伦敦市市民。伦敦的全体市民在16世纪组成了一个封闭的俱乐部，只有一小部分居民属于这个俱乐部；这些少数拥有特权的居民在市政府中有发言权，而其他伦敦居民则不享受这种特权。成为市民的途径是成为伦敦同业公会（livery company）的一员，这意味着获得资历和尊重。这些同业公会是组织和监督伦敦各行各业的机构，诸如成衣商公会、呢绒商公会、金匠公会、生皮商公会、牛油商公会、葡萄酒商公会、肉商公会，等等。每个公会都有清晰的等级制度，有会长、执事和其他管理人员；有约束成员活动的管理法庭，该法庭能对违反公会规章制度的人进行纪律处分；有宴会厅（在任何公会中，社交都非常重要），也常被用作集体祈祷的礼拜堂。同业公会建造救济院，捐助慈善事业，有时还会创办学校。他们形成了伦敦政治体制的中坚力量：他们代表金钱和权力。公会和市政府融合在一起，因为伦敦的治安官、市议员和市长都是资深公会成员，其他居民无法对市政施加影响。虽然在英格兰都铎王朝时代，大部分权力都是由拥有土地的王室成员、贵族、士绅和教会精英掌握，但在伦敦，获得影响力和政府要职的关键是在商业上取得成功。

由于是丝绸商公会成员，温杜特享有良好声望。丝绸商公会起源于12世纪，当我们审视伦敦最高职位的概况时能清楚地看出，它在所有伦敦公会中地位超群。在1480至1500年间共有22位市长任职，其中鱼商、服饰商、生皮商、成衣商公会的资深会员各有1位，金匠和杂货商各有2位，另有3位是呢绒商。丝绸商却有8位，其中亨利·科利特（Henry Colet，托马斯·温杜特跟他关系匪浅）曾两次任职市长。[3]

温杜特的店位于伦敦最大的商业街齐普赛街（Cheapside）。那里的陈列柜和橱窗向人们展示了一个充满活力的贸易城市。坐落在圣保罗大教堂（St Paul's Cathedral）影子中的齐普赛街上满是商店货摊，一派热闹的景象。成衣商贩卖便帽、礼帽、线、布带和缎带，丝绸商贩卖布料和刚从安特卫普运来的高档面料。丝绸商公会的总部就在附近的阿克的圣托马斯医院（hospital of St Thomas of Acre）。几个世纪以前，这里曾经是阿克的圣托马斯骑士团的基地，那是一个类似于圣殿骑士团（Knights Templar）的半宗教的军事团体［因此hospital来自“医院骑士”（hospitaller）一词，后者指受过军事训练的为基督教而战的僧侣］。阿克的圣托马斯医院被进一步赋予了特殊的精神意义，因为1121年托马斯·贝克特（Thomas Becket）就出生在这个地方。他后来成为殉道的大主教和圣人，几个世纪以来被称为“伦敦之光”（light of the Londoners)。[4]

伦敦的圣安东尼教堂和阿克的圣托马斯医院对托马斯·温杜特意义重大。在前一个地方，他接受了基督教的圣礼；在后一个地方，他和同行们吃喝聚会，共同处理行会事务。我们有时很难分清信仰和生意，托马斯的市民责任也是如此。温杜特生活中第三个重要场所——市政厅（Guildhall），就在距离齐普赛街不远的地方。托马斯很熟悉从圣安东尼教堂步行到圣劳伦斯巷（St Lawrence Lane）和卡特街（Catte Street）的路线。市政厅的院门就在卡特街，紧挨着圣劳伦斯犹太教堂（Church of St Lawrence Jewry）的东墙。

整个伦敦都由市政厅管辖，影响城市生活各个方面的决定就诞生在这座巨大的15世纪的哥特式建筑群中。人们自觉而精心地建造这些建筑，以此宣告伦敦的财富及其享有的独立自治特权。市政厅是一座由大厅、法庭、地下室、礼拜堂和图书馆组成的壮观迷宫。熙熙攘攘的人群穿过它精美的雕花门廊，奔赴庭审。有些法庭神秘的名字体现了伦敦悠久而丰富的历史：市长法庭、市议员法庭、市法院法庭、孤儿法庭、治安官法庭、民会法庭和请愿法庭（也被称为良知法庭）。这正是托马斯·温杜特的世界，因为他是这座城市的两位治安官之一（1497至1498年任职），而且在生命的最后几个月，他当选了伦敦二十六个选区之一的克里普门（Cripplegate）的市议员。作为市议员，他需要身穿醒目的鲜红色长袍。

* * *

像许多都铎王朝的商人一样，托马斯·温杜特不是在伦敦出生的，而是从其他地区移居过来的。他本是赫特福德郡人。他的父母葬在埃尔迈恩大道（Ermine Street）上的小村庄班廷福德，他们的儿子正是沿着这条古罗马时期就修成的大道，在他们过世的多年前前往伦敦的。

16世纪的伦敦是一座移民城市。有些移民是幸运的，有些移民（正如我们下面将要看到的那样）却不那么幸运。幸运的是那些有毅力在苛刻的学徒阶段坚持近十年，并最终开始自己的事业的男孩们。年轻的托马斯很幸运，因为他的师傅是丝绸商亨利·科利特，他在公会中颇有影响力，后来又成为市长。

商人的职业生涯要经历许多固定的阶段。首先是学徒阶段。学徒的成功与否取决于他和师傅的关系。学徒往往是青少年，他们被收作师傅家中的一员——完完全全被当作家族的一分子——而科利特家族非常大。鉴于他日后的成功，我们认为托马斯跟随科利特的几年使他拥有了一块极佳的融入城市生活的"敲门砖"。

第二阶段是成为公会成员，这可能和学徒阶段一样具有挑战性。年轻的商人不仅需要适当的赞助人和建议（再也没有比科利特更好的师傅了），还需要足够的本钱。从务实的角度考虑，任何一位商人都需要一位妻子，她最好是能带来庞大嫁妆的富商之女，或者是能让新配偶尽情使用其前夫财产（尽管这些财产不直接属于她）的寡妇。托马斯·温杜特在1480年以后与伦敦杂货商、议员和前治安官托马斯·诺兰德（Thomas Norlande）的女儿凯瑟琳结婚。有了亨利·科利特的帮助、凯瑟琳的家族关系和伦敦丝绸商界这个小世界里越来越多有影响力的朋友们的支持，托马斯·温杜特找到了自己的谋生之路。

但在1480年1月，事情完全是另一个样子。彼时温杜特的事业岌岌可危，他在丝绸商公会的法庭上被控签订了一项在外人看来性质非常可疑、几近犯罪的商业协议。此外，这项指控甚至暗示当时还单身的托马斯对一位已嫁给资深丝绸商的女士图谋不轨。托马斯·温杜特被他的前辈们惩罚，并得到了一个沉痛的教训。

多亏了丝绸商公会的官方文件，温杜特的轻率事件被记录了下来。我们不清楚事件记录是否完整，但能隐约感觉档案规避了部分尴尬的细节。我们所知如下：1478年，温杜特因为购买布料而欠一位名为约翰·卢埃林（John Llewelyn）的伦敦商人一大笔钱。9月，两位男士在安特卫普起草了一份向卢埃林偿还540佛兰芒镑（Flemish pound）的契约。奇怪的是，这项协议规定，温杜特将在"本人——丝绸商托马斯·温杜特——与伦敦丝绸商托马斯·谢利（Thomas Shelley）的妻子成婚时"归还这笔钱。到他们结婚的时候，温杜特将以他和他的全部货物为担保，一次性还清卢埃林的债务。[5]

这是一份非常古怪的合同，同时它也令人担忧，因为它带着一丝阴谋的气息。毕竟，在她丈夫不让位的情况下，温杜特怎么能够和谢利夫人结婚？可能是通过谢利先生的通风报信，爱德华四世（King Edward Ⅳ）的政府听闻了这份协议。在一年多以后的1479年12月，丝绸商公会收到了来自国王的措辞严厉的信件。国王认为这似乎是一场蓄意谋杀：这场交易的"前提是确保"托马斯·谢利死亡，"因此，显然上述交易的双方为这场死亡做出了全面的想象和谋划"。幸亏在谢利本人的介入下，国王允许丝绸商公会调查此事并惩罚罪犯；但是大臣也通知公会，如果公会不对这种"极其恶劣的罪行"采取行动，那么王室将代为履行正义。[6]

1480年2月，丝绸商公会法院审理了这起案件，认为谢利和温杜特之间确实“最近一直存在各种纷争和疑问”。卢埃林似乎没有参与听证会，争论的焦点全集中在谢利和温杜特之间。温杜特非常幸运，法院认定这笔交易的制定是出于当事人的过分“蠢笨”（simpleness）。公会的高级官员们非常谨慎地选择了这个词：它暗示当事人是出于天真而不是恶意犯下错误的。对于托马斯来说，这一定是一次极度痛苦的经历。庭审的主持之一是他过去的师傅亨利·科利特，另一位是原告托马斯·谢利本人。法庭命令温杜特向谢利先生和谢利夫人下跪以寻求他们的原谅，并且他被罚40英镑，这在当时是一笔巨款，其中30英镑用于赔偿谢利的损失，其余10英镑纳入公会的金库。这就是他所受的严厉的纪律处分，鉴于指控的严重性，这一处分不足为奇。[7]

这一事件让托马斯·温杜特彻底清醒了。他的账房肯定在法院判决之后空了不少，更糟糕的是，这一私人言行的失检闹得满城风雨，影响了他的公司。在伦敦这一商业城市，嚼舌根很常见也很随便。

据我们所知，托马斯·温杜特之后再也没有行差踏错。他和凯瑟琳有一个名为巴塞洛缪的儿子和一个名为琼的女儿。在15世纪80年代和90年代，温杜特的业务不断增长，业务范围也有所扩大。他从事高档面料的交易，甚至为王室供应纺织品：亨利七世用温杜特供应的7码黑色天鹅绒做了一件短礼服。他将羊毛和羊毛制品出口到地中海，并从法国进口葡萄酒。他有在政府任职的野心，朋友和商业合作伙伴赞助他当选市议员，就像温杜特做治安官时支持他们一样。[8] 在这个充满金钱和势力的小世界里，商人们既相互竞争，也彼此合作。

1499年夏天，托马斯·温杜特立遗嘱时，他在市政府的职业生涯才刚刚起飞。他本可以继续任职多年——也许他甚至渴望成为市长。然而事实上，他最多只担任了几个月的市议员。尽管如此，他是成功的：他生意兴隆，又与许多有钱有势的人成为盟友与朋友。温杜特具有国际化的眼光，同时牢牢扎根于伦敦。他是事业有成的幸运儿之一：他是丝绸商、伦敦市民、治安官和市议员，并于1497年当选为下议院议员。在1500年——其实1600年也一样——的商业城市伦敦，贸易、家庭和友谊作为生活和事业中的三条线紧密交织在一起，不可分割。

渗透了托马斯·温杜特生活的世界的是中世纪晚期的天主教文化，它体现在历史悠久的仪式上，制定了出生与死亡的节奏。在这样一座数十万人聚集的城市里，生活充满危险和变数；相反，信仰却令人安心地在笃信和实践中存续下来。即使是在这座忙忙碌碌、你争我夺的城市里，人们也存有对天国安宁的向往。像每一个都铎时代的伦敦人一样，温杜特也需要关注自己的灵魂。

他想被安葬在修建于13世纪、附属于圣安东尼教堂的圣安妮小教堂里。一切都已经准备就绪：1499年，一块空白的石头守候在那里，只待被刻上适当的铭文。从各种意义上来讲，这座教堂承载了温杜特的伦敦生活。在彩色玻璃上，他看到了亨利·科利特和科利特的儿女们，他们是温杜特在伦敦最初的家人。[9]他自己的家人在那里祷告，四周环绕着那些属于像他一样的人的墓碑。他知道他的遗体会躺在圣安妮小教堂里，直到复活的那一天。

都铎时期的伦敦人无法把生命当作理所当然。他们热衷于死亡的象征。城里的这类预兆如此之多，提醒他们自己也终将一死。他们在神的监督之下生活，并为上天堂做准备。那些托马斯、凯瑟琳、巴塞洛缪和琼日复一日地在圣安东尼教堂看到的石墓和铜匾，一边歌颂着教区商人捐助者们物质上的成功，一边提醒活着的人生命是转瞬即逝的。曾主持重建这座教堂的托马斯·诺尔斯（Thomas Knolles）市长在他的墓碑上写道："托马斯·诺尔斯的肉和骨/躺在这块石头下。"一位15世纪的杂货商的墓上写着："我就是这样的，你也将变成这样。"另一段铭文更加坚决：

> 他的例子可以表明
> 这个世界只是虚空：
> 无论伟大还是渺小，
> 终将归为虫子的食物。

即使是城里最有钱有势的人也无法逃脱死亡，没有人能免于上帝的审判。[10]

当托马斯·温杜特的一生结束时，他在8柄火炬和4根细蜡的照耀下落葬在圣安妮小教堂里。我们可以想象那一天的圣安东尼教堂：弥漫在空气中的香火，熟悉的拉丁文礼拜仪式，在墓室旁和小教堂其他祭坛上燃烧的灯火。这是一场城市盛会，教堂里满是可敬的同业公会成员和政府官员，市议员们穿着紫罗兰色的长袍礼服，护剑官身着黑袍礼服，走在市长前面。对伦敦的上层社会来说，严格的礼仪和悠久的传统意味着一切。温杜特坟墓上的火把标志着他开始了从这个世界向下一个世界的旅程。对于他和先于他去世的家人来说，这象征着记忆和义务。在遗嘱中，他向安葬他父母的班廷福德教堂馈赠了一些火把和细蜡。[11]

温杜特请他的遗嘱执行人委托一名神父在葬礼上，以"通常的祷告……和安魂曲”作为亡者日课的内容，为他的灵魂歌唱。他留下钱雇人为父母的亡灵做了近四百场安魂弥撒，并指示遗嘱执行者找个“善良正直的神父”为自己、父母和所有基督徒的灵魂做二十年祈祷。慈善事业对于温杜特这一代信奉天主教的伦敦人来说是至关重要的，而对一个世纪后的信奉新教的伦敦人来说亦是如此，尽管他们侧重点不同。对于温杜特来说，慷慨解囊可以帮助他顺利通过炼狱，但对后来的新教徒而言，根本就没有炼狱。

温杜特的遗赠显示出伦敦人惯有的丰富的生活形式，还说明富人认为自己应该对其他人承担义务；这是一种精神上的补偿。教会地产和教堂排在他的受益人名单的前列。托马斯把钱遗赠给了史密斯菲尔德附近的伦敦修道院（London Charterhouse）里的加尔都西小修道院（Carthusian priory）、里士满的修道院、圣安东尼教堂的祭坛以及阿克的圣托马斯的丝绸商教堂。他本着同样的宗教责任感和市民义务，留下钱修缮城市的道路，赠给穷人、囚犯、牛津和剑桥的学者以及要结婚的贫苦少女。他期待这些人能为他祈祷，以此回报他的善行。

在为死亡做准备的时候，温杜特首先关心的是他的家人：他关心妻子凯瑟琳的安全，关心他们的孩子，还关心他的仆人们。他委托成熟老练、经验丰富的遗嘱执行人和监督人。像他一样，他们都是伦敦的自由民和市民，每一个都从属于某个强大而有特权的同业公会。他们有些是他的朋友和生意伙伴，是城里的重量级人物；还有一些是他以前的手下，一直对他忠心耿耿。[12]

托马斯·温杜特有多方面的义务：对上帝、对家庭、对丝绸商公会、对他的伦敦同胞。他对身后事务和慈善事业的安排照顾到了上述每个群体。生命的流逝是人类延续不可避免的一部分。当温杜特在写下遗嘱，并为家人、遗产继承者们和“我的伦敦丝绸商同僚们”做出相应安排时，这一点得到了有力的证明。团体是一种归属感。

对托马斯·温杜特来说，丝绸商公会不仅是一个俱乐部或行业协会。对他（和其他人）来说，这是一种受悠久传统约束的生活方式，就像一种本能，像是他的一部分。这就是为什么他会想送给公会一件精美的镀金银杯。这件礼物最后在1503年的一次盛大庆典中，由他的遗嘱执行人呈给公会的会长。这场典礼庆祝丝绸商们的过去和现在，同时它也面向未来，提醒大家在以后的岁月里记住温杜特。通过丝绸商教堂每年的祷告，朋友们会想起他，这不仅是一种标准仪式或惯例。1506年，当公会的神父发现很难把托马斯的纪念祈祷塞进繁忙的教堂时间表时，他的遗孀凯瑟琳给会长提供了一个巧妙的解决方案：将它移到纪念圣凯瑟琳的聚餐时——这一建议简单而令人动心，毕竟她和圣凯瑟琳同名。[13]

凯瑟琳·温杜特在托马斯死后又活了25年，但她很快就再婚了，她的新丈夫理查德·哈登（Richard Haddon）爵士也是一位鳏夫。他在这座城市有权有势：像托马斯一样，他曾任治安官和市议员，于1506至1507年任市长，还是丝绸商公会的高级管理人员。理查德爵士的第一任妻子是温杜特的好友兼前商业伙伴、金匠约翰·沙（John Shaa）的姐妹。这并非特例，像温杜特和哈登这样的家族还有很多。友谊、生意、血缘和婚姻总是错综复杂地交织在一起，形成把这些家族连在一起的纽带。[14]

商业城市伦敦的女性促使城里的社会精英联系在一起。这些妇女结婚、生子、维护儿女和家族的利益。她们常不为人知，遭到忽视。但可以肯定她们是在场的：或是处于一段由嫁妆分量决定她们个人价值的不稳定的婚姻中，或是作为寡妇。有家族背景和嫁妆的年轻寡妇通常会再婚，结婚是在家庭和企业之间转移资本的有效且必要的手段。立遗嘱时，在坚持父系继承原则的前提下，丈夫常给妻子留下一栋房子和一些收入，以确保她能安然度过余生。儿子继承房屋、金钱和企业，女儿则协助建立商业王朝。

凯瑟琳·哈登夫人常给人留下深刻印象。她一丝不苟地对两任丈夫表现出相同的敬重。正如我们所看到的那样，为了托马斯的纪念祈祷，她于1506年前往丝绸商公会，而理查德·哈登爵士于1517年去世后，她维持着他的祈祷仪式和慈善事业。哈登从来没有回避对凯瑟琳和她的家庭的责任，尤其是对她的女儿琼。琼嫁给了他的儿子兼继承人威廉，因而也是理查德爵士的儿媳。这场婚姻非常痛苦，两人经常激烈争吵，为了保护琼，哈登不得不采取紧急行动制止威廉。[15]

1499至1500年，伦敦市民、市议员和丝绸商托马斯·温杜特做了最后的安排。他审视自己的灵魂，为妻子和家庭做好打算，向朋友和同事致敬，他还试图减轻穷人的负担，希望他们能因此为他祈祷。他已经为升入天堂做好准备，安顿好自己的事务，并且做完告解，但他完全没有想到他的子孙后代将面对什么样的未来。

第2章

伦敦人

如果托马斯·温杜特在1600年奇迹般地复活，他将会惊异于伦敦的人口总数。在他那个时代，伦敦住着约5万人。到了1550年，这个数字上升到了大约7.5万；而在1600年，这个数字达到了20万。从规模或增长速度来看，伦敦把英格兰的其他城市远远抛在后面。布里斯托尔和诺里奇排在伦敦后面，在规模上并列第二，1500年，这两座城市的人口均约是1万,一个世纪之后涨到1.2万。伦敦是一个庞然大物，规模极大，势不可挡，在整个欧洲范围内都排在前列。16世纪中叶，它是欧洲第六大城市。到了1650年，伦敦已经超过了安特卫普、里斯本、那不勒斯和威尼斯等主要港口和商业中心，仅次于巴黎。[1]

从许多方面来讲，经历了14世纪中叶恐怖的黑死病后，这座城市的人口只是逐渐恢复到原来的水平。那一代伦敦人对大灾难深有体会，在伦敦大约10万的居民中，有约48%的人口死于黑死病。城里的上层人士被席卷而来的暴虐疾病击倒并死去，穷人则更加脆弱。[2] 伦敦能正常运作是一个奇迹。这座城市用了两百年的时间才得以恢复，而这场复兴始于16世纪中叶。

在都铎时期的伦敦，出生人口的男女比例大约是115∶100。由于大量的年轻男性来到这里做商人的学徒，这种比例被进一步拉大。就我们所知，当时的人刚刚步入中年就踏上了一段快速通往坟墓的旅程。托马斯·温杜特在40多岁的时候去世并不令人意外。在这里，我们必须依靠复杂的人口模型数学。由于记录的特性，这一模型更适用于男性。1550年左右的这座城市的男婴、男孩和男人，有十分之六以上是34岁以下。根据这个模型可知，这座城市里35岁以上的男性比例迅速缩小，只有一小部分伦敦人活到了60岁以上。这意味着在这座莎士比亚熟悉的城市里，很少有白胡子的老人。从这一表象来看，都铎时期的伦敦人口统计结果与21世纪发展中国家更为相似，而非发达国家。[3]

在16世纪，两个残酷的现实困扰着伦敦人，其一是该市死亡率居高不下，其二是出生率持续偏低。从1580到1650年的70年间，洗礼的次数比葬礼少（0.87∶1）。1580年之前的几年里，这一数据不可能更高。城里最大的问题是疾病流行。1563年，瘟疫造成17 404名男性、女性和儿童死亡，占当年被掩埋的伦敦人总数的85%，这可能也是全市20%的人口。尽管市政府几乎没有办法阻止感染的蔓延，但至少在记录死亡人数上兢兢业业。[4]

当然，所有这些都意味着伦敦人口本应收缩，但是实际上伦敦人口翻了两番，这使我们立即意识到有其他因素发挥了重要影响：有人移居到这座城市。这种迁移数目巨大、一直持续而且非常必要。这座城市的商业精英群体别无选择，只能通过向外地招聘来自我更新。在16世纪50年代伦敦同业公会的新自由民中，只有不到两成出生在伦敦。其余的人来自整个英格兰，其中约有

30%来自约克郡、兰开夏郡和其他北方郡。[5]伦敦能够吸引来自全国各地的年轻男女（尤其是男性）来这座城市改变自己的人生。我们可以肯定，他们到达这里时会发现，这里的人口密集程度是他们从未见识过的。

伊丽莎白时代的人们也在思考伦敦成功的原因，因为他们对一些针对伦敦的指责非常敏感。有人指责它过于专横，也有人认为伦敦的商人破坏了其他英格兰城镇的贸易。伊丽莎白时期最了解伦敦的古董家约翰·斯托（John Stow），用五个词来概括这个问题的答案：位置、预期、服务、政府和利益。换句话说，斯托的意思是：伦敦在地理上处于理想位置；它在英格兰历史上长期扮演重要的角色；作为一座城市，它的声誉是无与伦比的；它享有优秀的政府；它使整个国家受益（最后这一点无论是当时还是现在，至少对于居住在伦敦以外的人来说是颇具争议的）。[6]斯托的意思很明确。毫无疑问，伦敦是英格兰的主要城市，而且在大部分时间里是统治这个王国的宫廷所在地。皇家宫廷需要供给，这对商业有利。同样有利的是，廷臣们也住在伦敦城附近，他们喜好昂贵、精美的物品。当乡绅们因在威斯敏斯特法院办理业务而暂住在伦敦的时候，他们的钱包也使伦敦受益。

最重要的是泰晤士河。商人们把船从泰晤士河驶到欧洲大陆的港口。同这条伟大的河流一样强大的是伦敦同业公会，它们体现了高度集中的金钱、商业王朝和特权；伦敦的商人们组成了一个强大的选民群体，甚至可以左右君主和议会的想法。

伦敦人对在城市的街道上看到外地人和外国人感到习以为常。尽管伦敦初期并不在欧洲主要贸易城市之列，外国商人和金融家早就在此设有基地和办事处。最有名的是汉萨商人建立的伦敦“钢院”商站。这一商业联盟于14世纪在吕贝克（Lübeck）成立，其在欧洲的跨国贸易把伦敦与汉萨在低地国家、波罗的海各国和俄罗斯的基地连接起来。常驻伦敦的意大利商业银行家向中世纪的英格兰国王提供贷款。都铎时期伦敦伦巴第大街（Lombard Street）上有个大酒馆叫“教宗之首”（The Pope’s Head），其前身是14世纪佛罗伦萨的巴尔迪（Bardi）商人拥有的一栋房子。[7] 15世纪，意大利商船在伦敦码头边停靠，从地中海运来葡萄酒、香料、糖和细布，他们从达尔马提亚（Dalmatia）、伯罗奔尼撒（Peloponnese）和希腊岛屿以及西班牙南部招募船员。[8] 法国和尼德兰的商人也经常光顾伦敦。

一些伦敦人比其他人更突出。16世纪60年代，约翰·霍金斯（John Hawkins）爵士的奴隶贩运为伦敦带来了约300名非洲人。[9] 1588年，一名黑人男子被发现死在圣奥拉夫（St Olave’s）教区的哈特街（Hart Street）上，那里离伦敦塔不远。他被埋葬在教区教堂的墓地里，与他一样埋在这里的还有两名黑人女性，玛丽和格雷丝，她们也住在这个教区，都是医生兼商人埃克特·努涅斯（Hector Nuñes）的仆人。[10] 努涅斯是葡萄牙的犹太人，但他的家庭被强制皈依基督教。他在伦敦生活了50多年，担任王宫贵族的医生，同时作为商人与西班牙、葡萄牙和巴西贸易往来。

在16世纪伦敦的故事中，最引人注目的是成千上万的新教难民的到来（本书后面还要提到这个主题）。为逃离战争和迫害，许多法国人和尼德兰人举家落户伦敦。一方面，作为新教徒，他们受到欢迎；另一方面，许多伦敦人担心他们会加剧竞争，尤其因为许多移民带来了布料加工、金属加工、印刷和酿造的技能。城里的上层人士认为外来人口挑战了市民特权，因而感到如坐针毡。有时候城里对陌生人的暴力气氛十分浓重，青年们在街上游荡，试图寻找发泄不满和怨恨的方法。

这体现了伦敦的多元化：这里有法国商人、尼德兰手工业者、经营破烂保龄球场的意大利人、一小群非洲人、外籍教师和印刷工、流亡学者、正在散步的绅士、来自英格兰各地的天真男孩和女孩。他们或贫穷，或富有，或介于二者之间。这座城市是一个由数以千计的个体组成的复杂多变的人工拼接物。

大多数伦敦人必须努力工作才能生存。都铎时期的地图和城市规划的插图展现了正把衣服挂在架子上晾干的洗衣女工、提着桶的挤奶女工、提着水桶的运水工、牲畜贩子和他们的牛。伦敦的码头一直都很繁忙。在泰晤士河上，舢板、驳船和划艇像舰队一样上下穿梭。伦敦塔附近的猎犬沟渠街（Houndsditch）以及水巷（Water Lane）和泰晤士街（Thames Street）的拐角处都有火炮铸造厂。灰砂砖窑排出烟雾。风车建在芬斯伯里地区的垃圾场上，研磨玉米。在整个城市里，处处有染色、酿造、屠宰和制革的商店和建筑，还有铸钟厂和制陶厂。[11]

这座城市的商人住在由石材、木材和灰泥建成的豪华房子里。通常，这些既是他们生意的总部，也是家庭住宅。商人的生活很舒适，他们的房间里桌子、床、橱柜、箱子等家具一应俱全，还有精致的地毯、挂毯和银器作为装饰品。[12] 许多商人在城外的乡村有房产。所有这一切，对那些辛苦谋生、住在拥挤不堪的肮脏住所的伦敦人来说是遥不可及的。伦敦既代表财富的胜利，又代表贫困的胜利。然而，在这座城市的教区教堂里，不同人群间却存在着一种平等。根据史料记录，在那里举行洗礼的包括绅士、商人、服务员、马车夫、细木工、玻璃工、羊毛打包工、面包师、搬运工、音乐家、布料工、铁匠、蜡烛商、裁缝、劳工和外地人在内的所有人的孩子。所有伦敦人都被教堂和圣洗池联系在一起。[13]

在16世纪，服饰是识别人身份的一种快速而有效的途径。把劳工或工匠误认为同业公会的自由人是不可能的。市议员和治安官穿着红色和紫罗兰色的长袍，套着天鹅绒的风帽和裘皮斗篷。在法律规定和时尚标准的影响下，着装规范很清楚。限制奢侈品的法令规定，人们的着装应与社会等级一致，只有上流社会才能穿着天鹅绒、绸缎、锦缎和皮草。商人和他们的妻子通常穿戴装饰着皮草的帽子和长袍，再配上飞领和制作精美的手套。商人的黑色套装完美地体现了其品位和权威的恰当平衡：商人低调而谨慎、行事不张扬。当然，由于染黑布的工艺程序复杂，这种布料还是很昂贵的。[14]

按照现代标准，伦敦人的财产很少。一位名叫约翰·黑格（John Haigh）的伦敦神父生活称得上宽裕，1514年他给他的母亲留下一件黑色的长袍，给他的兄弟罗杰留下一匹马，给一位叫亨利·韦斯特（Henry West）的绅士留下他最好的领结。黑格的遗物是那个时代遗嘱中列举的典型物品：一些长袍、夹克和紧身上衣；一张带有长枕、枕头和床罩的床；毯子、床单和帷幔。这样的财产［或者如伦敦的一位老人约翰·盖利克（John Gyllyke）那样，只留下来一只铜锅］是珍贵的，立遗嘱的人用它们来纪念友谊。对于那些能够负担得起的人来说，带有被哀悼者头像的哀悼戒指特别合适。[15]

在很多方面，16世纪和17世纪初的伦敦是许多小型社区的联合体，这些小社区既是城市的选区，也是城市的教区。对于普通的伦敦人来说后者更为重要。

公共生活的意识在当时非常有影响力。每当举办节日和庆典时，街上就会燃起篝火，教堂也会响起钟声。富人对慈善事业的付出使一个严重不平等的社会得以凝聚，但它也在提醒穷人谁是掌权者。宴会是重要的事件。齐普赛街附近的马修教堂（St Matthew's church）的教区长约翰·巴纳比（John Barnaby）在1517年制定遗嘱，要求留下资金为自己的葬礼提供食物和麦芽酒。[16] 伦敦的教区教堂是人们共同的归属感和社区生活的延续感在石头中的凝聚。年复一年，它们见证了特殊仪式和日常公事：审计教区的捐款和书籍，修理教堂长椅，在葬礼上敲响钟声，为穷人提供食品，拿出圣诞节用的冬青和常春藤，刷洗教堂庭院里的尿迹，举办一年一度的教区边界步行以及之后在当地的小酒馆吃早餐。

食物和饮品当然重要，伦敦到处都是小饭馆、小酒馆和露天啤酒摊。伦敦人不用花费太多就能从小饭馆里买到食物：这些小饭馆向那些没有餐具、燃料或金钱来自己做饭的穷人们提供热气腾腾的快餐。都铎早期的伦敦人可以在一系列的肉、鱼、蛋、奶酪和水果中选择用餐的内容，其选项包括三文鱼、牡蛎、鲱鱼、西鲱、羊肉和兔肉，搭配的饮品包括优质葡萄酒、麦芽酒或啤酒。一位1562年访问伦敦的威尼斯商人写道："如果有人想要举办宴会，他就在小饭馆点餐并提供宾客的数量，然后他们去那里吃饭就行了。"小饭馆干净卫生，店主热情好客，女性和男性一样频繁而正大光明地外出就餐。伦敦的肉类消费量尤其令他难以置信："对于没有亲眼看见的人来说，让他们相信一座城市消费这么多的肉几乎是不可能的。”[17]这些主要是牛肉（都铎时期人们的主食），还有一些羔羊肉、羊肉和一点儿猪肉。即使是上流社会人士也不一定按照精致的餐桌礼仪就餐。1567年，在为神圣罗马帝国大使馆全体人员准备的一场晚宴——一场熏肉和腌牛舌的宴会——上，“宾客们大吃大喝，全然不顾形象，以至于……房子里到处是尿液和呕吐物。这完全不可思议，于与宴者而言真是太丢人了”。[18]

他们喝麦芽酒、啤酒和葡萄酒。商人的地窖里常储藏着一桶桶、一瓶瓶马姆齐甜葡萄酒、萨克葡萄酒以及其他来自法国和欧洲南部的白葡萄酒、红葡萄酒和波尔多酒。由麦芽、水和酵母制成的麦芽酒是常见的传统饮品。啤酒在1400年左右由低地国家传入英格兰，因为是舶来品，所以在很长一段时间里不被信任，但在都铎时期它的味道被欣然接受。[19]尼德兰人以酿造啤酒和喝啤酒而闻名，因此很多伦敦的啤酒厂都是尼德兰人经营的也就不足为奇了。英格兰人常常在看到外国人喝醉的时候啧啧不已，但同时英格兰人也正为自己树立一个过量饮酒的名声。一些敏锐的社会评论家，如剧作家托马斯·德克尔，认为人们的习惯发生了改变。他在1606年写道：“酗酒，这个曾经令尼德兰人头痛的问题，现在却成了英格兰人的。”[20]

小酒馆和小饭馆在伦敦很常见，比如主教门（Bishopsgate）附近的“天使”（The Angel），贝辛霍尔街（Basinghall Street）的“熊”（The Bear），舰队街（Fleet Street）的“闪电和酒桶”（The Bolt and Tun），伦巴第大街的“枢机主教帽子”（The Cardinal’s Hat）和面包街（Bread Street）的“美人鱼”（The Mermaid）。为它们供货的是西史密斯菲尔德的“鹿角”（The Harts Horn）和为萨瑟克的“城堡”“公牛”和“天鹅”酒馆酿造啤酒的“詹姆斯”（James）酿酒厂。

保持伦敦供给是一项庞大的任务，特别是在年景不好、城市的需求超过了周围农村供应量的时候。实际上，整个英格兰南部都在为这座城市供应食物，伦敦酿造麦芽酒的麦芽来自诺福克那么远的地方。伦敦人在仓储市场（Stocks Market）买卖鱼类和肉类，在史密斯菲尔德买卖牲畜，在利德霍尔买卖家禽和其他商品。为以防万一，市政府在伦敦桥和布赖德维尔的救济院附近开设了大型商店，出售小麦、大麦、燕麦和麦芽，同时，市长对基本食品的价格实施监控，有时还要为它们定价。[21] 在食品短缺时期，伦敦人对市政府和私人囤积粮食的谣言高度敏感，[22] 食物很容易成为一个引起激烈反应的政治话题。

这座城市的生活充满了不确定性。城里肮脏拥挤的住房环境、被污染的供水系统和实实在在的危险，意味着绝大多数居民有着糟糕的健康状况，经常会出现各种事故。而伦敦城的大部分房屋和工厂焚烧料，使城中的二氧化硫水平比农村高出大约30倍。[23] 伦敦是肮脏的：正如一位阅历广泛的英格兰外交官在16世纪中叶所写的那样，它“臭气熏天，是世界上最肮脏的城市”。[24] 排泄物是城市生活的一部分，特别是对于在伦敦“租房”的居民来说：例如，1579年，在塔街（Tower Street）住了85个人，但只有3个厕所供这些租户和周围小巷里的居民使用。邻里常因污水池和泄漏问题发生矛盾。[25] 当时这座城市的人口正稳步上升至20万，“尿水巷”（Pissing Alley）不仅是一个有趣的名字，还反映了城市生活的真实情况。大约在1612年，本·琼生（Ben Jonson）把伦敦的恶臭写进了诗里，他模仿赞美英雄的诗句来称颂朋友们乘船游览有毒的舰队河（Fleet river）的“壮举”。这是泰晤士河的一条支流，从霍尔本区流向布赖德维尔宫（Bridewell Palace），再流向黑衣修士区。琼生诙谐地用“a jakes”（厕所）与“A-jax”［埃阿斯（Ajax），特洛伊战争的英雄］作为韵脚，利用两个词的相同发音形成一组双关。[26]

不可避免地，流行性疾病频繁造访伦敦。托马斯·德克尔和托马斯·米德尔顿（Thomas Middleton）指责城外不卫生的乡村：

> 泥塘，恶臭潮湿的沼泽，
> 荒野的呼吸，肮脏的巢穴——
> 烟雾蔓延。
> 在阳光下升腾、落下，
> 化作上千种疾疫，
> 将我们的血液腐化。[27]

伊丽莎白时代的人们还没有正确认识疾病原因。经过长时间的经验积累后，市政府和教区才学会隔离被感染者。瘟疫对城市居民来说既残酷又熟悉。很少有年份，瘟疫不造成大量死亡。阿尔德门（Aldgate）外的圣博托尔夫教区（St Botolph）是这座城市最贫穷的教区之一，这个教区的执事记录了1583至1599年间本教区的人员死亡情况，其中四分之一死于瘟疫。[28] 1563年、1593年、1603年和1625年暴发的瘟疫尤为严重。[29] 1551年，一种感染后迅速使人丧命的汗热病夺走了数以千计的伦敦人的生命。[30]

统计数据向我们展现的是死亡的规模，而伦敦人则是亲眼看到朋友和家人在数周或数月内相继死去。哈特街的圣奥拉夫教堂1563年的记录显示，人们的正常生活几乎停滞不前。当年的9月和10月，有5名婴儿在教区教堂接受洗礼，有一对或两对夫妇结婚。

但仅在9月份，就有50名教区居民被埋葬。10月份的情况更糟，几乎每天都有葬礼，有一周葬礼的次数竟达17次。[31]

无论是什么夺走了他们的家人、朋友、仆人或邻居的生命，对于所有伦敦人来说，《公祷书》（*Book of Common Prayer*）中针对葬礼的话语真实而直接："透过死亡，你为我们开启了生命的门，全能的上帝，求你赐恩典给你的仆人。"[32]或者像诗人托马斯·纳什（Thomas Nashe）在1593年所写的：

再见，告别这世上的福佑！
在这个不确定的世界：
财产代表生活肉欲的喜悦，
死亡证明它们都只是玩具。
没有人能逃脱他的飞镖；
我病了，我必须死去——
主啊，怜悯我们吧！[33]

伦敦有生气勃勃的地下生活，包括妓院、保龄球馆和赌博窝点；还有更广为人知的公共生活，包括小饭馆、小酒馆和剧场。最早的剧院位于泰晤士河北部的郊区，如：肖尔迪奇地区，那里有"剧院"（The Theatre）和"帷幕剧院"（Curtain theatres）；斯特普尼地区和白教堂地区，那里有"红狮剧院"（Red Lion）和"野猪头剧院"（Boar's Head），以及克拉肯韦尔地区，那里有"吉星剧院"（Fortune）。在泰晤士河南岸的萨瑟克区则有"玫瑰剧院""天鹅剧院"和"环球剧场"。

为了消遣，伊丽莎白时代的伦敦人挤进菲利普·亨斯洛

（Philip Henslowe）这样的经理经营的剧场，在伦敦桥以西的泰晤士河南岸地区享乐。这是城市的娱乐地带，人们在这里可以观看诱杀熊和公牛的表演。在伊丽莎白时代的地图和风景画里，泰晤士河的这一段有种乡村的质朴外观，紧邻着庄园宅邸和巴黎花园地区（Paris Garden）树木繁茂的绿地的是整洁的花园、池塘和牧牛。然而，这里不是田园牧歌式的乡村。在伊丽莎白一世统治时期，巴黎花园臭名昭著，秘密特工、不择手段的外国大使和策划阴谋的天主教徒经常在这里出没。这里的道路像迷宫，树木遮天蔽日，即使在盛夏的傍晚也黑得伸手不见五指，这一地区对于秘密会面来说非常完美。[34]

对道德家来说，伦敦流行的娱乐活动会招致上帝的义愤。曾有一起重大事故就被认为是上帝的惩罚：1583年1月的一个周日，巴黎花园正进行杀熊表演时，顶层观众席倒塌，造成许多人死亡或严重受伤。“有人在观众席架子裂开的时候（当时有过一两次这样的破裂）喊着‘着火了！着火了！’，这使他们非常混乱……所以，他们被吓得魂不附体，站在原地一动不动，直到架子彻底倒塌。”死者包括一名面包师、一名教士、一名锡匠的妻子和一些仆人。这些人有的来自城里，有的来自萨瑟克。腿部、胳膊或背部受伤的人们，或是被朋友用椅子抬着，或是被朋友扶着通过伦敦桥。布道者说，发生这样的事是因为伦敦人亵渎了安息日；讲坛上传出熟悉的呐喊：“噢！悔改吧，伦敦。”[35]

对巴黎公园灾难幸灾乐祸的布道者感到自己在道德上是孤立无援的：“人们通过各式各样的游戏找乐子，所有小酒馆或啤酒屋，只要酒足够烈，就不缺客人：没有一家赌坊 、保龄球馆或剧院是空的。”[36] 但这种盛况不仅是对上帝的亵渎，也是对公共秩序的威胁。市政府和女王枢密院在剧院中看到了双重威胁：下层社会的混乱和疾病的传播。[37]

在这座城市中，卖淫是非常成熟的产业。都铎时期的萨瑟克以"窑子"（stewhouses，或称stews）而闻名。几个世纪以来，市政府和教会对于性交易的态度保持一种微妙的平衡：道德上摆出高姿态，实际上又接受它。这种情况随着宗教改革和人们恐惧道德危机蔓延而改变。1538年，市政当局抱怨说："[萨瑟克]街头常常可以看到衣着华丽的妓女，这树立了一个有害的榜样，对年轻姑娘、已婚妇女和学徒们形成巨大诱惑。"等到了伊丽莎白一世统治时期，所有形式的性交易被完全禁止。[38] 然而，伦敦的妓院老板、皮条客、妓女和他们的客户显然还像以往那样忙碌。伦敦大多数妓女都是年轻的单身女性，其中许多刚刚移居伦敦。为了生存，她们必须在犯罪与性交易之间做出选择。她们的客户主要是雇佣工、仆人、未婚学徒和低级神职人员。1577年，一位名叫约翰·肖（John Shaw）的妓院老板承认，他在伦敦的"钢院"商站有数十名客户，包括各种仆人、布料工，甚至一名伦敦塔中尉的儿子。[39]

就这样，伦敦人用自己的行动颠覆了虔诚正直的教士的道德观。犯罪、贫穷、赌博、饮酒、性交易和（从16世纪70年代后期开始出现）剧场娱乐节目深深扎根于城市生活，为剧本提供丰富的材料。本·琼生在他的剧作《炼金术士》(*The Alchemist*, 1610）的序幕中写道：

> 我们这出剧的场景是伦敦，因为我们会告诉你
> 没有哪个国家比我们的国家更欢乐。
> 没有什么地方更适合妓女，

鸨母、乡绅［皮条客］、骗子，还有许多其他人，
他们的举止，现在称作幽默，滋养着舞台
而这仍然是喜剧作家愤怒和怨恨的对象。[40]

琼生的戏剧《喀提林和他的阴谋》（*Catiline, His Conspiracy*，1611）中描写的拥有着郊区妓院、鸨母和中间人（皮条客）的“罗马”，实际上是观众们熟悉的伦敦。

上层人士忧心忡忡——正如他们往常一样——他们担心出现盗窃、抢劫和乞讨的情况。然而，伦敦的宣传册作家报道了一个有组织的地下社会，该报道耸人听闻又为人津津乐道，一下子颠覆了人们对这个看似有序社会的认知。一位化名为“标记者马丁”（Martin Mark-All）的宣传册作家列出了他所谓的“黑话词典”，这是一部完整的有关盗窃、乞讨、卖淫、欺骗、饮酒、刑法和惩罚的犯罪词典。体面的伦敦社会其实非常脆弱。[41]

如果犯罪被理解为侵犯财产和破坏秩序，那么人为导致的贫穷也是如此。伦敦有慈善救济院照顾那些无法为自己身陷困境负责的人，比如萨瑟克的圣托马斯慈善救济院，史密斯菲尔德的圣巴塞洛缪慈善救济院和基督慈善院。在主教门附近的伯利恒慈善救济院［Bethlehem Hospital，大家更熟悉的是“疯人院”（Bedlam）这个名字］是一座精神病院。不知节俭的穷人被称为“骚乱者”，和流浪汉、放荡的妇女一起被送到弗利特河边的旧王宫布赖德维尔宫拘禁起来，接受管教。

一部分陷入困境的伦敦人得到了别人的帮助，他们是幸运的；大多数人只有极为脆弱的社交网，他们往往发现自己站在了法律的对立面。在伊丽莎白一世的统治末期，教区会资助那些他们认

为值得帮助的穷人，或残疾的从国外战场归来的士兵，但教区也负责鞭打流浪者。罪犯会受到严厉的惩罚：戴上手枷、足枷或颈手枷，切开鼻子、割掉耳朵或烙印皮肤，更可怕的是被送上绞刑架。对于城里的许多人来说，生活是残酷而糟糕的。在伦敦街头漫步，人们会看到令人震惊的贫富差距，这种差距非常明显，毫无掩饰。在最动荡的时期，如粮食短缺、瘟疫、战争或社会混乱的时候，政府对付穷人会格外不近人情。16世纪90年代，为了避免抢劫和谋杀，政府针对伦敦流浪汉出台戒严令，他们中那些试图逃避治安官和法律制裁的人被草草处决。[42]

当小汉斯·霍尔拜因在为“钢院”的大厅画那两幅壁画时，他只需看向工作室的窗外，就能找到现实生活中的《贫穷的胜利》和《财富的胜利》。各种不同类型、性格各异的人走在伦敦的街道上，这座富有与贫穷、成功与失败、生与死紧密相连的城市中。但这组画面从来都不是静止不动的，伦敦人不断地活着和死去。

一些历史学家认为，都铎时期的伦敦社会大体上是安全稳定的。另一些历史学家则认为，这座城市被人们极度的不满和分歧分裂。但不知何故，我们很难把伦敦清晰地归类。F.斯科特·菲茨杰拉德（F. Scott Fitzgerald）曾经提出，看一个人是否拥有一流的智慧，是看他的头脑是否能持有两个相反的观点，并仍可以继续运作。或许我们考虑一座城市是否是一流城市，则是看它能否利用团结和分裂的对立力量，从中产生无穷的创造力。这就是16世纪的伦敦，一座由大批为生活奋力打拼的人组成的城市，正是因为他们为生存而斗争，这座城市被悄然改变。

第3章

地　标

都铎时代的伦敦人认为，他们的城市起源远在历史记录之前。人们津津乐道这样一段传说：公元前约1100年，半人半神的埃涅阿斯（Aeneas）的后裔布鲁图（Brute，Brutus）建立了伦敦。布鲁图称之为新特洛伊城（Troynovant），以此纪念和歌颂这座被特洛伊战争毁灭的普里阿摩斯国王（King Priam）统治的伟大城市。[1]无论是16世纪90年代伊丽莎白时代的古董专家约翰·斯托，还是100年前的托马斯·温杜特，都非常熟悉布鲁图神话。斯托了解李维（Livy）写的罗马史巨著以及罗慕路斯（Romulus）与雷穆斯（Remus）建立罗马的故事，他很清楚，伟大的城市都自诩是由英雄建立的。[2]

现代考古学讲述了一个不那么激动人心但更可信的故事。现代伦敦已经有新石器时代的石器、铜器时代的金属物品和陶器出土；还有大量证据证明，在铁器时代，泰晤士河沿岸有许多定居点。不过我们熟悉的伦敦城是古罗马皇帝克劳狄一世（Emperor Claudius）的军队入侵后，由罗马人于公元43年创立的。罗马历史学家塔西佗（Tacitus）将其称为伦底纽姆（Londinium）。它先是作为交易中心，然后是军营，最终成为不列颠尼亚（Britannia）这个边远省份的首府。早期伦敦遭受过两次灾难。公元60或61年，伦底纽姆毁于布狄卡（Boudicca）和她的爱西尼部落（Iceni）的起义。70年后，重建的伦敦又毁于大火。我们必须感谢罗马人的坚韧，因为他们不仅重建了这座城市，还使它兴旺繁荣。

从塔西佗那里，约翰·斯托找出了一些对自己和伊丽莎白时代的伦敦市民意义重大的只言片语。塔西佗描述这座城镇“挤满了商人，充斥着商品”。斯托根据自己的理解解读了这句话：伦敦是一个“以大量商人、供给和往来［贸易］而闻名”的小镇。[3] 斯托，自己作为伦敦市民，而他的父亲又是伦敦市民和商人，很快就指出了这种令人安心的延续性。繁荣的伊丽莎白时代的伦敦人以他们的市民和自治传统为荣，所以当听说伦敦从古代开始就是商业城市的时候，他们欣然接受了这种说法。

不过，如果都铎时期的伦敦人知道他们的脚下有什么，他们会感到惊讶。市政厅广场就建在伦敦的古罗马斗兽场的遗址上。在昆希瑟码头（都铎时期的大型码头之一）附近的下泰晤士街（Lower Thames Street）上，曾有一座宏伟的罗马式房子。在中世纪圣斯蒂芬·沃尔布鲁克教堂（Church of St Stephen Walbrook）附近，曾是举行密特拉神（Mithras）秘密宗教仪式的寺庙。灯芯街（Candlewick Street）和泰晤士街的下面是古罗马总督的房子的遗迹。康希尔街（Cornhill Street）和芬乔奇街（Fenchurch Street）之间的恩典堂街（Gracechurch Street）的下方，曾是宏伟的广场和大会堂，罗马元老院和人民的官员曾在那里办理公私业务。在都铎王朝的伦敦下方几米深的地方，存在着一座影子城市，其景象已被人们遗忘。当古罗马人离开大不列颠时，这座城市被彻底重塑。从其他地区搬进空有外壳的伦底纽姆的人们当然不知道该怎么处理这片废墟。正如一位盎格鲁–撒克逊诗人写道："这座辉煌的城墙啊，已被命运毁灭，城市建筑土崩瓦解，巨人的作品坍塌消失。"[4] 一千多年来，定居者和征服者占领它，赋予它新的名字，虽然所有名字都是第一个音节的变体（"Lon"或"Lun"），而这个音节的意义已经无法追溯。

然而，罗马人在伦敦留下了不可磨灭的印记。伦敦在都铎时期有两个边界，一个是泰晤士河，另一个是公元3世纪修建的古罗马城墙。这座城墙经过多次修补美化，早已看不出它原来的样子；世代以来，它不受重视。居民和市政府因为它争论不休，在托马斯·温杜特的时代，它勉强还能用作防御。尽管如此，它仍然是这座城市形象的一部分。

16世纪的伦敦扩张到了罗马城墙以外，因此伦敦人频繁使用旧城门——路德门（Ludgate）、奥尔德斯门（Aldersgate）、主教门和阿尔德门，中世纪修建的克里普门（Cripplegate）和穆尔门（Moorgate）。在罗马时期的伦底纽姆，这些入口连接着主要道路，直通广场、堡垒和大教堂。在伦敦都铎时期的拥挤混乱中，罗马时期的效率早已消失无踪，然而这些门仍然标记着这座大城市里一些干道的终点和起点，例如新门（Newgate）、齐普赛、主教门大街和阿尔德门，托马斯·德克尔称它们是"新特洛伊城的主要街道"。[5]

泰晤士河是伦敦的天然分界线，正好将北岸的城市与南岸萨瑟克的郊区分开。泰晤士河河道在一千多年间发生了巨大的变化，但是古罗马时期和都铎时期的港口地点大致相同。这条河是伦敦成为成功的贸易中心的关键之一，河道宽阔且非常适合航行（伦敦地图和风景画上都描绘过帆船行驶至伦敦桥附近的景象）。泰晤士河不像海岸线那样直接暴露在风暴的袭击下，但又离海很近，这使它成为理想港口。船只可以从这里出发，穿越英吉利海峡，前往法国、低地国家，或是进入北海和波罗的海进行贸易。

连接伦敦和萨瑟克的是伦敦桥。古城墙外还有其他郊区向外延伸：北面的穆尔菲尔兹和巴比肯，西北的史密斯菲尔德和霍尔本，西面的舰队街，最终通向河岸街和独立城市的威斯敏斯特。在今天看来，这个扩张后的伦敦也不大。像帕丁顿、骑士桥、伊斯灵顿和巴金这些重要的卫星城，它们现在是伦敦的一部分，但当时只是乡下的村庄。

伦敦政府以其皇家特许状为荣，特许状允许市长和商人团体管理这座城市。这座城市的掌权人物——市议员托马斯·温杜特就是他们中的一员——很容易被任何侵犯其管辖权的企图激怒。与威斯敏斯特市相邻，某种程度上凸显出伦敦市民的特权。威斯敏斯特是王权的保留地，那里有圣詹姆斯宫（St James's）和白厅（Whitehall）这样的宏伟宫殿，还有威斯敏斯特宫（Westminster Palace，或称议会大厦）这一古建筑群。法院就在威斯敏斯特宫内，议会也在这里召开。伦敦政府因自己对每一任在位的君主都很忠诚而自豪。但伦敦还是不同的，不太能与其他城市相比。伦敦的上层人士知道这座城市极为重要，他们从未对自己的重要性有过片刻的怀疑。

为了解这座都铎时期城市的景点和地标，我们很幸运地找到了一幅描绘宏大的伦敦的全景图，由一位说佛兰芒语的艺术家安

东尼斯 · 范登 · 维恩加尔德（Anthonis van den Wyngaerde）于1544年左右绘成，绘在一张用15张纸拼成的大纸上。从萨瑟克的高处向北俯瞰泰晤士河，他看到一座密集而紧凑的城市。在那里有屋顶高耸、鳞次栉比的商店和房屋，有雄伟的礼堂和公共建筑，还有因几十座塔楼和尖顶变得参差不齐的天际线。[6]

维恩加尔德的画作呈现了城市和农村的对比。习惯于现代城市的人可能会非常吃惊，因为现在的集合城市经常向外延伸几十英里①。伦敦是欧洲人口最稠密的城市之一，而安静的村庄就在距离伦敦仅一步之遥的城外。维恩加尔德参观了这些地方，画下了柏蒙塞附近的小村落：他写意的笔触勾勒出一派田园风光，使有棱有角的伦敦城与线条柔和的乡村形成鲜明对比；那里有枝叶繁茂的树、在田野里吃草的牲畜和一位赶着马车的车夫；那里有房屋，其中一两座屋子里，人物如幽灵般透过楼上的窗户望向艺术家。正如后来马库斯 · 海拉特（Marcus Gheeraerts）一幅描绘伊丽莎白早期柏蒙塞一场盛宴的宏伟画作，即使是泰晤士河南岸地区，感觉也离拥挤的伦敦城有很长一段距离。这种距离并不是地理上的，而是想象中的，因为其实拥挤的城市和乡村之间只有几百米的距离。

高耸于伦敦其他建筑之上的是圣保罗大教堂。在维恩加尔德的全景图中，大教堂的尖顶俯瞰着整座城市：在某种意义上，每个伦敦人都生活在它的身影下。都铎时期的圣保罗大教堂与后来克里斯托弗 · 雷恩（Christopher Wren）爵士主持重建的巴洛克式的大教堂之间的差别比我们能想象的更大，都铎的大教堂极其庞

---

① 1英里约等于1.6公里。

大，近600英尺[①]长，比巴黎圣母院长近三分之一，两个耳堂之间的距离几乎是巴黎圣母院的两倍。都铎时期的圣保罗大教堂比雷恩的圣保罗大教堂还要大很多。维恩加尔德吃力地把一座如此庞大的建筑放进他的画卷；为了让画纸能装下它，他不得不把教堂中殿的凸窗从11扇缩减到5扇；同样，大教堂的尖顶实际上比维恩加尔德画的还要高。然而，画上展现出来的部分已经提供足够多的信息了：这座有飞扶壁支撑、拥有耳堂和巨大玫瑰花窗的圣保罗大教堂是一个古老的庞然大物。即使1561年的闪电使它失去了尖顶，它的辉煌壮观也没有受到太多的影响。

宽敞的圣保罗大教堂里满是献给使徒、圣徒和殉教者的小礼拜堂和祭坛，其中一位圣人托马斯·贝克特就出生在教堂附近。但圣保罗大教堂也是这座城市的重要社交中心和集会地点，数个世纪以来，伦敦人在这里散步、交谈、乞讨和兑换货币，尽管教堂并不赞成这些活动。在1561年大火后的布道中，达勒姆主教（Bishop of Durham）声称尖顶遭到损坏是上帝对圣保罗大教堂“被亵渎”实施的严厉惩罚，“长期以来，人们在这里散步、喧闹、争吵、斗殴、讨价还价，诸如此类的行为是对教堂的滥用”。[7]伦敦人把大教堂当作古罗马式的大会堂或广场，这个习惯很难改掉。尽管看起来不协调，但时髦的绅士们甚至把圣保罗大教堂当成秀场，得意扬扬地卖弄炫耀。这种情形被托马斯·德克尔和托马斯·米德尔顿在《时髦男子的弥撒聚会：或波尔斯的漫步者》（*The Meeting of Gallants at an Ordinarie: Or, The Walkes in Powles*，1604）里狠狠地讽刺了一番。这本书中的伦敦是一座饱

① 1英尺约等于30.48厘米。

受鼠疫和瘟疫折磨的城市，死亡反讽地衬托出类似他们笔下的莎特科克先生（Signior Shuttlecocke）和金格斯普尔先生（Signior Ginglespur）的衣冠楚楚的绅士们浮夸的举止："但是看看我们是怎样迷失了自我，圣保罗大教堂变成了时髦的场所。我昨天还看见那些人穿着旧塔夫绸紧身上衣，今天他们就滑进九码的缎子里。"[8]

圣保罗大教堂大致是个长方形，被城市街道包围。东面是旧交易所（Old Change）和小卡特巷（Little Carter Lane），南面是佩特诺斯特路（Paternoster Row），西面是万福马利亚巷（Ave Mary Lane）和克里德巷（Creed Lane），通向大教堂的界区（也被称为"中庭"）。教堂附近有伦敦主教的宫殿和大教堂附属的行政建筑，还有教士礼拜堂、回廊和其他附带的许多不同庭院。紧靠大教堂西南角的是圣格雷戈里（St Gregory）教区的小教堂。

在大教堂的影子里，还有"圣保罗十字"（St Paul's Cross），更通俗的名字是"圣保罗大教堂庭院"（St Paul's Churchyard），这也是一个受到几代人欢迎的城市聚会场所。就是在这处庭院，中世纪的伦敦人被教堂耶稣塔楼（Jesus Steeple）里的钟声召唤到一起，参加城市早期的协商大会——"群众会议"（Folkmoot）。但到16世纪这已经是陈年旧事了。教堂庭院的影响力延续下来，人们在这里散步、买卖、闲逛和乞讨，同时也参与另外两个活动——聆听布道和买书。

大教堂的教堂庭院十分有名，当时最著名的布道都是在这里的八角形讲坛进行的。在大教堂的庭院内，神职人员恳切地希望挽救伦敦人的灵魂，发表关于信仰、上帝和堕落之城罪孽的演讲。同时，由于都铎王朝的宗教与政治关系密切，宗教改革的几十年间人心惶惶，演讲内容也包括紧急的国家政治问题和君主事务。这些影响重大的布道经常被印刷出来，伦敦人可以在讲台旁边的印刷商和文具商的摊位和商店里买到。比如皮尔金顿主教（Bishop Pilkington）有关1561年雷击的布道，就在靠近大教堂西端的威廉·塞雷斯（William Seres）的商店有售。这家店与其他商店的不同之处在于它外面的招牌上有一只刺猬。

事实上，圣保罗十字教堂的庭院成了伦敦的书籍销售中心。到1620年，这里有数百种不同主题的书可供选择。这与托马斯·温杜特的时代是多么强烈的对比啊！当时只有少数先驱在这座城市建立了作坊，例如威廉·卡克斯顿（William Caxton）、理查德·平森（Richard Pynson）和温金·德沃德（Wynkyn de Worde）这些印刷商。早在16世纪50年代，伦敦的书籍交易就发生了变化，几十家印刷商和文具商在教堂庭院内和周围忙忙碌碌。他们组成一个名为“文具商公会”（Stationers' Company）的贸易组织，其总部位于大教堂的正南方。

在16世纪的英格兰，都铎伦敦的印刷商是未被承认的英雄。如果没有他们和他们出版的书籍，我们只能理解那个时代生活和文化的一小部分。出版业需要技巧和劳力。想象一下，手工排放好一本500页的对开本中的每个字母，可能同一页上还要用不同的语言（英语、拉丁语，也许有一些希腊语，甚至希伯来语），然后我们就能明白印刷一本书是多么巨大和复杂的任务了！因此，理所当然地，大印刷商雇用了大批技艺精湛的工匠，其中很多人是在16世纪40年代和50年代到伦敦定居的尼德兰人，他们带来了从安特卫普和其他城镇获得的经验。伦敦的印刷商同时也是工匠、学者、语言学家和商人。

印刷商的商店和其他商店一样，都有色彩鲜艳的招牌：比如说塞雷斯的刺猬，或者美人鱼、太阳、慈悲圣母（Our Lady of Pity）或《圣经》。（伦敦人脑海里有一幅画有各种商店和住宅位置的地图。毕竟那时没有城市街道地址名录，很可能也没有明显的指示牌，因此熟悉和记住地形是必不可少的。）伦敦的印刷商为他们的读者生产书籍，而不是为21世纪的学者生产（21世纪的学者常会忘记这一点），他们对市场有着敏锐的眼光。在竞争激烈的业务中，他们登记要出版的书籍标题，获得独家许可证，以便有效地保护版权，当然这需要向印刷商公会付一小笔费用。任何争议较大的书都可能遭到伦敦主教或女王枢密院的审查和禁止：伊丽莎白时代书籍的标题页上常常出现“已通过审查”的字样。这说明印刷业一方面表现出非凡的创新精神，另一方面也受到严格的监督。

到了1550年，人们只需几便士或几先令就能在圣保罗大教堂庭院上买到各种内容的数百种书籍，包括《圣经》、大纪事史、诗歌戏剧、布道、法律书籍等；更为流行的是歌曲和民谣的廉价印刷品，以及关于谋杀和自然奇观的耸人听闻的故事，但它们的流行期也更为短暂。伊丽莎白时代的人们喜欢有节奏感、趣味性强和情节跌宕的好故事，他们同样喜欢用木刻插画和图片去调和他们众多书籍上沉重的黑色哥特式字体。这些书籍为伦敦人提供了想象新可能性的空间，他们与这座刚开始接触和理解更广阔世界的城市交流着。如果一位藏书家漫步于1620年的圣保罗教堂庭院的书店间，他将找到各种各样的书籍，比如薄伽丘（Boccaccio）第一本被译成英文的作品《十日谈》（*Decameron*）、弗朗西斯·培根（Francis Bacon）爵士的自然哲学研究，以及对英格兰殖民地弗吉尼亚蚕桑的培育记述。

伊丽莎白时代只有少数人能读书写字，大多数人的受教育程度是有限的。但由于伦敦市的规模和密度，伦敦人很难错过城市书商提供的新闻和信息。市政公告和皇家公告是最重要的公告，这些公告会在整个伦敦城里被大声宣读。议会法令、《圣经》和殉教史保存在城市的教区教堂里，有时会以链条封存。

少数幸运的人可以去公学读书：当然仅限男孩，不包括女孩；公学中一般是贫穷或中等家庭出身的男孩，因为他们无力雇用上流社会家庭才有的家庭教师。伦敦的一些教区会出资建学校，或至少允许教师在教堂门廊上课。有时教区可能会资助一个男孩上寄宿学校或大学。圣保罗教堂附近有一所圣保罗公学（St Paul's School），1512年由教堂的座堂神父约翰·科利特（John Colet）创立。约翰·科利特是当时最有名的人文学者之一。他是托马斯·莫尔（Thomas More）和伊拉斯谟的朋友，也是托马斯·温杜特的师傅亨利·科利特的儿子；托马斯和约翰彼此熟悉。在伦敦或附近的其他学校有基督公学（Christ's Hospital）、威斯敏斯特公学（Westminster School）和切特豪斯公学（Charterhouse School）。这些学校纪律严明，使在那里接受教育的男孩们有机会进入剑桥大学或牛津大学。

为了满足其他男孩的教育需求，伦敦还有自由教师，他们教语法、数学和外语，例如法国难民皮埃尔·迪普卢什（Pierre Du Ploiche），他住在昆希瑟码头附近的三一巷（Trinity Lane）内有玫瑰标志的地方；又如他后来的同胞克洛迪于斯·霍利班德［Claudius Hollyband，即克洛德·德塞莱恩（Claude de Sainliens）］，他先在圣保罗教堂庭院的一家印刷店教书，后来又去了有金球标志的地方。

迪普卢什出版了一本法英常用语手册，完全适合正要出国旅行的伦敦青年：

> *Neverthelesse it is good to have company and lighte, especially in the nighte; you cannot tell whoo you may mete.*（英）
>
> *Toutesfois, il est bon d'avoir compagnie, et lumiere especiallement denuict; vous ne scavez pas quy povez rencontrer.*（法）
>
> 尽管如此，拥有伴侣和光明是件好事，尤其是在夜晚；你不能预知你可能会遇见谁。[9]

对从事贸易的人而言，法语、意大利语，以及低地国家和德意志的各种“荷兰”方言等现代语言必不可少；没有欧洲人会想到说英语。拉丁语是欧洲在宗教辩论、高等学府内和外交中使用的通用语言，不过大多数男孩都至少有点儿拉丁语法基础。有些男孩，像莎士比亚，有幸接受了完整的文法学校教育，他们的拉丁语水平相当于现在专科学历以上的水平。决定从事贸易和商业的男孩通常会接受教育到13岁左右，然后被送到伦敦或安特卫普的商人代理人（或代表）那里当学徒。通过这种充满活力而又忙碌艰辛的职业培训，学徒们学到了处世的经验。

从萨瑟克的高处望去，安东尼斯·范登·维恩加尔德可以看到一百多座教堂的尖顶和塔楼。教堂的钟声是当时这座城市声音特征之一。

圣劳伦斯犹太教堂和圣玛利勒布教堂就在其中，它们都是伦敦地标，享有富裕的教区居民和同业公会的赞助。前者靠近市政厅，后者在齐普赛街。与这两座教堂相反，在骑士街（Knightrider Street）上的小圣三一教堂（Holy Trinity the Less）在1600年时状况很糟，急需修缮，随时有倒塌的危险，人们不得不用一些柱子支撑着它。[10]万圣教堂（All-Hallows-on-the-Wall）、圣彼得教堂（St Peter Le Poor）和圣保罗的圣格雷戈里教堂（St Gregory's by St Paul's）等其他小教堂状况没有小圣三一教堂那么危险，但这些教堂外观平凡，不为人知；或是隐藏在城市的角落里，或是隐藏在附近宏伟壮观的建筑的阴影里。

伦敦的教区使伦敦成为由众多城市村落组成的联邦。教会使教区居民拥有对上帝和永生的希望，使富有的捐助者有机会捐献财物，使工匠和艺术家获得受委托制作精美作品的机会，还可以提供神职人员的基本生活来源。在16世纪，宗教改革使教堂发生了变化，弥撒室、祭坛、彩色玻璃和五颜六色的壁画被移除。宗教改革的支持者更看重上帝真实朴素的话语，反对天主教的偶像崇拜：他们用圣餐台替代了祭坛，用像《十诫》这样有教育意义的文本替代了墙上描绘圣人生活的壁画。如果在1500年和1600年两次拜访伦敦的一间教堂，你走进的是同一栋建筑，但感受到的是对上帝全然不同的理解。

伦敦的教区是许多形状各异的地区杂乱拼接的结果，这些地区显然是依据不规则的街道、商店、房屋及其住户，随着历史人口增长而变化的古代地界和司法辖区而划分。古城墙内的大部分教区都不大，一般只能覆盖几条街道和几条小巷，有些教区可以说是极小。墙外的教区，像新门外圣墓教区（St Sepulchre-without-Newgate）和克里普门外圣贾尔斯教区（St Giles-without-

Cripplegate），要大得多，但也更穷。

几个世纪以来，伦敦城的大小教堂和男女修道院一直存在于这座城市的宗教生活里。这个说法对现代人来说稍显古怪，因为我们通常认为修道院都隐藏在乡村的偏僻角落。维恩加尔德的全景图能给我们一些启发：这幅画创作于一个巨变发生的时代，彼时正是亨利八世解散修道院的几年之后。当维恩加尔德忙于感受伦敦壮美的城市景观时，一些雄心勃勃的大家族正忙于收购昔日修道院的地产，或是把它们变成大型排屋，或是为不断增长的伦敦人口提供廉价公寓。维恩加尔德的鸟瞰图必然错过了在街道层面的转变。但伦敦人眼见着由于国王的权力野心，他们熟悉的一些古老而伟大的宗教机构在他们面前分崩离析。

1530年，也就是维恩加尔德画伦敦全景图前约15年，城市里的宗教机构仍然有钱有势。在古城墙内西面的边远角落里坐落着黑衣修士院（Blackfriars），它兴建于13世纪，是伦敦多明我会（Dominican）的修道院，曾多次被用来举行议会会议。1529年，为宣告与阿拉贡的凯瑟琳王后的婚姻无效，亨利八世在这里召集有教宗使者参加的听证会。布道修士在伦敦很普遍：新门附近有方济各会修道院［Franciscans，又称灰衣修士院（Greyfriars）］，它位于13世纪修建的建筑群中，并在14和15世纪进行了大规模扩建。塔丘（Tower Hill）旁边圣十字修道院（Holy Cross）的修士在13世纪末建立了他们自己的十字修士堂（Crutched Friars），又于1520年左右重建。加尔默罗会［Carmelites，又称白衣修士（White Friars）］的教堂和教区的一部分是奥斯丁修道院（Austin Friars），后者后来成为伦敦的尼德兰教堂。圣三一修道院（Holy Trinity Priory）在古城墙内的阿尔德门地区；在墙外的主教门地区有伯利恒的圣玛丽（St Mary Bethlehem）修道院和救济院。墙外还有史密斯菲尔德地区雄伟的奥古斯丁修道院和圣巴塞洛缪的救济院（hospital of St Bartholomew）。北部还有一座加尔都西会（Carthusian）的修道院，叫卡尔特修道院（Charterhouse）。卡尔特修道院成立于1371年，建在一个瘟疫墓地上。数百年来，加尔都西会修士加盖了小教堂、水渠、回廊、庭院和修士们的住处，使得修道院面积不断扩大。托马斯·莫尔对这里很熟悉。1501至1503年间，他在这座倡导沉思和苦行的房子里生活了三年。在亨利八世明显蓄意打压天主教宗教机构之前，加尔都西会修士在伦敦是庄严的道德典范。

维恩加尔德的全景图，由于角度的关系，或多或少地隐藏了约数百条的伦敦街道。我们可以从维恩加尔德快速勾勒的屋顶线条中发现其中的一小部分，这些主要是南北方向的大街。街道的排列显然是无序的，似乎只能各自独立存在。有些街道的名字很引人注目：万福马利亚巷、膀胱街（Bladder Street）、破码头（Broken Wharf）、科尼希望巷（Conyhope Lane）和希兴巷（Seething Lane）。这些名字经过几个世纪的变迁和拼写变化，最终固定下来：希兴巷以前叫赛顿巷（Sydon Lane）。14世纪后期的“巴比伦尼”[Babeloyne，即巴比伦（Babylon）]变成了伦敦墙（London Wall）。黑乌鸦巷（Black Raven Alley）则改名为听起来枯燥乏味的“教宗巷”（Pope’s Alley）。伦敦频繁地改造自己，并为自己重新命名，这座城市奇妙地处于一种既相对固定，又时刻处于变化中的状态。

但从混乱中，我们能看出城市道路的某种模式。城市西部的一些街道组成了非常粗糙的矩形排列。上下泰晤士街、鱼街（Fish Street）、骑士街、灯芯街、卡特街和齐普赛街与泰晤士河的路线大致平行，并且与其他延伸到河边的道路、街道和小巷大致垂直。当然，城市里也有各种曲曲折折、奇奇怪怪的道路，但是几个世纪以来，有一种城市规划的构想——至少是一种模糊的想法——在建筑商中口耳相传。一个突出的规划是把齐普赛街和家禽街（Poultry）分为针线街（Threadneedle Street）与康希尔和伦巴第街（Cornhill and Lombard Street）。这片地区是古城的正中心，正是在靠近家禽街的地方，都铎王朝最伟大的富商之一，托马斯·格雷欣（Thomas Gresham）爵士，于16世纪60年代建立了伦敦的交易所——皇家交易所（Royal Exchange）。

在亨利八世统治末期，当安东尼斯·范登·维恩加尔德站在萨瑟克时，他看到伦敦桥坐落在19座牢牢固定在泰晤士河河床上的巨大桥墩上，桥身连接着萨瑟克地区与市区。经过长期重建和重新定位，到16世纪时，伦敦桥已经成为市长辖区内的一条大街，是市民引以为傲的城市象征。桥上有一座小礼拜堂、许多房屋和商店，还有一间公共厕所（这是值得吹嘘的便利设施）。桥的北端属于圣马格纳斯大教堂（St Magnus the Martyr）的教区；南端属于萨瑟克的圣奥拉夫教堂的教区。曾有几个世纪，桥上的小礼拜堂被用来纪念托马斯·贝克特，但从16世纪30年代开始，其纪念对象变成使徒圣多马（St Thomas the Apostle）：亨利八世痛恨所有像贝克特那样质疑国王权力的教士。亨利国王把这样的人送上断头台，把他们的头（包括托马斯·莫尔）放在桥的入口处示众。

上帝和国王都声称拥有这座城市。这就是伦敦桥真正代表的意义：伦敦独立的权力与社群、财富与商业实力、自立与自治。从萨瑟克进入伦敦，人们无法忽视桥入口处高悬的盾徽，当然，还有桥另一端的规模庞大的伦敦。庞大而复杂，这是维恩加尔德在16世纪40年代中期看到的城市概况。从伦敦走向萨瑟克的感受则不同，尽管后者也有着自己的教堂、房屋、养熊场和（几十年后）剧院，令人印象深刻。但在英格兰，没有什么地方能与伦敦相比。每位在伦敦桥上南行的旅客想必都知道，他们告别的是欧洲最伟大的城市之一。

第4章

安特卫普的阴影

为了对都铎时期的伦敦有全面、正确的理解，我们首先必须了解另一座实力雄厚的欧洲商业金融中心，在很长一段时间里，伦敦都处在它的阴影之下。几代英格兰商人都熟悉这座城镇，它就是位于斯海尔德河畔（Scheldt river）的安特卫普。我们还应该弄清楚，哪些伦敦商人在安特卫普发迹，并把自己的成功和抱负带回伦敦。圣劳伦斯犹太教堂教区的牛奶街（Milk Street）上就有一个典型例子：理查德·格雷欣（Richard Gresham）是一位拥有完美政治关系的伦敦富商。他随城市发展而发家，后就任市长，还雄心勃勃地培养了一个才能出众的儿子。

凭借来自东印度群岛的葡萄牙香料、德意志南部矿山的贵金属和英格兰的布料，安特卫普在15世纪富裕起来。作为全球贸易的纽带和伦敦及英格兰其他城镇商人的重要市场，安特卫普的大集市是欧洲商人日程上最重要的项目。商品交易带来的是高级融资，像富格尔、韦尔泽和霍赫施泰特（Höchstetter）这样的欧洲主要银行家都在安特卫普设有办事处和代理机构，为那些莽撞而野心勃勃的政府提供贷款，使他们能继续执政或彼此交战。在国际化的安特卫普，艺术、音乐和印刷业都很兴盛，这意味着钱包鼓鼓的商人们会为自己的房子购买挂毯和绘画，为当地的教区教堂购买祭坛装饰，为私人图书馆购买书籍。15世纪到16世纪初的英格兰商业生活，若是没有安特卫普，是不可想象的。

安特卫普的市集包括春末举办的辛克森集市（Sinxen mart）和8月下旬的巴米思集市（Bamis mart）。附近的贝亨奥普佐姆（Bergen-op-Zoom）是一座深受安特卫普影响的港口城市，复活节时那里会举办帕斯集市（Pass mart），初冬则有冬日集市（Cold mart）。在这些集市营业期间，安特卫普的街道、广场和修道院都挤满了商贩的摊位。集市在确保外国商人行动自由的同时，也为人们（尤其是初出茅庐的年轻人）提供了找乐子和观赏令人眼花缭乱的奇观的机会。[1]

通过安特卫普，英格兰的生产者和贸易者得以触及整个欧洲，乃至更远的地区。16世纪30年代至40年代初，德意志商人购入一种名叫克尔赛（kerseys）的时尚轻质呢绒，并把它远销匈牙利，而来自安科纳（Ancona）和热那亚的意大利公司则把它卖往东地中海。这些公司既利用安特卫普的集市，也通过他们在伦敦的代理人来经营。[2]我们如果想大概理解安特卫普作为欧洲贸易枢纽的重要性，以及伦敦对它的依赖程度，则需要将上述横跨欧陆的交易活动和交易额扩大数百倍。

16世纪的国际贸易充满艰难险阻，且成本高昂。因意外、天气、窃贼或海盗造成损失的风险非常高。由于要越过国家的边界，商人不得不针对各种欧洲货币汇率进行谈判。这些货币包括奥格斯堡、法兰克福、纽伦堡、符腾堡（Württemberg）、萨尔茨堡（Salzburg）和雷根斯堡（Regensburg）、布拉格、乌尔姆（Ulm）、丹麦、波兰、吕贝克、瑞士、威尼斯、巴黎、安特卫普以及伦敦的造币厂生产的哈勒（haller）①、盾（guilder）②、先令（shilling）、格罗申（groschen）③、马克（mark）、镑（pound）、达克特（ducat）④和克朗（crown）⑤。[3]对于我们来说，这些硬币非常混乱，汇率更像是一场噩梦，但当时的商人们必须熟练地掌握这些知识。他们必须通晓对方的语言，聘请国外的中介和代理人，他们必须忍受旅行的颠簸，必须相信其他商人会承兑纸本票据，这样商人就不需要带着成箱的硬币到处奔波、工作时带着各种货币到不同国家。他们不得不期待欧洲的和平稳定，但那里的国际政治和国内和平依赖当时的几大势力（包括神圣罗马帝国皇帝和帝国内的诸侯、教宗、法国国王、西班牙国王和英格兰国王）之间善变的条约和联盟。由于靠近位于布鲁塞尔的神圣罗马帝国皇帝的宫廷，安特卫普特别容易受到大国政治变化的影响。

16世纪早期的欧洲商人期待并需要和平。战争、政治动荡和内乱都会扰乱贸易和商业运作。商人具有国际视野，相比那些致力于争夺霸权和主动权的欧洲君主，他们的价值观和利益有时更加先进。与之矛盾的是，商人又同时是天生的贸易保护主义者，他们想为自己争取别人（特别是外国商人）没有的贸易特权。与同一城镇、行业或国籍的贸易者联合有助于分担风险和危险，而

① 哈勒是旧时德意志的一种小额硬币。

② 盾是旧时德意志、奥地利流通的金币（或银币）。

③ 格罗申是旧时德意志的一种小银币。

④ 达克特是旧时在欧洲许多国家通用的一种金币（或银币）。

⑤ 克朗是英格兰旧币制的5先令硬币。

诸如低关税之类的特权则意味着扣除旅途和运输的费用后还会剩下一些利润。由于这些原因，几个世纪以来，欧洲各地的行会和商人团体一直利用集体的力量，为自己争取在外国的独家贸易权。

在安特卫普，商人冒险家公司（Company of Merchant Adventurers）一直在谋求英格兰商人的利益最大化，到了15世纪，这一强大的机构由伦敦商人主宰。这些冒险家通过谈判，成功保住了自13世纪以来他们就从历任布拉班特公爵手中获得的特许状。这些特权不可避免地在当地造成了人们的不满和怨愤，即使是极小的事件，也可能引发需要紧急对话和重新谈判才能解决的危机。例如，1457年，辛克森集市发生了一场争执，起因是一捆茜草（一种用于染布的植物）在称重过程中散了。随后，年轻的英格兰商人约翰·谢菲尔德（John Sheffield）和安特卫普的马丁·范霍夫（Martin van Hove）发生了激烈的争吵。据说当时范霍夫用了一套众所周知的侮辱英格兰人的言辞，说英格兰人生来就有尾巴，和恶魔一样。[4]但是，如果在平静的贸易之下隐藏着这种国别竞争和偏见，那么国家之间显然也存在着共同利益，尤其是在英格兰和低地国家之间。安特卫普需要英格兰的布料，就像英格兰商人需要安特卫普一样，因而商人冒险家是安特卫普这个舞台上的固定角色。从15世纪初起，冒险家公司就在这里安排了一位常驻的带薪理事。1474年，安特卫普把一套房屋拨给公司，作为城镇和公司之间“特殊的爱和友谊”的标志，这套房屋后被称为“英格兰屋”。[5]

许多伦敦商人都像熟悉家乡一样熟悉安特卫普，因而很难不把两者进行比较。安特卫普市政厅面朝北侧的大集市，是一座15世纪初的建筑，其悬挂着壁龛与雕塑的正立面给人留下深刻印象。

伦敦人本能地会把它与自己的市政厅相比，后者是一组英格兰哥特式建筑群。安特卫普最气派的建筑是1532年开设的“新交易所”（New Bourse），或称“商人交易所”（Merchant’s Exchange）。根据一份报告，集会期间有5000人聚集在那里，“其中一些人不得不在外面的街上站着，不为谈话或听消息，只为做生意”。[6]相反，无论天气如何，伦敦的商人都露天聚集在伦巴第街。

在某些方面，伦敦和安特卫普没有太大区别。两座城市都是内河港口。像伦敦一样，安特卫普的人口迅速上升：1496年左右有4万人，1526年约有5.5万人，1542到1543年约有8.4万人，比伦敦还要多一点儿。[7]这两个地方都有很大比例的移民，在16世纪初的几十年间，安特卫普和伦敦的城市景观都有很大变化。对于任何一个城镇来说，这样规模和密度的人口既带来机遇，也带来挑战：人口增加有利于为人类活动提供庞大而集中的活力，但这么多人如此近距离地挤在一起，有时也会出现问题。安特卫普几十年来一直是欧洲最大、最杰出的贸易中心，但形势在16世纪发生了变化。当伦敦正享有社会和平所带来的巨大优势时，安特卫普经历了16世纪60年代开始的尼德兰独立战争（Dutch Revolt），其经济和人口受到了战乱和宗教动荡的打击。

在其辉煌的鼎盛时期，安特卫普经济繁荣、社会文明。当时艺术和建筑蓬勃发展，艺术家阿尔布雷希特·丢勒（Albrecht Dürer）在1520年游览了安特卫普，对圣母大教堂（Church of Our Lady）的美丽石雕工艺和塔楼大加赞赏。这座教堂是基督教世界最大的教区教堂，也是这座城市的宗教核心，在那里，音乐、各种业余协会和团体蓬勃发展。丢勒描述了圣母升天节后的礼拜日游行：

> 镇上各行各业、各个阶层的人都聚集起来，每个人都按照身份穿上自己最好的服装。为了便于识别，各阶层和公会都有自己的标志。中间休息时，人们燃起昂贵的柱状蜡烛，吹奏长长的银色法兰克小号。人们还按照德意志风俗，请来很多风笛手和鼓手。一时间鼓乐喧天，号角齐鸣。[8]

在安特卫普有数百名艺术家和工匠制造和销售奢侈品，包括绘画、雕塑、珠宝、挂毯和彩色玻璃。伦敦商人将这些商品买回家乡，用来装饰和美化自己在城里和乡下的房屋。随着当地经济的快速发展以及欧洲商人生意的兴隆，安特卫普的艺术市场得到了蓬勃发展。[9]

安特卫普还有大批印刷商和书商。伦敦图书业花了很长时间才赶上安特卫普图书印刷的规模和复杂程度。在1500到1540年间，安特卫普有66家印刷商，生产的书籍超过2000种，占低地国家印刷书籍总数的55%。[10] 圣保罗教堂庭院在16世纪60年代之所以如此热闹，部分是因为从安特卫普流亡的专业印刷商在伦敦定居。在长达几十年的时间内，安特卫普使英格兰商人得以阅读他们在伦敦买不到的书。早在1518年4月，即在马丁·路德在维滕贝格（Wittenberg）举行著名的反对天主教会贩卖赎罪券抗议活动后仅仅几个月，他的作品就在安特卫普出售。当伦敦的印刷业尚未发展全面时，安特卫普的印刷商就清楚英格兰商人是教会和宗教新论和争议的重要市场——在16世纪40年代前，安特卫普可能是最大的英语新教文献印刷基地。[11]

因此，几个世纪以来，英格兰商人们呼吸着安特卫普的空气，依靠着那里的市场和资金，熟悉那里的人民，从那里收集来自全世界各地的新闻和消息，欣赏那里的风景并吸收其丰富的文化。几代英格兰商人冒险家就特许证和特权展开一轮又一轮的谈判。他们已见证了安特卫普的商业辉煌，他们还将看到安特卫普的衰落和伦敦的崛起。

在一个充满挑战的世界中，和大部分欧洲人一样，安特卫普人喜欢那种至少能带来一些安全感的预言。1520年，即阿尔布雷希特·丢勒来安特卫普的那一年，贾斯帕·拉埃特（Jaspar Laet）对布拉班特和安特卫普做的“预言”就很有分寸，他巧妙地把那些真能造成麻烦的事件与那些完全意料之中的事件糅在一起。他说，布拉班特公国会发展良好，“可能会出现一点小纠纷”；这里会暴发疾病，但并非瘟疫——尽管也不排除在3月、7月或8月会发生轻度瘟疫的可能性；湿气或雨水可能会导致一些地方地面坍塌；在公国内不会有战争，“但这种和平是由占星术带来的”。而高贵的安特卫普将会明智行事，从而在“金钱和物质”上获得收益。[12]

伦敦的理查德·平森将他的话印刷成《预言》（*Prognostication*），而拉埃特的读者是那数百名在布拉班特和安特卫普做买卖的伦敦商人。商人虽然是极世俗的人，却和其他人一样关注上天的安排。除了傻子，人人都会注意各种来源的消息情报——这样做的理由很明显，国际贸易充满变数，财富来得快，去得也快。任何事情都可能严重影响安特卫普和其他地方的经济生活，比如货币汇率波动、国家货币贬值、拖欠贷款和国家破产、陷入战争叛乱和起义，以及制定和废除国际条约。

大国间的针锋相对相当普遍。1545年，在神圣罗马帝国皇帝查理五世与亨利八世的一次斗争中，查理五世夺取了英格兰货物和船舶，并逮捕了英格兰商人。当时，斯蒂芬·沃恩（Stephen Vaughan）正在安特卫普，他是国王亨利的金融代理人，也是国王和银行间的中介，为国王安排银行贷款。当时沃恩正在“英格兰屋”与商人冒险家公司的主管共进午餐，突然，一名查理五世的军官长驱直入，盘问他们的身份，沃恩答道，“我们说了是‘英格兰人’”，军官对此回应道，“我奉皇帝之命逮捕你们每一个人”。“英格兰屋”的任何物品都不许带走，安特卫普所有商人的账房都被查封。不久，安特卫普的交易市场一片混乱，新交易所陷入停滞。[13] 区区一道神圣罗马帝国皇帝的命令就使欧洲的金融中心瘫痪。

商人始终清楚，君主之间的政治会扰乱甚至毁掉他们的生意，这是商业生活的事实。1545年1月英格兰商人在安特卫普被捕事件，在布鲁塞尔进行了三个月的艰苦谈判后才得以解决。但如果说君王和皇帝能够恐吓商人，那商人也可以以自己的方式展示自己的权力——至少那些在商品贸易之余还收放贷款的商人是可以的。沃恩这样的金融代理人与各大银行商谈贷款，银行家们负责制定条约。讽刺的是，正是这位造成1545年安特卫普交易停滞的皇帝查理五世，他的皇位或多或少是30年前用富格尔银行的贷款买下的。也许任何国家拥有绝对主权都只是神话：每一个国家，无论大小，对经济利益的依赖都是不可避免的。国王和皇帝身穿盔甲，统率军队，签订协约；但实际上是像富格尔和韦尔泽这样的银行在支付军队开支、帮助与自己有交易的皇帝和国王维持光鲜亮丽的形象。

对于审慎的商人和银行家来说，最重要的是优质而可靠的情报。从整个欧洲收集的信息本身也是一种货币，富格尔著名的新闻通讯很好地说明了这点。[14] 安特卫普既是一个金钱的集散地，也是一个情报处理中心：贸易、金融和知识都是力量的一部分，而这三者密不可分。众所周知，安特卫普是各种谣言和猜测的中心。这里去往布鲁塞尔只要几小时，商人把消息带到交易所，又从交易所传向他处。例如，1553年，英格兰国王爱德华六世去世的消息在安特卫普"被报道出来，还有很多人为此打赌"。这个明显有事实根据的传闻很快被传到了布鲁塞尔的皇帝宫廷。[15]

经验丰富的政治家和精明的商人立即发现他们可以互惠互利，商人提供信息，政客提供保护。优秀的商人擅长向权贵们汇报他们需要知道的一切。伦敦人威廉·洛克（William Lok）就是这样的商人，他有自己的消息来源，并将这些消息报告给亨利八世的大臣托马斯·克伦威尔（Thomas Cromwell），这些消息包括来自低地国家和德意志的政治、商业和军事的详细情报。尽管洛克希望抓住克伦威尔的眼球，但他也像克伦威尔一样清楚自己在这个伟大计划中的地位。他在信末写道："您的，人微言轻的，伦敦丝绸商威廉·洛克"。[16] 这是写作规范和社会惯例，但是对于洛克而言，这也是现实。

很少有英格兰商人像理查德·格雷欣那样熟悉安特卫普，而这些商人中又只有少数能达到他的财富和影响力。他和他的兄弟约翰及威廉都是伦敦商业精英。

毫无疑问，在他们自己心目中，伦敦城的尊严和特许地位只是提升了他们作为绅士的尊严而已。他们为自己是品行端正的诺福克郡乡绅而自豪。在15世纪的东盎格利亚（East Anglia），理查德的祖父詹姆斯把蚱蜢用作家族的纹章。在一个多世纪以后的伊丽莎白时代，它成为伦敦格雷欣家族显赫财富和影响力的象征。

理查德·格雷欣本人于1485年出生在霍尔特附近的诺福克郡。他后来前往伦敦，成为约翰·米德尔顿（John Middleton）的学徒。他在1507年进入丝绸商公会，并与威廉·科普兰（William Copeland）结为合作伙伴。他们的生意蓬勃发展，大约在1508至1517年间，他们充分利用安特卫普交易市场的低息贷款，进口丝绸、天鹅绒、绸缎、塔夫绸和薄绸（一种非常细腻柔软的丝绸材料，经常用于做紧身短上衣和长袍的内衬），并大量出口英格兰布料。这段成功的合作关系因科普兰去世而终止，但是他的遗孀嫁给了理查德·格雷欣的哥哥威廉。通过这桩经济联姻，科普兰的遗产留在了这个家族里。他们的业务不断壮大，家族经营范围更加广泛。约翰·格雷欣在远在东地中海的地区有重要的贸易利益。与此同时，在理查德的引导下，家族主要经营范围向意大利的丝绸、来自低地国家的羊毛和挂毯拓宽；他们也进口盔甲和武器，直到16世纪50年代，他的儿子托马斯还在从事这项轻松好做的副业。[17]

理查德·格雷欣是一位聪明的商人，枢机主教沃尔西（Cardinal Wolsey）则是一位地位甚高的政治家及外交官。我们从1520年格雷欣写给沃尔西的信件中发现，他在培养政商之间互惠互利的关系方面颇有天赋：理查德为沃尔西服务（理查德自称“您的仆人”），而作为国王身边有影响力的大臣，沃尔西利用自己的权势帮助理查德获得利益。1520年10月，格雷欣测量完沃尔西新建的汉普顿宫中的18间房间后，为这位枢机主教购买并用船运送来了价值数百英镑的挂毯，他还给沃尔西的新私人教堂送去“一些黄金挂布”。[18] 这种豪华而精致的采购对格雷欣和沃尔西都有好处。我们可以肯定，对于沃尔西来说，像理查德·格雷欣这样的伦敦商人多得很，但对于格雷欣来说，强大的枢机主教的青睐和赞助确实非常重要。为了取悦沃尔西而付出的所有艰辛努力、花费的每一分钟时间，都是非常值得的。

理查德·格雷欣天生就有发现机遇的眼光。1520年英格兰粮食收成不佳，格雷欣意识到这可能是个机会，随即购入成船的小麦。他们离开安特卫普，继续前往尼德兰泽兰（Zeeland）。当他在那里遇到政治困难时，他请沃尔西代表他与低地国家政府交涉。[19]五年后在纽波特（Nieuport），格雷欣遭到查理五世手下军官的逮捕，他在一次常规的递往布鲁塞尔的文件中写道："上帝一直保佑大人您的健康，我相信他也会还我自由。"[20]这些话体现了一位老练商人的轻松自信，他清楚自己有一个强大的靠山。

当枢机主教沃尔西于1529年失去了亨利八世的青睐时，理查德·格雷欣随即把他的注意力转移到了沃尔西的门徒托马斯·克伦威尔身上。格雷欣和克伦威尔可能早已互相认识。在默默无闻的早年，克伦威尔在低地国家住过一段时间，1512年，他在辛克森集市，可能还在安特卫普的"英格兰屋"做过书记员或秘书；当时理查德·格雷欣和威廉·科普兰正处于创业阶段。[21]格雷欣大概目睹了克伦威尔非凡的发迹历程：他从一个不起眼的年轻人一跃成为16世纪30年代亨利八世宫廷中的权力掮客。

16世纪30年代，理查德·格雷欣决定退出安特卫普的贸易。他已经是一位成就非凡、有着敏锐政治直觉的国际商人，他富有，是伦敦最显赫的市民之一——而且还不到40岁。他转而专注于财产和金融，把钱借给国王政府和教会里有权有势的人，他的早期债务人包括枢机主教沃尔西本人，沃尔西过世时还欠格雷欣一大笔钱。格雷欣处理沃尔西和其他人债务的手段都一样：他请克伦威尔对亨利八世施压，让国王按照总数进行补偿，这样他就能拿回自己的钱。[22] 这是一个大胆的尝试：要求国王偿付一位被罢免的大臣的债务，而且这位大臣在三年前就已经过世了。毫无疑问，格雷欣会说他只是在维护自己的财产而已，但别人对他的放贷行为有不同的看法。1549年他去世时，一篇流行的“墓志铭”将他描述成一个不顾穷人死活、迫使年轻人破产的人。在齐普赛街附近，人们为理查德·格雷欣下地狱而赞美上帝。[23]

格雷欣想在这座城市担任要职，他也确实成了一名大人物：他于1531年任伦敦和米德尔塞克斯（Middlesex）的治安官，1536年任市议员，1537年任市政府的最高职位——市长。

市长办公室保留着各种非常古老的传统，其中一个古老习俗是，新市长就职时应该剃掉胡子。一位伊丽莎白时代的市长拒绝剃须，虽然他同意佩戴他的前任们戴过的传统四角帽的行为稍微抵消了他的离经叛道，但此事在当时还是引起了哗然。[24] 市长有一系列艰巨的礼仪任务：参与8月的市政厅治安官选举和米迦勒节（Michaelmas）的治安官就职宣誓仪式；出席集市、宗教节日、晚宴、布道和葬礼；参加米迦勒节前夕的市长选举。着装礼仪烦琐复杂，在不同的场合，治安官、市长和议员们的长袍、兜帽和斗篷有各种不同的组合和变化。这是一场表演，目的是赞颂这座城市的尊贵和重要性，强调身份、地位以及伦敦商业等级制度下的独特权力。

但是，伦敦市长不仅是裁缝的模特，他们每天的工作不只是参加各种宴会。在礼仪和仪式背后隐藏着一个事实，即一位优秀高效的市长必须是一流的政治经营者。他背后是强大的由支持他的市民和同业公会组成的群体，他们希望他能捍卫伦敦在利益和自由上的特权，市长是这个群体在国王宫廷里的发言人。他的公信力至关重要，而且他还必须是一个有说服力的外交官。但是，他同时也是国王在伦敦的代表，他需要保证王室法令得到有效执行，与市民协商，并引导他们的共同意愿。1381年6月，市长和他的护剑官与国王理查德二世（King Richard II）一起勇敢地打败了农民起义的领袖沃特·泰勒［Wat Tyler，化名杰克·斯特劳（Jack Straw）］。这一事件在伦敦历史上留下了深深的烙印。护剑官坚称泰勒在国王面前拉下兜帽，想要拔出匕首，却被市长亲手杀死："伦敦市长威廉·沃尔沃思（William Walworth）拔出他的短剑，砍在杰克·斯特劳的头上。"[25]

当选、宣誓和任命仪式，提醒着市长他扮演的这个具有挑战性的双重角色和他所承担的期望。他在市政厅的竞选庭上向伦敦市民宣誓，之后得到伦敦的权杖、钥匙、资金和印章。第二天，新市长和他的随从乘游船从"大酒窖"（Vintry，泰晤士河畔的一个地区，有储藏波尔多葡萄酒的仓库）出发，逆流而上到达威斯敏斯特。身着鲜红长袍和斗篷的市长同议员们进入古老、宏伟的威斯敏斯特礼堂（Westminster Hall），在财政处对君主宣誓就职。随后他将参观王座法院（King's Bench）和民事法院（Common Pleas），之后前往威斯敏斯特大教堂（Westminster Abbey），正式参拜英格兰历任国王墓。最后，他乘游船回到城里，参与在市政厅举办的一年中最盛大的晚宴。所有同业公会都会出席这一晚宴。[26]

刚刚被授予爵士头衔的理查德·格雷欣市长同时是伦敦和国王的代言人。除了近20年的政治和国际经验，有助于他执政的还有他与托马斯·克伦威尔的关系。他很清楚自己在这段关系中的身份：枢机主教沃尔西的"随从"克伦威尔现在成了温布尔登的克伦威尔男爵。“随时听命的，您的，理查德·格雷欣”，表达出郑重而谦卑的服务态度，对每位市长都很重要。

理查德·格雷欣爵士在事业和社会生活这另外两个方面一丝不苟。他在市长任期内恰逢英格兰修道院解散。在克伦威尔的影响和帮助下，理查德爵士在整个王国收购了一系列原属修道院的财产，[27] 再次大发横财。对城市和丝绸商公会来说，他是一位公共捐助者，资助建立主教门地区圣玛丽医院（St Mary's Spital）的贫民救济院，并利用他的影响力为丝绸商公会直接买下位于齐普赛街的阿克的圣托马斯医院和教堂。

一位出色的商人、一位无情的放贷人、一位城市政治家、一位捐助者、一位政治推动者——理查德·格雷欣爵士集所有这些头衔于一身。在给沃尔西和克伦威尔的信中，他总是谨慎小心。他只失败过一次，那就是在为与安特卫普竞争，而在伦敦建立一座交易所一事上。这是一座“bourse”或“burse”，16世纪的人们认为这个名字来源于中世纪布鲁日（Bruges）商人的一个聚会地点。在安特卫普之前，布鲁日曾是欧洲重要的商业城市。

多年来，无论天气如何，伦敦市民都不得不在伦巴第街露天进行商业交易，他们感到这样很有损尊严。其他城市都建立了专门的交易场所，其中最大的是安特卫普的新交易所，伦敦只希望能赶上其他城市。16世纪30年代，人们对此曾有过一点儿兴趣。1534年，市议会在市政厅开始讨论这个项目。三年后，市议员选择了伦巴第街“教宗之首”酒馆附近的一个地点。

任职期间，理查德·格雷欣爵士推动并敦促托马斯·克伦威尔实施这个项目，他向他展示了项目“蓝图”，并建议“为了国王的荣誉”，应花费2000英镑“或以上”来建一座出色的交易所。起初，阻碍项目推进的只有吝啬的乔治·蒙诺克斯（George Monnocks）爵士，他拒绝出售他在项目预定地点的地产。但是，蒙诺克斯在国王的施压下让步后，事情也没什么进展，市政厅的记录归于平静。[28]

如果交易所在1538年建成，将是理查德·格雷欣爵士市长任期内的一大亮点。然而，30年后，专为伦敦建立的交易所才建成，其建设者和创始人是理查德爵士的儿子托马斯。

事实上，托马斯·格雷欣是他父亲最伟大的遗产。坐拥巨大财富的理查德·格雷欣与权贵保持着友好的关系，在城市和丝绸商公会中广受赞誉，并参与慈善捐助——完全称得上是商界的王子。在理查德的三个儿子中，托马斯继承并发扬了父亲的事业。理查德爵士对托马斯的训练细致入微，他的每一分投入都得到了回报，因为在伊丽莎白时代早期的伦敦，没有任何商人能与托马斯·格雷欣相提并论。

第5章

“爱、服务和服从”

我们对他的第一印象是一位英俊、威严的年轻男子，鼻子长直，颧骨高高，留着棕色短发和小胡子，他沉着镇定，眼睛直视画家。关于创作这幅画的艺术家，除了他是一位技艺高超的画家、工作室在安特卫普或附近之外，我们一无所知。但我们认识画中的模特，画上的字母和数字非常清晰：“1544年，托马斯·格雷欣，26岁”，加上格雷欣的字母组合图案，以及两套缩写（A. G.和T. G.）和座右铭“爱、服务和服从”。

艺术家为年轻的托马斯·格雷欣肖像设计的场景极为平常。画面颜色柔和：灰色、棕色，再加上墙壁、旁边的人类头骨和人物本身投下的黑色阴影。格雷欣的帽子、紧身上衣、礼服和紧身裤都是黑色的，只有他的白色衬衫领子和袖口以及右手拿着的朴素棕色皮革手套稍微中和了整体的黑色调。他身上的装饰也很节制：衬衫的精致花边，紧身上衣上的叶子图案，左手食指和右手小指上的戒指。他站的位置与画家的视角几乎平行，左腿在前，右腿在后，左手放在腰上，拇指插在紧身上衣里。

没有佩剑。

尽管画面极其朴素，刻意避免造成浮夸炫耀之感，但这幅画还是有力地证明了托马斯·格雷欣的野心。伦敦其他商人没有这样的雄心壮志，即便对于他这样的年轻人来说，这份抱负也显得不同寻常。画中人是一位26岁的商人，有种欧洲君主风度：这幅画像不是通常那种半身像，而是一幅全身像。对于16世纪40年代的伦敦商人来说，半身像已经十分罕见，更不用说全身像了。我们在画中看见的是一位未来的大人物初露锋芒，格雷欣穿着顶尖材质的黑色商人西装，因而画面体现出自律、严谨和品位，以及一个商人建立在舒适基础上的简朴。

1544年对托马斯·格雷欣而言是非常重要的一年。这幅肖像很有可能是为庆祝他与一位富商的遗孀安妮·费内利（Anne Ferneley）的婚姻而创作的，因为安妮·格雷欣（Anne Gresham）的缩写“A. G.”与托马斯·格雷欣的缩写“T. G.”由一句箴言连接起来。当时，他的父亲理查德爵士差不多已退居幕后，兴隆的格雷欣家族生意交由托马斯经营。未来属于托马斯·格雷欣，他前途无量。

1518年左右，托马斯·格雷欣出生于父亲在牛奶街的房子里，那里邻近市政厅，步行至齐普赛街只需几分钟。这个家庭所属的教区教堂是圣劳伦斯犹太教堂。到了16世纪30年代，年轻的托马斯·格雷欣开始对这座教堂有所了解，就像几十年前的托马斯·莫尔一样，后者也是在牛奶街长大的。这座教堂在伦敦因其展示的两件神秘物品而闻名：第一件是一颗巨大的鱼的牙齿，它

“被铁链挂在石柱上展示”，第二件是著名的巨人胫骨。伊丽莎白时代的古董专家约翰·斯托小时候看过那颗鱼的牙齿，但等到16世纪90年代他写《伦敦调查》（*A Survey of London*）的时候，它已经不见了。那块骨头仍然在教堂里，斯托认为它可能是大象的骨头，我们推测它大概是在1666年伦敦大火期间，随着圣劳伦斯犹太教堂的失火而损毁。[1]

我们能勾勒出托马斯·格雷欣早期生活的雏形。他有一个名叫约翰的哥哥和两个姐妹，分别叫克里斯蒂安和伊丽莎白。他们的母亲爵士夫人奥德丽（Dame Audrey）死于1522年，那时托马斯只有三四岁。她被安葬在圣劳伦斯犹太教堂。理查德爵士后来与伊莎贝尔·塔夫森（Isabelle Taverson）结婚，后者带着她的女儿们搬到了牛奶街。

1530年10月，托马斯被父亲送到剑桥大学的冈维尔学院（Gonville Hall）学习。这所学院有200多年历史，聚集了许多大学学者，还与格雷欣的祖籍诺福克郡有着密切的联系。托马斯十三四岁时离开伦敦前往剑桥。他在剑桥待了一年或更久，[2] 他是一名“自费生”，即一名家里为他的住宿吃喝买单的校外生。他享有与学院院士一起在高桌上用餐的特权，他的座位与相对贫穷一些的学生分开，且比他们高一点。

冈维尔学院里的生活远不如在理查德·格雷欣在牛奶街上的家里那样舒适。这所学院实质上是一所简朴的小型寄宿学校，有25到30名10多岁和20岁出头的男生，他们的生活被严格的日程安排规范。每天早上5点，全体学生在学院的小教堂做礼拜，在礼堂吃饭：早餐很早，午餐大约在10点左右，晚餐在5点左右。他们在图书馆里学习，这座图书馆满是书籍和手稿，藏书的历史可以追溯到1349年学院成立的时候。他们在学院旁的大学教室里听讲座，在学院礼堂里讨论学术。对于托马斯这个年纪的学生而言，课程包括中世纪大学的经典“三学科”：高级语法、修辞和逻辑，这些课程建立在他7岁就开始学的拉丁语之上。在剑桥，老师用拉丁语授课，而更高阶的课程则使用希腊语。

冈维尔学院非常简朴。房间里家具很少；与学院其他地方不同的是，礼堂里有火盆供暖，尽管一两个火盆对冬日的寒冷来说是杯水车薪。进餐时，所有人都必须保持安静，只有学院的一名教员大声朗读拉丁文《圣经》的段落。在像圣诞节那样的宗教节日里，学院会稍微放松管理，以便教员和学生观看戏剧、聆听音乐。

16世纪30代初，冈维尔学院的那种修道院气息因从东盎格利亚大修道院来此进修的修士频繁出现而更加强烈。对于一个习惯了伦敦的喧嚣和新奇见闻的男孩来说，剑桥一定显得过时又狭小、独立又封闭。但在1530到1531年，即使在剑桥这片世外桃源，人们也能感受到轰轰烈烈的变革。1530年，剑桥大学对亨利八世的“大事”（Great Matter）——即他与阿拉贡的凯瑟琳（Catherine of Aragon）婚姻是否合法——给出集体意见。他们（不出人意料地）表示支持国王。

改革的气氛弥漫在冈维尔学院乃至整个剑桥，尽管许多人认为它是异端邪说，避之不及。1531年，大学里有人努力压制像扬·胡斯（Jan Hus）、马丁·路德和约翰·威克利夫（John Wyclif）这样有争议的神学家和翻译家的著作和观点。有人怀疑冈维尔学院是某种危险的新兴神学的温床。冈维尔的研究员尼古拉斯·夏克斯顿（Nicholas Shaxton）在国王的“大事”上坚定地支持国王，他也是安妮·博林（Anne Boleyn）的门客。理查德·塔弗纳（Richard Taverner）是一位来自牛津的逃亡学者：他1529年被指控散布异端邪说，于是在托马斯·克伦威尔的干预和保护下搬到剑桥。在冈维尔学院，格雷欣同辈人中争议较小的是约翰·盖厄斯（John Caius），他当时20岁，是神学院的学生，也是鹿特丹伟大的人文学者伊拉斯谟的热心追随者。盖厄斯后来成为英格兰最著名的医生。格雷欣很可能认识从1531年起在冈维尔的威廉·贡内尔（William Gonnell），他一度是托马斯·莫尔子女的杰出导师，那时托马斯·格雷欣才刚刚出生。

了解到托马斯后来的成功，我们可能会想象他在剑桥的短暂停留是理查德·格雷欣爵士对儿子辉煌事业总体规划的一部分。也许这种猜想是正确的，毕竟在当时读大学是很少见的，即使是最了不起的伦敦商人也鲜有受过此等教育的人。但最可能的情况是，理查德只是想让托马斯有一个坚实的语法基础，熟悉修辞、逻辑、经典作品和历史。

理查德·格雷欣不让托马斯走捷径，而托马斯也很重视父亲的训导。他父亲在丝绸商公会内的地位本来可以帮他省掉学徒期，但他花八年的时间做叔叔约翰的学徒。他后来解释了这一切：“我的父亲理查德·格雷欣爵士是个聪明人，尽管他知道……除非我经历过同样的学徒期，从中吸收经验和所有商品的知识，否则这将毫无成效。”[3] 这就是格雷欣家族的行事风格：努力工作、注重细节、沉着实践。

1535至1543年是宗教和国家发生惊人变革的时期。同时，理查德·格雷欣爵士在这一时期当上市长，而格雷欣家族的财富也在这一时期日益增长。正是在这一时期，理查德爵士小心翼翼地让儿子踏上政治和外交舞台的边缘，因而托马斯的学徒期并不平凡。1538年，理查德爵士负责监管法国权贵们在伦敦的访问活动。他设法让强大的托马斯·克伦威尔知道："我的儿子利用语言优势，承担了迎接、陪同和款待法国客人的任务。"他算是他们的陪同翻译。[4] 到了1543年，托马斯在英格兰和神圣罗马帝国的外交中扮演了一个小角色，负责在两个宫廷间传递信件。他被认为是个有前途的年轻人并受到关注，这很重要。

从某种意义上说，格雷欣1544年在安特卫普的肖像并不能完全展现他在政治和外交方面的小心翼翼。托马斯·格雷欣有良好的商业头脑，还有一个不怕向别人兜售自己儿子才能的父亲，但他既不是贵族也不是外交家。这幅画有力地展示了托马斯自我推介的本能。他是商人和廷臣的混合体，被父亲定位成为强大的家族企业的负责人；他是前任市长的儿子，在剑桥受过一些教育，有国际商业外交的经验和语言天赋。格雷欣知道，成为真正的廷臣需要先天和后天两方面的条件。巴尔达萨雷·卡斯蒂廖内（Baldassare Castiglione）在他的《廷臣书》（*Book of the Courtier*，1561年译为英文）中列出了一些基本的标准：出身良好、体格适当（身材匀称，不能过高）、面容和蔼可亲、有好奇心、谈吐得体、聪明、爱好音乐、知识渊博、通晓多种语言、诚实、有教养、衣着得体整洁。这正是托马斯·格雷欣在安特卫普肖像里的样子："最时尚的服装应该是黑色的，或是其他偏暗和较深的颜色，而不应是花哨的。"[5]

16世纪40年代末，托马斯·格雷欣在伦敦过着富有的商绅生活。他家在靠近市政厅的贝辛霍尔街，这套房子既是住所也是商业总部，仆人、代理人和多代同堂的家人在其中忙忙碌碌。1547

年3月，他的妻子安妮生下了他们的儿子理查德，而她也经常出席朋友孩子的洗礼仪式。1547年圣诞节期间，吟游乐师到这个家庭表演，托马斯庆祝他的叔叔，也就是理查德的兄弟约翰，当选为1547至1548年的市长。作为日常的放松消遣，托马斯掷骰子赌钱，还玩一个叫“银行票据”的游戏。[6]

到1549年理查德·格雷欣爵士逝世之时，格雷欣家族已经跻身城市最上层社会圈近30年了。理查德爵士的遗嘱包括了家庭、慈善和同业公会等常见的条款，也透露出他资产的比例构成：捐给穷人的钱、举办丝绸商同行的大型纪念晚宴的钱，以及位于米德尔塞克斯、诺福克、萨福克和约克的大型房产。但最引人注目的是他政治关系的广度和深度。当时的国王是爱德华六世，他1547年继承了父亲亨利八世的王位。理查德的遗嘱相当于是一部爱德华六世政府的名人录。枢密院议员、大臣、法官和执法官员都接受了理查德·格雷欣爵士的纪念戒指，其中最突出的是萨默塞特公爵（Duke of Somerset）爱德华·西摩（Edward Seymour），他是国王最信任的顾问。托马斯·格雷欣的姐姐克里斯蒂安嫁给了萨默塞特公爵的一位家臣——约翰·锡恩（John Thynne）爵士。很显然，格雷欣家族已经牢牢扎根于都铎王朝的上流社会，托马斯的未来一片光明。

1551年12月，托马斯·格雷欣经历了他职业生涯中最重要的一次面试。格雷欣后来解释说，这是由于国王在安特卫普的代理威廉·丹赛尔（William Dansell）拒绝回国解释英格兰王室在安特卫普的财政为何如此混乱。格雷欣后来解释说，爱德华六世的枢密院请他过来，以“了解我的意见（因为他们还有很多其他人选），怎样才能用最小的代价让国王陛下解决债务问题”。显然，格雷欣在委员会上的表现令人印象深刻。他被立即派往安特卫普，接替丹赛尔的工作，按他后来的说法，他走得太急以至于都没能带上“我的衣物或随从”。[7]

几十年来，王室开支远远超过了政府所能有效筹集的资金额度。在都铎王朝，无论是通过国王的特权来实行，还是由议会执行，征税都不为政府所热衷，它效率低下，且需要定期征收。解散修道院为亨利八世提供了一大笔钱，但也不足以满足亨利八世的野心。1544年的初夏，亨利一直准备在法国进行一次军事活动，这场军事活动仅前三个月就需要总额高达25万英镑的资金。亨利的金融代理人斯蒂芬·沃恩只能去和安特卫普金融界那些他称作“狐狸与狼”的人合作，让精明务实的意大利人加斯帕·杜奇（Gaspar Ducci）做他的中间人。加斯帕·杜奇属于奈德哈特（Neidhart）、赛勒（Seiler）、杜奇和其他伙伴组成的国际财团。奥格斯堡的韦尔泽银行以14%的利率向亨利八世提供了10万克朗的贷款，并承诺两个月后还会追加10万克朗贷款。韦尔泽只接受在伦敦的意大利商行维瓦尔迪（Vivaldi）和邦维奇（Bonvisi）提供的担保。[8]

亨利在法兰西和苏格兰的战争中花销总额达到了200多万英镑（他任性地在两条战线上同时开战），安特卫普的贷款只支付了其中最小的一部分，大部分战争费用出自议会征税、强制贷款、出售前修道院土地（卖给像格雷欣这样的家族）和贬值英格兰货币。但是安特卫普贷款的严重后果在于利息，对于几近枯竭的国库来说尤其如此。1548年，国王欠韦尔泽银行的金额接近24万英镑，后来欠款迅速上升到32.5万英镑。[9]当爱德华的枢密院面试格雷欣时，国王的收支已经无法保持平衡了。在债务的步步紧逼下，政府迫切需要停下来喘口气，格雷欣的任务就是管理这些要命的债务。1551年，托马斯·格雷欣受邀接受了这项在许多人眼中不可能完成的委托。

更糟糕的是，爱德华的枢密院制定过一些政策。由于害怕英格兰经济的脆弱性导致这个王国陷入“极度贫困”，枢密院下令任何“金银条、钱币和器皿”形式的金银不得离开王国领土，也不允许在英格兰进行货币兑换交易。与此同时，政府推出了铜先令这样的贬值货币，导致国内物价上涨，标准银质货币价值下跌。商界一片哗然，他们不断游说政府处理他们“可悲的抱怨和卑微的诉讼”，9个月后货币兑换禁令最终解除。[10]

在爱德华的顾问们苦苦挣扎时，托马斯·格雷欣却轻松而直率。他的目标是清除国王债务，而他完全采用商业手段。格雷欣在安特卫普生活，与之息息相通。正是他对交易及其过程的掌握，使他在结清王国账务时占有优势。他在安特卫普的房子离新交易所仅一箭之遥。他对安特卫普市场有全面的了解，包括那里的商人、银行家、布鲁塞尔市政府和神圣罗马帝国皇帝宫廷之间的复杂关系，以及躁动多变的金钱世界。他清楚最重要的是定期获取准确信息，他靠数字和数据谋生，可能他梦里都想着汇率。1553年，他自负地写道：“没有一间交易所当天的任何借贷信息我不了解知晓。”[11]

不过，即使对托马斯·格雷欣这样老练、能力超群且热衷工作的人来说，这项任务也是紧张吃力的，他感觉已经达到自己的极限。身为一位老练且坚定的商人兼廷臣，这份工作需要调动他全部的游说能力。毕竟，格雷欣正在与国际货币借贷的“狐狸和狼”交易，像韦尔泽这样的银行，在借给查理五世80万克朗后，仍然有大量的资金，足以向其他人提供几十万克朗的贷款；况且韦尔泽还不及富格尔银行资金丰厚。过度兴奋或焦躁不安不是格雷欣的风格，他只是掌握每一个细节，永远有计划、有策略，能诚实客观地评估自己手里的筹码。

尽管如此，他承担的压力和期望都是巨大的。数年后，格雷欣写下了他为国王所做的牺牲：把全家搬到安特卫普；两年间在低地国家和英格兰的宫廷之间奔走40次；密集的谈判；复杂的簿记；与枢密院“无数次通信”——他写信时都不用秘书帮忙，“因为在这场生意中，轻信带来的危险如此之大”。[12] 诚然，他对自己付出的辛劳有些夸大，但为了解决国王的债务危机，他确实艰苦地斗争过。至少有一次，当他的想法没有得到支持时，他提请辞职：“如果不这样做，最终我只会被羞辱和抹黑。”[13]

所以，只能采用格雷欣的方式，别无他法。尽管言语朴实，他拥有廷臣应有的自我推销才能。他后来把偿还王室债务的功劳完全揽在自己名下，并保证爱德华国王“在国内外的商人那里都可以随时借到钱，额度不限”。他对自己的手段充满信心，他能让安特卫普的交易向对国王有利的方向发展。[14] 事实上，除了天赋以外，有更强的力量站在了格雷欣这一方：1552年，中欧白银产量危机推高了白银在安特卫普的价格，这对格雷欣来说是场“及时雨”，这样他就能用最小的代价来解决国王的债务问题。[15]

1552年，格雷欣采用了一个大胆的计划来偿还王室债务。他差不多是强迫商人冒险家公司购买公债，让他们用在安特卫普的销售额来支付国王的债务，而国库将在三个月内偿还他们。这些冒险家在1551到1552年初遭受到连续打击，他们很清楚这笔交易很难对自己有什么好处。但当格雷欣后来回顾自己的计划时，他很满意，因为大家都从中受益，尽管商人当时有颇多抱怨。他写道：“在解决君主的问题时，除了商人之外没有用到其他人，在世人眼中商人是最大的输家，但当事情完美结束时，结果正好相反，他们成为大赢家。”[16] 冒险家们一定对本应是他们中一员的格雷欣感到愤怒，在这次了不起的成就中，格雷欣只能令国王和城市这两个群体满意。托马斯·格雷欣并不羞于炫耀自己的成功，他很擅长有条不紊地为自己庆功。

这笔交易是1552年10月3日周一在西恩宫（Syon Palace）完成的。这一天国王的秘书威廉·塞西尔（William Cecil）爵士清楚地知道这么大一笔款项，有必要记录下日期。他知道还款的规模：1552年11月9日48 000英镑，1553年2月21 000英镑，7月14 000英镑，8月26 309英镑。为了尽其所能地偿还债务，爱德华的枢密院出售王室和教会的土地、黄金、教堂的金银器皿和铅。格雷欣这样规划是因为几周内下一期外国债权人的借款又要到期了，英格兰政府必须迅速筹集起还款，他短期内能从商人冒险家那里借来3万英镑。

很显然，冒险家们没有选择，只能同意。他们与格雷欣和国王枢密院在西恩宫会面。双方一定是在会议中很直白地交换了意见，而塞西尔的会议记录轻描淡写地记录了当时的情形：“经过大量的沟通和协议”，商人们“自愿同意”——塞西尔急于在记录上阐明这一点——“他们将在12月底之前，自己在安特卫普售出的每匹布都拿出20先令，用来偿还国王的债务，在交付后3个月内可以得到还款。”[17] 如此一来，枢密院高度依赖商人向王室提供的完全对政府有利的短期信贷。[18] 这次计划规模庞大。这是一场大胆的赌博，是大规模地对国际贸易进行赤裸裸的政治干涉。所有准备参加1552年冬季集市的冒险家舰队被阻止出港，这包括30至40艘运载价值高达15万英镑的4万匹布的船只。[19]

在西恩宫谈判中，商人冒险家公司得到了一点儿补偿，能够稍微抵消他们的钱包将要承受的损失。“钢院”商站的汉萨商人享有古老的特权，冒险家们对这一点积怨已久；而这一次，作为交换条件，爱德华政府同意废除汉萨商人的特权。西恩会议结束后仅一周，枢密院就用尖刻的语言记录了国王的决定，汉萨商人习以为常的贸易自由和特权将被剥夺：外国商人因“混乱、似是而非和欺骗性的交易”理应受到惩罚，“从法律和良知的角度看，都应剥夺他们上述以前享有的自由”。[20] 通过正式的语言和高尚的道德基调，枢密院掩盖了政治行为背后的商业目的。

对于一个在伦敦已经有数百年历史的中世纪贸易组织来说，这并不意味着终结：他们会在玛丽一世和腓力统治时期（1553至1558年）回归，处境艰难地坚守在这座强取豪夺的城市里，直到1597年他们最终被从伦敦驱逐（即便如此，17世纪他们再次回归）。但是，也许在1552年，以及后来他们回归后的40年中，在伦敦的德意志商人时常会抬头看向“钢院”大厅里的《贫穷的胜利》和《财富的胜利》：“因为命运之轮随时可能会转向，富有的人每时每刻都在担心害怕。”

正如对战略规划了如指掌一样，托马斯·格雷欣同样了解命运之轮的多变。和所有廷臣一样，他依赖君主的青睐。年轻的爱德华六世对金钱、交易和市场感兴趣，他承认格雷欣的工作对王室和政府的价值，于是亲切地接见格雷欣并颁给他王室津贴。[21]

但当爱德华于1553年去世后，他的继任者玛丽女王却将格雷欣免职。作为激进的新教政府的代理人，他得不到信任，他被直接踢出政坛。他只是耸耸肩，以这种态度捍卫自己的成功和付出，然后就回去经商了。

事实上，他没有就此永久退休，更像是休了个假。几个月后，格雷欣回到安特卫普为新女王效力，接手因他的继任者克里斯托弗·道恩奇（Christopher Dawntsey）判断失误而造成的烂摊子。道恩奇与德意志银行家拉撒路·图赫尔（Lazarus Tucher）达成20万盾的贷款协议，但利率高得出奇。格雷欣在速度和对细节的掌控方面无人能敌，这使道恩奇显得软弱无能。1553年11月17日晚上9点抵达安特卫普后几小时内，格雷欣就知道了贷款的条款，并与图赫尔会谈。他们之间的关系渊源已久、错综复杂：格雷欣把图赫尔称为朋友，但对玛丽女王的枢密院形容他是“非常偏激的人，而且非常贪婪”。[22]大概图赫尔和安特卫普的其他代理人、中间人或银行家没什么两样：外表友善，和蔼可亲，喜欢有目的地与人闲聊。但这些表象背后，他像钢铁一样坚定，在克里斯托弗·道恩奇那里占尽便宜。格雷欣本人向枢密院展示了自己的才能：他不费吹灰之力就能交出一份安特卫普情况的完整汇报，还包括他对皇帝和法王的财政状况的看法。[23]

托马斯·格雷欣可谓行家。他清楚地知道该和谁谈、该怎么做。很显然，图赫尔无疑被玛丽政府的沉默激怒，一直在散布消息：据格雷欣汇报，交易所的所有商人都知道了银行家和女王之间的协定。一周后，图赫尔来到交易所，直接问格雷欣：“我们这笔交易还算不算数？”格雷欣的回答很巧妙，他运用外交辞令含糊其词，不做任何承诺：“在一定程度上我可以承认它，但这件事不在于我，因为之前我离开了一段时间，所以我并不清楚女王陛下的意思。”他忍不住向图赫尔说出心中的困惑，询问为什么道恩奇会“同意这么高的利率”。他说自己没有答应“这么高的价格”的权限。[24]在玛丽的枢密院看来，这是最巧妙的试探。托马斯·格雷欣回来了，像以往一样老练、狡猾、不可替代。

拉撒路·图赫尔和托马斯·格雷欣会面的“那间交易所”指的是位于小镇中心的米尔大道（Meer）和新街（New Street）之间的安特卫普新交易所。安特卫普商人的第一所交易所建于1515年，一栋位于花园街（Garden Street）的相当宏伟的建筑物，它的一面建有柱廊，一面建有门廊。在这之前，商人们在羊毛街（Wool Street）附近靠近集市和英格兰屋的一个大院里交易。到1530年，安特卫普的交易量大得惊人，旧交易所也显得过于狭小了，因此在1531年，建筑师多米尼恩·德·瓦格马克尔（Domien de Waghemakere）花费30万克朗建造了一座新交易所。[25]

新交易所是欧洲的奇观之一，这是一座长方形庭院，38根精美的柱子支撑着庭院周围的柱廊，每根柱子都独一无二。它有两座雄伟的塔楼，有四个出入口通向周围的街道（从当时的木刻画上看，这些街道更像是典雅的林荫大道）。在地理位置和象征意义上，新交易所是安特卫普的核心，在经济上它是整个欧洲的核心。

托马斯·格雷欣对新交易所非常熟悉，他熟知那里的一砖一瓦和那里的人员和业务。新交易所与牛奶街、圣劳伦斯犹太教堂、贝辛霍尔街或市政厅一样，是他的世界的一部分。它彰显安特卫普在欧洲贸易和银行领域的卓越成就。到16世纪60年代，格雷欣有一个明确的抱负：他将完成父亲和伦敦同业公会在30年前未能达成的目标——以新交易所为榜样，托马斯·格雷欣将资助伦敦建立自己的交易所。

格雷欣的事业使得都铎时期的伦敦商业焦点转移。和其他伦敦商人一样，他了解安特卫普，但也许他用不同的眼光审视安特卫普，他比照欧洲最伟大的商业金融中心的成就，衡量伦敦的潜力。英格兰商人数十年来一直奔向安特卫普，也许是时候让伦敦展露自己称霸欧洲商业世界的雄心了。

托马斯·格雷欣也意识到可以让商人和政府联手，钱权联合。几个世纪以来，他们一直存在一种微妙而务实的交易：为了让商人们站在自己一方，国王特许伦敦拥有自由权。到了16世纪60年代，格雷欣希望能让英格兰王室摆脱对外国商人贷款的依赖，让伊丽莎白一世在自己的城市里寻求安全保证。他写道：“我希望女王陛下此时不再雇用外国人，而是她自己的臣民，这样……所有其他君主就会看到她作为君主的实力。”[26]

也许伦敦的商人能在欧洲以外看到机会和前景。这座城市的商业精英虽然在某种程度上因循守旧，受传统以及同业公会的古老方式和组织机构的限制，但他们拥有非凡的活力。16世纪50年代初，安特卫普和伦敦之间的贸易动荡令人深感不安。在困难时期，商人甚至可能会去开拓遥远的海洋和大陆。他们测绘地图和航海图，寻找新的市场，建立具有全新组织形式的贸易，这种组织里不仅有商人还有投资者。多年来，航海家一直想知道通往远东海洋的航线，还有传说中的国度“中国”(Cathay)① 的奇观，一个充满冒险和冲突的美丽新世界刚刚开始引起他们的关注。

---

① Cathay是中世纪欧洲对中国的称呼，但作者强调的是欧洲人对异域和东方的想象，而非指称当时的中国。

第6章

寻找中国

世界上没有任何地方能像中国那样激发早期都铎王朝的想象力。他们相信，中国是亚洲最强大的国家，其统治者大汗（Great Khan）是挪亚（Noah）的后裔。他的帝国在离伦敦最遥远的地方，位于“高印度”，毗邻西徐亚海（Scythian Sea），大约是今天的东西伯利亚海（East Siberian Sea）。[1]

那是一个令人着迷的幻想。出生在威尼斯的亲英派人士塞巴斯蒂安·卡伯特（Sebastian Cabot）技巧娴熟地利用了这一幻想，希望能将英格兰的船驶向世界另一端，发现那个伟大的帝国。卡伯特在隶属西班牙西印度交易所（Casa de la Contratación）的精英航海学校任教，是一位专家级的海上引航员。他1547年后来到英格兰，给这个在航海成就上远远落后于西班牙和葡萄牙的国家带来了欧洲的技术和视野，他还带来了一个新的长途贸易业务模式，使伦敦自此改变。[2]

中世纪时期约翰·曼德维尔（John Mandeville）爵士的《旅行》（*Travels*，15世纪90年代威斯敏斯特印刷）一书一直很受欢迎，它给远东蒙上了一层异域风情，这实在有助于卡伯特的事业："中国是一个富裕的国家，有丰富的物产和商品，每年商人们在这里购买的香料和其他商品的数量通常远超其他国家。"[3] 译者、学者和地图绘制者为中国的存在增添了层层细节和权威性，将它描述成由"许多省份、人民和贵族，以及被称作'大洋'的辽阔东方海洋上数不清的岛屿"组成的帝国。大汗坐在宝石王座上，享有惊人的财富和权势。据宇宙学家兼翻译家理查德·伊登（Richard Eden）1553年的描述，帝国庞大的首都设在"大都"（Cambalu），即便以伊登这么高的文学才能也难以描述这座皇宫是多么富丽堂皇、引人赞叹："皇帝的宫廷里有着极为奢华、壮丽的陈设，但无法用语言形容。"[4]

因此，中国是开启通往亚洲贸易的金钥匙，这里"富有，而且物产和商品充沛"，有来自印度等地区的宝石、珍珠、丝绸和各种香料等。[5] 显然，这是参与贸易和积累财富的好机会，唯一的问题是怎样到达那里。最佳路线当然是通过北极海域的北方航线，据专家说，这条线路完全可行。一开始，沉浸在爱国情绪里的英格兰航海家信心十足，相信开辟这条航线并不难——当然远比绕过好望角长途旅行（葡萄牙船只一般采用这一航线，以便到达葡萄牙在东印度群岛的前哨站）容易。

为找到通往亚洲的航线，在塞巴斯蒂安·卡伯特和他父亲约翰的引导下，早期的英格兰航海家和船员们通过北大西洋驶向美洲。卡伯特出身自一个热那亚家族，在巴伦西亚（Valencia）生活了一段时间之后，他们在15世纪90年代来到了英格兰，他们的第一个落脚点是港口城市布里斯托尔。他们美洲航行的时间和地点很难确定：1497年左右，他们可能到达了拉布拉多（Labrador）

或新斯科舍省（Novia Scotia）。10年或11年后，塞巴斯蒂安可能已经探索了北美北部海岸的北极水域，到达了哈得孙湾（Hudson Bay）的入口。[6]

1512年，塞巴斯蒂安离开英格兰去西班牙。6年后，他被任命为西印度交易所的引航主管。他的前辈中，有像阿梅里戈·韦斯普奇（Amerigo Vespucci）和胡安·迪亚斯·德索利斯（Juan Díaz de Solís）这样杰出的引航员，他在那里工作了近30年。他的工作是培训西班牙航海家，并给他们颁发许可。换句话说，他掌握着最先进的航海技术和理论，拥有无人可比的经验。

塞巴斯蒂安·卡伯特在1547年或1548年回到英格兰。这是本书的关键事件之一，如果没有他的精力和远见，很难想象伦敦如何开启自己的全球野心。他是一位成就卓著的制图师：1544至1549年间，他制作了一幅世界地图，并把原稿的复制品送到塞维利亚（Seville）和英格兰。后来冒险家汉弗莱·吉尔伯特（Humphrey Gilbert）爵士于16世纪60年代在白厅宫（Whitehall Palace）的女王美术馆（Queen's Gallery）里看到了这张地图，它的复制品还被挂在很多伦敦商人的家里。[7]卡伯特的知识是无价的，他知道西班牙人在美洲做的事情，也知道葡萄牙人在中国东南沿海和明朝打上了交道，还清楚伊比利亚半岛上两个强权的局限和成就。[8]爱德华六世政府积极将他纳入麾下，卡伯特从西班牙来到英格兰之举是枢密院精心策划的，枢密院为此付出了100英镑，以让他到“英格兰服务和居住”，这在当时是一笔巨款。此后，他们又慷慨地付给他每年166英镑的津贴。[9]1549年和1550年，皇帝查理五世明确告知爱德华六世，卡伯特是他的雇员，而卡伯特也承认自己“掌握一些对皇帝非常重要的知识”。因卡伯特拒绝返回西班牙，双方在外交上有几个月的敌对期。[10] 卡伯特的世界地图包含许多西印度交易所使用它时留下的秘密细节，这是查理愤怒的原因之一，从很多方面来看，他离开西班牙前往英格兰实际上是一种背叛。[11]

在伦敦，卡伯特组建了一家当时尚处于萌芽阶段的贸易公司，他称之为“探索未知地区、领地、岛屿和地点的商人冒险家公司”。虽然这个名字稍显笨拙，但公司背后的理念非常新颖，至少在伦敦是这样。卡伯特在这一方面极为高效，参考意大利和地中海地区的先进商业惯例，他建立起了公司的组织结构。塞巴斯蒂安成立“行会”是为了建立一家专注于寻找中国的公司，使之成为第一支在这方面有切实突破的探险队。他希望让它的资金来源不仅包括商人，也包括其他投资者。卡伯特为此在最初阶段制订了多少计划，目前尚不清楚，但从他的新公司迅速转变成一个强大实体可以看出，卡伯特和支持他的伦敦商人有着远超传统的思考。

卡伯特完美地抓住了时机。伦敦的商业精英们正感囊中羞涩，1550至1553年，商人们痛苦不堪，爱德华六世政府也深陷不安之中。由于国王的枢密院在经济政策上处理不当，以及托马斯·格雷欣试图在新交易所解决王室债务的举措，伦敦的商人发现自己在各方面都受到压榨。1550年，他们穿过英吉利海峡运到安特卫普市场的布料价格大幅下跌，即使偶尔上涨也会再次下跌，问题在于布料市场已经饱和，而英格兰还在过度生产。英格兰标准货币的价值也岌岌可危。安特卫普-伦敦贸易轴线几十年来一直运转良好，现在突然变得脆弱起来，而寻找中国计划为商人们提供了希望。

卡伯特能够确保获得政治支持，年幼国王的议会里最有权势的诺森伯兰公爵（Duke of Northumberland）是他的支持者之一。理查德·伊登翻译了当时最伟大的世界地理作品之一，塞巴斯蒂安·明斯特尔（Sebastian Münster）的惊人著作《宇宙志》（*Cosmographia*，1553），并将译稿献给诺森伯兰公爵，这绝非偶然。伊登很清楚公爵的要害，他利用英格兰对西班牙和葡萄牙的全球影响力的敏感，写信给诺森伯兰公爵说，那些在塞维利亚的财宝完全有可能被收进伦敦塔里。[12]无论卡伯特是否向伊登简要介绍过此事，这个建议都令人跃跃欲试，还容易挑动听者的爱国情怀：西班牙人在做的事，我们可以做得更好——而且我们早就应该这么做了。当时的欧洲市场难以预测，贸易极不稳定，亚洲却有这么多的财富等着人们去挖掘。伊登认为西班牙的全球模式是可行的，从1555年他开始翻译彼得罗·马蒂尔·德·安吉拉（Pietro Martire d'Anghiera）的多卷作品集《新世界和西印度的数十年：西班牙的航行与征服，以及对西班牙国王位于西方大洋里的最富饶广袤的土地和岛屿的具体描绘》（*The decades of the newe worlde or west India conteynyng the navigations and conquestes of the Spanyardes, with the particular description of the moste ryche and large landes and Ilandes lately founde in the west Ocean perteynyng to the inheritaunce of the kinges of Spayne*）。[13] 1553年，伊登想象着满载财宝的浩荡船队返回英格兰，中国之于英格兰就像美洲之于西班牙。

所以，卡伯特的探险染上了政治色彩。这既是一场商业冒险，也是代表国家寻求新财富的旅程。伊登称颂诺森伯兰公爵为航海的“伟大推动者”，赞扬人们为了“上帝的荣耀和我国的商品”努力地进行商业探索，[14] 许多人相信这种说法。塞巴斯蒂安·卡伯特的“行会”另一个惊人特征是，它面向伦敦商人社群之外容易被打动的富人群体——无论男女，只要他们有意愿将钱投入这种冒险就可以。这为卡伯特的项目，以及未来的探险开辟了巨大的可能性。许多富有经验、精明聪慧的人参与投资，其中包括爱德华国王的秘书兼诺森伯兰公爵的得力助手威廉·塞西尔，他1552年参与了托马斯·格雷欣野心勃勃的偿还国王债务计划。塞西尔是卡伯特企业的支持者，于1553年3月购买了新公司的股份。[15]投资者还有亨利·西德尼（Henry Sidney）爵士，他是年轻国王的朋友，枢密院的一员。塞西尔和西德尼都精明强干、经验丰富，希望自己的投资能得到丰厚的回报。

如果伦敦商人和其他投资者相信卡伯特的冒险行为有实质意义，这些地理学家和导航员就会认为他们知道自己在做什么。卡伯特和理查德·伊登一样相信自己会成功。伊登认为，从伦敦到中国完全可以走东北航线，即从挪威海岸北上，进入他称之为“冰冻海”的区域。他没有时间理会那些怀疑北部地区能否通航的人，他写道，许多怯懦的人看着地球仪和地图时，看到土地一直延伸到北极，就气馁了，但他们采用的是托勒密老旧错误的地理知识。伊登向读者指出，托勒密根本不知道美洲的存在。伊登有一种那种惬意地坐在书房里的学者的自信，确信即便失败，这次探险也是值得的：“即使没有产生什么经济效益，冒险也是值得的。”[16] 但对于几个月后，乘着90至160吨的木制帆船，身处冰冻海洋和狂风暴雨中的水手们来说，情况则完全不同。

卡伯特从他的投资者那里募集了大约6000英镑，这笔巨额资金很快就花在了船只、船员以及一切他们将要带到亚洲的物品上。

必需品包括食品饮料、武器弹药、水手制服和导航设备，如星盘、地图和航海图。船上一共有100多人需要补给：从探险队队长和引航员、绅士、教士、商人和船长，到船员、炮手、厨师、木匠和箍桶匠。[17] 卡伯特坚持说，探险队可以改变王国的历史。为了做好万全的准备，人们不能省去任何一个环节。当伊登谈论藏在西班牙塞维利亚的美洲财富时，塞巴斯蒂安·卡伯特希望这次航行能为英格兰取得与葡萄牙发现“东、西印度”相媲美的财富。世界历史即将被改变。[18]

但有一件事非常清楚。1553年，尽管卡伯特有雄心，伊登有自信，但探险队根本不知道在途中会遇到什么人或事。与伊登一样，卡伯特对作家们的警告不屑一顾，后者称，由于“凶险的海洋、危险的冰山、难以忍受的寒冷和其他障碍”，如此靠近北极的航线是不可行的。[19] 这是这家新公司令人惊叹之处：冒险家们对世界了解甚少，但他们相信自己有足够的地理知识；他们有投资者的钱；他们有信心。他们迈出了这么大的一步，好像踏入了一个只存在于地图和宇宙学权威声明中的世界。强大的野心和惊人的无知都反映在这一做法中。

在一个精于算计、讲求实效且本质保守的世界里，这是一次向着未知领域大胆而富有想象力的挺进，它将对英格兰产生巨大的影响。后来不列颠成熟的商业帝国传统就起源于这个16世纪50年代初在伦敦及其周边地区发展起来的雄心勃勃而（至少从某个角度看来）颇为轻率的项目。这个帝国的一些特点也反映在卡伯特的冒险行动中：最初由贸易驱动，同时一直受到金钱（无论是来自个人还是团体）的驱使。但是，1552年和1553年探险的初衷并不是贪婪地占有远方的土地和人民，而是为了与世界上遥远的地区建立和平贸易，其目的是高尚的，追求交流、贸易、和平和友谊。从各个层面来看，这都是个美好的幻想。

1553年，探险队从伦敦出发，前往中国。他们带着爱德华六世写给“住在世界东北部的国王、君主和其他统治者，强大的帝国”的一封介绍信，爱德华在信里向远方的君主们表达了和平友好的意愿。在这里，贸易履行了上帝的职责，把人们聚集在一起，分享全世界的“商品”。这种“普遍的友好关系”，即全球性的友谊，是由商业带来的：

> 在世界各地闯荡的商人，搜索陆地和海洋，把自己国家的货物和可供交易的物品运到偏远的地区和王国，并从这些地方发现自己需要的货物带回国……

爱德华向北方和东方的君主们许诺：“以在天堂、陆地和海洋的世间万物的神的名义”，他热烈欢迎他们的臣民进入英格兰。这封以拉丁文、希腊文和其他语言写成的信，试图向世界各地陌生的人民和大国伸出友谊之手。在信的末尾，他努力寻求双方共识，并标明从伦敦出发的日期是“从上帝创造世界的那一年算起，5515年”。[20]

1553年5月9日，周二，塞巴斯蒂安·卡伯特在这次的探险指令上签字盖章。这些指令将在远航的三艘船上每周宣读，三艘船分别是“博纳·斯佩兰扎”号（*Bona Speranza*）、“爱德华·博纳旺蒂尔”号（*Edward Bonaventure*）和“博纳·孔菲达蒂亚”号（*Bona Confidentia*）。[21]纪律秩序和共同目标是必不可少的。[22]

卡伯特不允许任何意外发生，负责舰队的是队长休·威洛比（Hugh Willoughby）爵士，其他十一位顾问将向威洛比提供他们的建议，其中包括探险队的引航员理查德·钱塞勒（Richard Chancellor）、两名伦敦商人以及船长和大副。这个委员会负责安排一切：航行路线，在哪里登陆，如何寻找新领土，与外国统治者会面，所有与其他国家进行的贸易。公司的共同利益比任何个人利益都重要，带回伦敦的货物和商品将在返航前封起来，抵达伦敦后由公司高级官员拆封和检查。这场冒险的与众不同之处在于其企业意识，这带来了超越任何单个商人带来的商业利益："全公司……不会侵吞公款，而是正当地拥有属于他们的东西，实际上整个航程是为了全公司的共同财富和利益。"

他们途中肯定会遭遇奇怪的当地人。根据书籍的描述，卡伯特让队员们做好准备，因为他们可能会遇见身穿熊皮和狮子皮、手持长弓的人；或是成群的食人族发起突然袭击，赤裸着身子游上船，让人措手不及。他写到了与外国君主的晚餐时的注意事项，以及被伏击的危险。谨慎是他们的口号，船员们要观察倾听；不要泄露任何与宗教活动相关的事；要礼貌友善；小心不要因金银财富的诱惑而交出自己的货物；不要在一个地方停留太久；总的来说行动要"小心谨慎"。他们不可以用暴力来对付陌生人，但可以耍一点儿心机。他们可以邀请当地人上船娱乐，赠给他衣物，然后送他回岸边以吸引其他人的注意，可以用酒来"了解他心中的秘密"。关于船员和当地人应该如何沟通，卡伯特没有说明——他完全没有提到外国的语言问题。船队指令中有一条很奇妙，写的是一段幻想出来的相遇，这段描写即使用在莎士比亚的《暴风雨》中也毫不违和：

> ……如果有人出现在沙滩上，收集石头、金子、金属或其他东西，你可以让自己的小艇（pinnace，一种可以被大船牵引的小型帆船）靠近，记下他们在收集的物品，还可以弹奏鼓一类的乐器。他们听到乐声后，可能会幻想或渴望去看一看你的乐器，听一听你的声音。但是你要让自己远离危险，不要对他们指指点点或做其他手势，不要表现得严苛或充满敌意。

卡伯特和他的公司在纸上制订了世界上第一套尝试与陌生世界接触的步骤。

1553年5月10日，探险队从在泰晤士河边伦敦下游不远处的德特福德出发。他们第二天驶过格林尼治宫（Greenwich Palace），并鸣礼炮致敬。爱德华国王病得很重，不能看到三艘船驶过；他两个月后就去世了，这使漂浮在北方海域上的威洛比船队碰巧成了爱德华统治下的新教英格兰的最后一个据点。按照卡伯特的条例指示，船队人员尽职尽责地读着他们的祈祷书，遵守爱德华的新教议会通过的法律，根本不知道自己的国家已经在1553年回归天主教会。

7月6日爱德华去世的那一天，船正驶向位于北欧的斯堪的纳维亚（Scandinavia）。8月8日，即他被安葬在威斯敏斯特大教堂的那一天，威洛比的旗舰“博纳·斯佩兰扎”号被强烈的西北偏西风侵袭，在海上漂流，因为有雾，“博纳·斯佩兰扎”号与“爱德华·博纳旺蒂尔”号也失去了联系。9月，“博纳·斯佩兰扎”号在斯堪的纳维亚最北端的一个港口找到了避难所，但它与其他船彻底失去了联系。后来发现的威洛比的航海日志记录道，他们在海上看到了海豹“和一些大鱼”，在陆地上看到了熊、鹿、狐狸和“会潜水的巨兽……还有其他对我们来说未知而奇妙的动物”。但现实是，他们被困住了，不知道自己在哪里，天气也非常可怕，“天上又下雪又下冰雹，处处结霜，仿佛是隆冬时节”。威洛比选择在困境中坚守，他派遣侦察员去寻找人类定居点。日志中的最后一条记录令人脊椎发凉：

> 为此，我们向西南偏南方向派出了三个人，看看能不能找到当地人。他们走了三天，没有找到任何人。之后我们又向西派了三个人，他们走了四天的路程，也没有发现任何人。然后我们向东南方向派了三个人，也没有找到任何人或任何类似住所的地方。[23]

对休·威洛比爵士和“博纳·斯佩兰扎”号船员而言，冒险已临近尾声。他们全都死了，死者包括卡伯特公司的六位商人：威廉·吉东斯（William Gittons）、查尔斯·巴雷特（Charles Barret）、加布里埃尔·威洛比（Gabriel Willoughby）、约翰·安德鲁斯（John Andrewes）、亚历山大·伍德福德（Alexander Woodford）和拉尔夫·查特顿（Ralfe Chatterton）。

探险队的另外两艘船也遭遇了可怕的天气，但他们比“博纳·斯佩兰扎”号幸运得多，他们在俄罗斯西北海岸的白海找到了庇护所。1553年8月底，他们发现了陆地和一些当地人，幸存者的领袖理查德·钱塞勒将这些人称为野蛮人，这种与当地人的接触正是休爵士和他的手下求而不得的，它带来了希望。

就这样，这70来个寻觅东方财富的英格兰人不知自己身在何处，离开了他们的帆船，带着已经去世国王的信，身处极北的严寒之中，踏上了一个他们至多在宇宙学书籍上读到过的国家。尽管从许多方面看，这都是一场灾难，但这也帮助伊丽莎白时代的英格兰成为一个商业帝国。当钱塞勒和他的人登陆时，他们根本不知道从船走到岸上那几步的意义。事实上，他们是第一批踏上俄罗斯领土的英格兰人。他们到达的这个国家对他们自己和他们的国人来说都是陌生的，而他们所做的一切完全出于偶然。

对于钱塞勒、他的船员、伦敦商人、这次冒险的投资者和几乎其他所有人而言，俄罗斯都是未知领域。尽管自15世纪以来，神圣罗马帝国的外交官一直提交与俄罗斯人遭遇的报告，一些意大利北部的商人也曾到过那里，但很少有西欧人对它有所了解。当时公认的权威是一位名叫西吉斯蒙德·冯·赫伯斯坦（Sigismund von Herberstein）的帝国外交官，他1517年出使俄罗斯，他的见闻记述于1549年在维也纳印制，并成为畅销书。1551年至1557年之间，该书的拉丁语版重印三次，并被翻译成德语、波兰语和意大利语，1555年被译为英语。这本书颠覆了欧洲对俄罗斯的认知。但是，当理查德·钱塞勒抵达圣尼古拉斯港（port of St Nicholas）时，他很可能并不了解赫伯斯坦作品里的细节（尽管卡伯特和理查德·伊登可能知道这本书），而他与后来的英格兰外交官及商人倾向于依靠他们自己的观察而行事。[24]当然，他们发现俄罗斯奇怪而陌生，他们意识到它的广袤，感受到它冬天刺骨的寒冷，并对似乎拥有绝对的（甚至是残暴的）权力的沙皇伊凡四世（Ivan IV，即“恐怖的伊凡”）做出了自己的评价。

鉴于以上这些因素，当伊丽莎白时代的英格兰人毫不惭愧地称他们“发现”了俄罗斯时，有两件事特别引人注目。首先，这是非常意外和偶然的，虽然俄罗斯并没有超出爱德华六世那封用多种语言写成的信的想象范围，因为他针对的是任何或全部“住在世界东北部的”国王、君主和其他统治者。其次，卡伯特在伦敦的投资者充分利用了这次偶然的航海事件，“探索未知地区、领地、岛屿和地点的商人冒险家公司”的冗长名字在钱塞勒回到伦敦后，改名为简单的“莫斯科公司”（Muscovy Company），其总部设在东部的圣邓斯坦教区（St Dunstan），邻近伦敦港的码头。这已然赋予这家公司令人羡慕的活力。1555年2月，公司收到了由女王玛丽一世和她的丈夫腓力二世颁发的皇家特许状，这是伦敦投资者两三个月来努力游说的结果。[25]

几个月前，钱塞勒和跟随他的商人们完成了这项艰苦的任务，他们在圣尼古拉斯耽搁了很久，不过最后还是获准前往莫斯科。之后他们开始了一段非凡的旅程，“旅程漫长而又艰辛，他［钱塞勒］使用某种当地很常见的雪橇……这样做是由于那里极端寒冷，地面结冰，使得行走变得十分困难”。[26]

在克里姆林宫，钱塞勒和他的手下拜见了沙皇，沙皇慷慨地以一场奢侈而恢宏壮丽的表演和史诗般的宴会款待他们。钱塞勒想要与俄罗斯贸易，而意图通过战争扩大领土的伊凡想要得到西方的武器和支援。我们不清楚他们是如何沟通的，可能双方和他们的翻译在谈话中混合使用了波兰语、意大利语甚至希腊语。[27]他们务实而快速地达成了一项协议，该协议给予卡伯特的公司独家贸易特权。这个协议最初规定得很宽泛：沙皇允许他们来到俄罗斯自由行动，“带着各种各样的商品前往常见的自由集市，同样也可以带各种商品回国”。真正的协议细则还需要几年的时间逐步完善。不过，这足以开启英俄通过伦敦直接贸易的可能。[28]

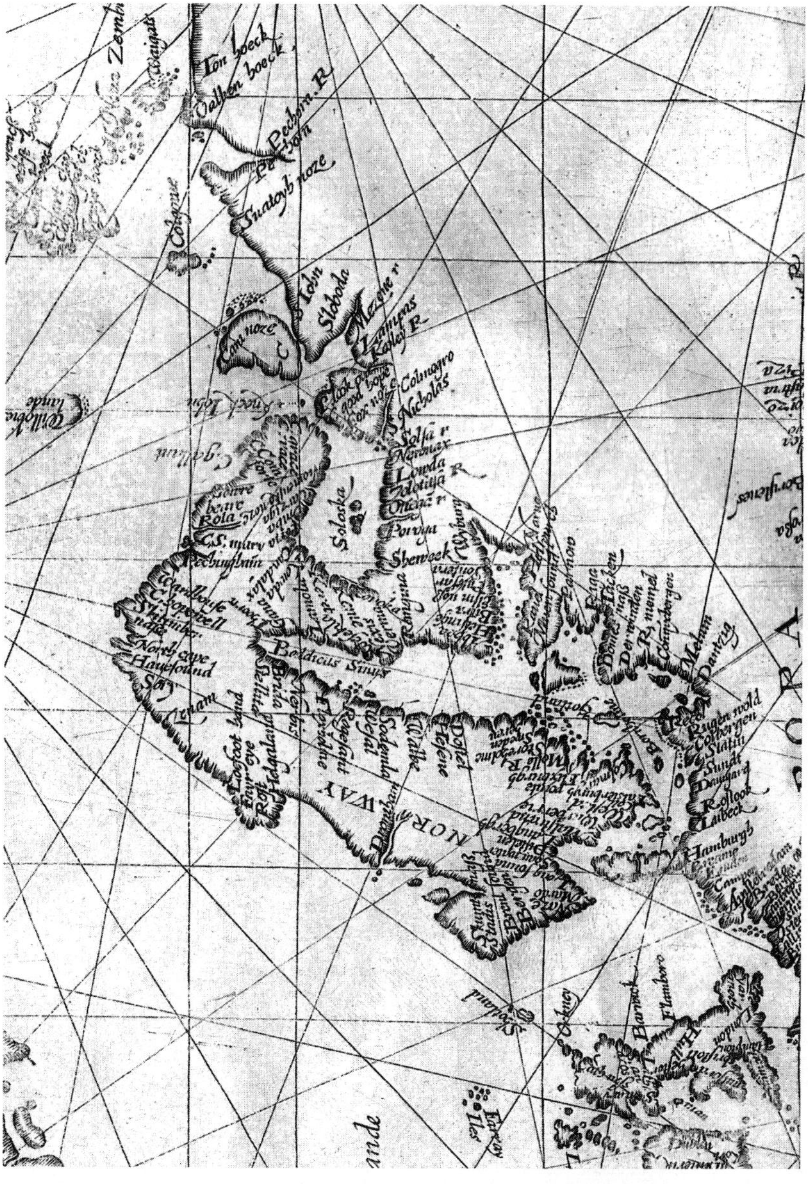

1553年前往中国的航行中，理查德·钱塞勒意外地发现了俄罗斯。

此时，商人寻找中国的梦被置于一边。随着钱塞勒回到伦敦，人们意识到他们可以从俄罗斯进口许多有价值的原材料：毛皮、海豹油（用于保暖和照明）、牛脂、蜡、绳索（用于船只）和鱼子酱。伊丽莎白女王自己似乎不太喜欢鱼子酱的味道，但它后来在法国和意大利的食品市场很受欢迎。[29] 1557年，数学家罗伯特·雷科德（Robert Recorde）向莫斯科公司的管理者们保证，他知道一条清晰的航线能到达他称作"东北印度群岛"的地方，尽管他暗示这离中国还有一段距离。[30] 随着在伦敦的公司着手建设英俄贸易通道，寻找中国似乎不那么急迫了。

莫斯科公司是一家具有巨大潜力的企业，它为国际商业探索提供了一种有效模式。这家公司有皇家特许经营权，有投资者（其中许多是在女王政府中掌握实权的人），有自己的职员和官僚机构以及自己的印章，印章图案是一艘悬挂着圣乔治旗（flag of St George）的商船。① 从一开始，这家公司就被"编织入"了伦敦复杂的商业结构中。塞巴斯蒂安·卡伯特是公司主管，还有四位顾问（其中两位是市议员）和另外二十四位特许助理协助。首先被提名特许助理的就是托马斯·格雷欣的叔叔约翰爵士，当时他是市议员和前任治安官，几年前还担任过伦敦市长。托马斯本人还是公司的创始人和投资者。

如果我们查看其他公司的成员名字，会清楚看到城市权力集团内部财务和家庭利益的紧密联系。我们只要看看以下这四个家庭之间的关系，就可以明白这种普遍存在的模式。1555年，该公

① 白底红十字的英格兰国旗被称为圣乔治旗，因为圣乔治是英格兰的守护圣人。

司的两位市议员顾问是伦敦的显贵乔治·巴尼（George Barne）爵士和威廉·加勒德（William Garrard）爵士，后者在1555年当选为市长。另外两名创始人是伦敦葡萄酒进口商亚历山大·卡莱尔（Alexander Carleill）和约翰·里弗斯（John Rivers），后者比巴尼和加勒德年轻一辈，是杂货商公会（Grocers' Company）的成员。巴尼的儿子乔治娶了加勒德的女儿安妮，而巴尼的女儿伊丽莎白嫁给了约翰·里弗斯。亚历山大·卡莱尔娶了巴尼的另一个女儿安妮。在卡莱尔去世后，她又嫁给了弗朗西斯·沃尔辛厄姆（Francis Walsingham），他来自一个在伦敦有商业背景的政治家族，他后来成为伊丽莎白一世的大使和得力顾问。对于卡莱尔家族和加勒德家族来说，下一代人继承了家族在俄罗斯的利益。这就是紧密交织在一起的城市上层精英的生活。

莫斯科公司形式上独立于英格兰王室。但是王室给它特许权，公司代理人有权在他们发现和宣布拥有所有权的任何城镇、村庄、城堡、岛屿或者土地上升起王室的旗帜。这里预示了一种商业活动最初形态，受侵略性交易的驱动，由投资者出资，并且得到政府的支持。这种方法在50年后被伦敦弗吉尼亚公司（Virginia Company of London）的殖民者带到了美洲，最后由伦敦东印度公司（London East India Company）带到了亚洲。

爱德华六世的信曾经向外国君主们表达了希望世界友好的愿望和互通贸易的必要性，这些内容引得人们在头脑中勾勒出一幅商人勇闯全球、寻求人与人之间互惠互利关系的幸福画面。但是，英俄贸易完全被莫斯科公司垄断，俄罗斯给它的特许权使得自由竞争的开放市场没有任何空间。通过这份特许权，公司小心而有意地杜绝了他人参与到这场发现中的可能，这意味着公司之外的任何商人都不能与俄罗斯进行贸易，公司甚至要求拥有垄断从英格兰“向北方、东北、西北或到相关地区”的所有航行和航行中的发现的特许权，公司非常积极地捍卫这些权利。[31]

再一次，这些紧张的关系受到某些特殊的变化影响，最终造成了惊人的改变：其一是激发了城市上层人士保守主义和保护主义本能，他们下定决心要保护在莫斯科公司来之不易的成就；其二是在城市和政府的碰撞中，一些共同的野心和抱负在发挥作用。在这之后，无论怎样，商人、投资者和王室的政府都很难分开。这是未来工作的一种模式。

都铎王朝从未完全放弃寻找大汗的帝国——中国，但在1555年，这件事可以先等等。当时，陌生的俄罗斯是必须把握的机会，等待着人们去探索。

第7章

俄罗斯特使

塞巴斯蒂安·卡伯特大约做了两年莫斯科公司主管。他可能死于1557年，因为我们没有足够的信息，所以这一点很难确定。他似乎在1557年9月底提取过王室的养老金，但同年的圣诞节却没有。显然，他临终前和理查德·伊登在一起；多年以后，伊登说卡伯特是“善良的老人，年纪很大，有点儿糊涂”。卡伯特的文件，即“他自己绘制的地图和写的文章”，16世纪80年代初时还是私人持有；虽然有人想出版这些文件，但最终没有实现，莫名其妙地虎头蛇尾了。富有远见和活力的塞巴斯蒂安·卡伯特在短短几年内变得衰老又糊涂，就这样从故事中悄然退场。[1]

离开了卡伯特的莫斯科公司还是蓬勃发展，几年之内，它就取得了不俗的成就。1564年以后，公司的总部是圣奥拉夫教区哈特街希兴巷的一座大型房屋，毗邻古老的十字修士堂的花园，靠近伦敦塔和塔山的绞刑架和断头台。整个教区体现着商业繁荣和舒适，而“莫斯科屋”（Muscovy House）是这条以“形形色色的集市和大型房屋”著称的城市道路上最宏伟的建筑之一。[2] 这座建筑曾经属于16世纪初丝绸商公会的要员理查德·哈登爵士，而且仍然被称作哈登的“豪宅”。他1517年去世时，他把它留给遗孀凯瑟琳，供她在有生之年使用。凯瑟琳的第一任丈夫是我们在本书第1章中遇到的丝绸商托马斯·温杜特。1525年，凯瑟琳去世，根据理查德爵士的遗嘱，这座富丽堂皇的房子被移交给丝绸商公会。公会将这座房屋出租，收益用于支付哈登在阿克的圣托马斯医院的丝绸商小礼拜堂的纪念祈祷仪式。[3]

作为一家实验性的贸易公司，莫斯科公司刚站稳脚跟就开始寻找一个能给人留下深刻印象的第二总部，而哈登的“豪宅”正好能够给予他们所追求的那种威望。公司的第一总部在东部的圣邓斯坦教区，距离城市港口和海关的码头仅一步之遥，可能在泰晤士街南北两侧的“许多优质的大型仓储建筑”中的某一栋楼里。[4]如果卡伯特生前没有足够的时间了解希兴巷的莫斯科屋，那么他对公司的第一总部一定非常熟悉，因为一切都是从那里开始的——贸易和艰辛的工作。1555年，创始人知道自己正从零开始建立一家公司，需要付出艰苦的努力。

1555年和1556年时，公司肯定非常繁忙。1555年11月，公司派往俄罗斯的第一位驻地代理乔治·基林沃思（George Killingworth）从莫斯科发回了汇报，内容是就公司特权进行的初步全面谈判。理查德·钱塞勒也在莫斯科，得益于已在俄罗斯度过了几个月，他成了公司首席俄罗斯专家。在场的还有罗伯特·贝斯特（Robert Best），一位才华横溢的语言学家兼公司的第一位英语翻译。[5]基林沃思很乐观。因为收到了来自伦敦的礼物，伊凡四世和他的官员表现得很乐于倾听。伊凡四世的秘书以“愉快的表情和欢快的话语”迎接他们，并且以盛大的宴会招待他们。商人们一直在尝试了解这个陌生的国家：它的地理位置、城镇之间的距离、自然资源与商品、市场与商人、度量衡以及货币卢布。公司的代理人和仆人们在考察细节时都很注重实用性，他们观察，他们学习，都是为了公司的贸易和经营。[6]

这场商业活动规模庞大。俄罗斯常年受严酷的气候影响，而秋冬季乘雪橇旅行又非常危险，因而这个世界远离商人熟悉的伦敦东部圣邓斯坦教区的喧嚣。理论上，伦敦和莫斯科之间的信件是通过常驻波兰波罗的海沿岸但泽（Danzig）的英格兰商人传递的，这条线路比从圣尼古拉斯到伦敦莫斯科屋的白海路线要快，况且白海路线一年当中总有一部分时间是不能通航的。即使在俄罗斯境内，公司管理人员的相互沟通也需要跨越至少几百英里的距离。从一开始，伦敦的俄罗斯贸易的成功就是以商业勇气克服巨大障碍而取得的。[7]

1557年，公司在伦敦接待了伊凡四世派往英格兰的第一任大使，即难以捉摸的奥西普·内皮尔［Osip Nepea，或奥西普·内皮亚·格里戈列夫（Osip Nepeya Grigor’ev）］。这次担任大使职务是他高深莫测、难以捉摸的职业生涯中唯一有迹可循的事件。他也许是沙皇外交大臣手下的高级官员，也许是来自莫斯科公司俄罗斯总部之一的霍尔莫戈雷市（Kholmogory）的一个成功的商人。不过无论他是谁、曾任何职，内皮尔都尽善尽美地完成了自己的工作。他在伦敦（至少有一位观察家认为）是“莫斯科公爵”（duke of Moscovia），人们在城里和宫中用令人赏心悦目的奢华排场来欢迎这位大使。[8]

对内皮尔来说这不是一份轻松的任务，而对于公司来说这是一场微妙的交易。内皮尔的工作是代表皇帝，而皇帝陛下的长串头衔必须按顺序完整列出，以免有损皇室尊严。他既要应付棘手复杂的外交协议，也要应对交流上的挑战，尽管在乔治·基林沃思的陪同和罗伯特·贝斯特的帮助下，公司正在迅速积累英俄翻译方面的专业知识。

在基林沃思代表卡伯特的伦敦新公司与莫斯科官员坐下来谈判的同时，内皮尔同意了玛丽女王枢密院的英俄贸易条款。毫无疑问，互惠是这一条款中的重点：鉴于所有俄罗斯授予的莫斯科公司特权（公司需要捍卫和发展这些特权），俄罗斯商人也应当在双方交易中获得相应的回报。如果内皮尔确实既是外交大臣手下的官员又是成功的商人，那么经验丰富的他正是派往伦敦的理想人选。事实上，1555年内皮尔很可能主导了基林沃思和伦敦商人在莫斯科的谈判。[9]

对内皮尔和跟他一起从俄罗斯出发的莫斯科公司商人而言，这是一段危险且可怕的旅程。他们1556年夏天乘船前往英格兰，1557年2月骑马抵达伦敦。公司有四艘船离开白海的圣尼古拉斯港，但只有“腓力与玛丽”号（*Philip and Mary*）一艘勉强地回到了英格兰，且耗费了数月，最终1557年4月抵达泰晤士河；其他船只，一艘在挪威海岸的岩石上撞毁，另一艘失踪。[10] 第四艘是理查德·钱塞勒的“爱德华·博纳旺蒂尔”号。1556年11月10日，这艘载着伊凡的大使的船在成功穿过北极水域后，停泊在阿伯丁郡（Aberdeenshire）的皮茨莱戈湾（Pitsligo），但是突如其来的一场巨大风暴将船猛推到岩石上。当船开始被风浪拍得四分五裂时，钱塞勒指挥内皮尔和他的手下登上一条小船，然而这艘小船很快也被大海吞没了。当晚，在惊涛骇浪中，内皮尔差一点淹死。钱塞勒与他的部分手下及七名俄方人员一起葬身大海。

在建立英俄贸易的过程中，伦敦的莫斯科公司承受了非常严重的损失：休·威洛比爵士、理查德·钱塞勒和很多伦敦商人的生命，以及很多船只和船员。全球商业冒险从起始阶段开始就明显存在高昂的人员和资金成本。

似乎为了给这次灾难增添更多的痛苦和不满，内皮尔从俄罗斯带来的大部分货物都被人从沉船的残骸中抢走了。公司称这段旅程中的掠夺者为“邻国粗鲁和贪婪的人们”。“爱德华·博纳旺蒂尔”号的货物价值不菲，莫斯科公司估计其总价值为26 000英镑，其中可能有价值6000英镑的货物属于内皮尔本人。除了鲸油、动物脂、毛皮、毛毡和纱线的损失之外，掠夺者还把船大卸八块，几乎拿走了船上所有的东西。[11]

内皮尔被困在苏格兰北部，但玛丽女王和腓力国王政府凭借娴熟的外交手段，确保了他的安全并给他安排了住宿。公司派人带着钱和翻译前往爱丁堡，他们希望能够收回一些货物（却发现他们损失了“宝石、华丽服装、礼品、黄金、白银、昂贵的皮草等物”），不过他们最重要的工作是将内皮尔带回伦敦。[12] 迎接内皮尔大使的不是泰晤士河上的盛大的欢迎仪式，相反，他和随从们毫无准备地踏上了一段穿越苏格兰和英格兰的旅程。他们1557年2月18日抵达特威德河畔贝里克区（Berwick-upon-Tweed）。内皮尔和他的护送者沿着北方大道（Great North Road）一路南下，在无伤大使威严的前提下尽可能地加快步伐，9天后到达了离伦敦数英里远的地方。[13]

内皮尔与莫斯科公司之间的第一次会面牢牢印在亨利·马赫恩（Henry Machyn）的记忆里。马赫恩是伦敦市民，也是一位成衣商，记录着他的城市生活。透过马赫恩富于商业敏锐性的眼光，我们可以对城里的显贵们接待内皮尔时的奢华有全面的体会。另一位见证者是莫斯科公司的官方代表，虽然此人的名字没有被记录下来，但他极有可能是罗伯特·贝斯特，也就是公司12月份派往爱丁堡的“发言人”（翻译员）。[14]

80名盛装打扮的伦敦商人在肖尔迪奇村外等候，他们穿着“天鹅绒外套或精美的天鹅绒镶边外套，佩戴丝绸流苏和金链”，身后跟着身穿莫斯科公司蓝色制服的仆人，他们欢迎大使并把大使一行人带到距离伦敦只有四英里的地方。内皮尔当晚在一位商人的乡间别墅里受到热情款待，还收到了“一些黄金、天鹅绒和丝绸以及在当地生活需要的所有家具”。[15]

第二天，莫斯科公司的140名成员，带着至少同样多的身穿蓝色制服的仆人，前来拜访内皮尔一行人，并带他进入城区。在路上，商人们向他展示了“猎狐之类的运动”。所有这一切都经过有目的的事先安排，内皮尔进城的这段路就像一个移动的舞台，既是消遣，也是为了让他了解英格兰和伦敦的生活。人们尽全力让内皮尔感到宾至如归。蒙塔古子爵（Viscount Montague）代表女王迎接、拥抱了内皮尔，并让300名骑士、后补骑士、绅士和自由民护送他。四位“衣着华丽的商界名人”送给他一匹“盛装打扮”的阉马，这匹马身披一块来自东方的精美的深红色天鹅绒，上面镶着金色花边。内皮尔骑上这匹马前往史密斯菲尔德，在那里他在蒙塔古和市长托马斯·奥夫利（Thomas Offley）爵士的簇拥下进入伦敦城区。跟市长一同迎接他的有穿着红色长袍的市政官员，还有很多伦敦商人，后面跟着仆人和学徒。大街上挤满了试图追上游行队伍的人。[16]

亨利·马赫恩目睹了这一切。身在现场的马赫恩，对内皮尔和使团成员经过瞬间的记录有一种令人屏息的即时感：

> 后面来的是蒙塔古大人和身着华服的各位大人、骑士和绅士们。他们后边是市长、穿着鲜红礼服的市议员，以及衣服镶嵌着珍珠和宝石的大使。再往后是大使的随行人员，他们穿着类似袍子的服装。这种服装由粗糙的金线织物制成，长及小腿，领子周围带着披肩，披肩和帽子都镶有珍珠和宝石。他们就这样走到了商人迪莫克（Dymoke）先生在芬丘奇街的房子前。[17]

内皮尔和他的手下都很耀眼。据后来一位作家描述，这是一位穿着俄罗斯贵族服装的大使：

> 他头上戴着一顶小帽子（tassia），只比皇冠大一点儿，由大量丝绸和金线织就，上面镶嵌着珍珠和珍贵的宝石……在小帽子上，他戴着一顶宽大的黑狐狸皮帽……里面有一个冕状头饰，像一顶波斯人或巴比伦人的帽子那样立在那里。[18]

眼前这一奇观的色彩和异域风情将马赫恩深深吸引。在那个2月的日子里，奥西普·内皮亚·格里戈列夫向伦敦人呈现出一个梦幻的东方统治者的形象，人们仿佛看到了沙皇本人。

芬丘奇街的约翰·迪莫克是位年长的伦敦商人，大约60岁，是呢绒商公会的成员。内皮尔及随行人员被安排住在迪莫克的房子里，一切以他们方便为准。这座住宅足够雄伟壮观，因而几年之后，人们还在这里接待了神圣罗马皇帝的大使和佛兰德斯的摄政王。[19]对于内皮尔来说，两间房间布置得很漂亮，挂着华丽的挂毯，他和使团成员用贵重的盘子进餐，每天都有市议员和莫斯科公司的要员拜访他们。在迪莫克的家中，内皮尔收到了一份极具象征意义的礼物，来自玛丽女王——“一块华丽的薄纱，一块金线织物，另一块带有红色天鹅绒组成的浮雕图案的金线织物，一块用不褪色染料染成的红色天鹅绒，一块紫色天鹅绒，一块紫色锦缎，一块深红色锦缎”。[20]

人们在奥西普·内皮尔长期停留伦敦期间，为他周密而慷慨地安排了一出好戏。这个时机非常好：女王的丈夫、常年不在国内的西班牙国王腓力回到了英格兰，玛丽的宫廷充满了期待。腓力抵达威斯敏斯特四天后，内皮尔去怀特霍尔宫参加了（儒略历）3月25日的圣母领报节宴会，这个节日也被称为“圣母节”（Lady Day），是（格列高利历）新年的第一天。在没有背景来判断他所看到的东西的情况下，内皮尔认为英格兰是隶属哈布斯堡王朝的王国，而伦敦是这个王国中的一座天主教城市。哈布斯堡王朝的领土从英格兰和西属尼德兰（Spanish Netherlands）延伸到伊比利亚和意大利半岛。内皮尔可能完全没有意识到亨利八世与罗马的决裂，或是爱德华六世大清洗式的宗教改革；尽管爱德华六世这位年轻的国王曾经为塞巴斯蒂安·卡伯特寻找中国财富送上了祝福。

内皮尔于3月25日前往怀特霍尔宫。他身着金线和银线交织而成的薄纱衣，戴着镶有珍珠和宝石的帽子和披肩。和他同往的商人，如费奥凡·马卡罗夫（Feofan Makarov）和米哈伊尔·格里戈列夫·科西茨基（Mikhail Grigor’ev Kosityn），身着华丽耀眼的金线织物和红色锦缎制成的衣服。他们一行人在市政官员和伦敦莫

1. 城外的一座村庄：在泰晤士河南岸的伯蒙西（Bermondsey）举行的一场伊丽莎白时代的狂欢节。老马库斯·吉勒厄茨（Marcus Gheeraerts the elder）的作品，约1569年。

2.城市的精英：市长大人（左）、市议员（中），以及一家制服公司的资深商人，穿着他们的长袍。

3.富有的伦敦人通常会在遗嘱中留下戒指，作为对过去的回忆的纪念。

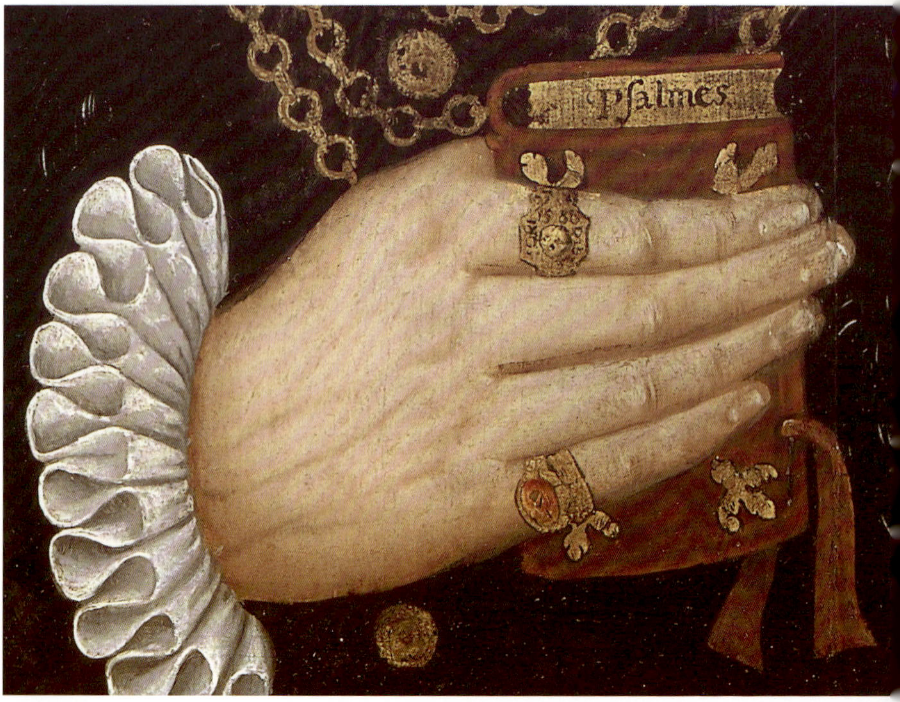

4. “圣保罗十字”，伦敦最重要的布道讲坛，位于圣保罗大教堂的阴影下，附近有许多伦敦印刷商和书商的摊位。

5. 安东尼斯·范登·维恩加尔德在16世纪40年代绘制的伦敦全景图中的细节。全景图的视角从萨瑟克区向北望去，描绘了伦敦桥；那座位于两个居民区之间的、高耸而精美的尖顶就是奥斯丁修道院。

S Antoni
S michel in Cornell
S andrew
S margreta
Strate

6. 家族纹章：象征着位高权重的格雷欣家族的蚱蜢，就刻在戒指的底面。

7.1544年的托马斯·格雷欣：一位年轻的商人，也是一位有抱负的廷臣。

8. 托马斯·格雷欣爵士最伟大的遗产：皇家交易所（1600年左右）。伦敦的皇家交易所模仿安特卫普的交易所，是可以与圣保罗大教堂庭院媲美的伦敦人的聚会场所。

9.典型的商人：约翰·艾沙姆，45岁左右，吃穿不愁，生活富足；但也意识到生命之有位。

10. 正值壮年的托马斯·格雷欣，安东尼斯·莫尔绘制；这幅肖像画展现了他的财富、权力和品位。

斯科公司的商人陪同下，从三鹤码头上了驳船，这座码头在泰晤士河畔昆希瑟码头下游的不远处，是一座满是仓库和起重装置的繁忙码头。新市长经由怀特霍尔宫的栈桥参加就职仪式也是走的这条路。抵达王宫后，内皮尔向玛丽和腓力递交了伊凡四世的信，向他们致辞，并呈上了从“爱德华·博纳旺蒂尔”号里抢救出来的80张黑貂皮（这份礼物与沉船前准备的礼物相比差了很多）。他的话都被翻译成英语；同时，考虑到腓力国王和他的随从，这些话也被翻译成了西班牙语。[21]

经过谈判，双方就英俄贸易达成了完美的协议，这才是内皮尔的真正职责，虽然表面上他访问伦敦很大程度上是一次公关活动。英格兰一方，玛丽政府和莫斯科公司在协议条款方面紧密合作：玛丽给予公司特许权，公司和投资者提供金钱——当然，许多投资者是大臣和政府官员。

内皮尔和他的团队与玛丽的顾问进行了谈判，制定了一份“联盟和友好条款”。这份重要文件以拉丁文写成，并加盖了英格兰国玺。[22] 内皮尔对莫斯科公司在俄拥有的特权表示满意（或至少是在其谈判空间的最大限度的满意），这些条款是英格兰方面给予他的相应回报。他们允许俄罗斯商人在英格兰贸易，并承诺为他们提供保护，俄罗斯商人获得的权利包括可以在伦敦或任何其他英格兰城市建立总部——类似汉萨同盟的“钢院”那样的总部，这在某种程度上也类似莫斯科公司在霍尔莫戈雷、沃洛格达（Vologda）和莫斯科的仓库。

外交官和商人都是关注可能性的务实者，但他们与俄罗斯谈判时更频繁地——甚至是雄心勃勃地——谈到了国际贸易的好处：“所以，我们相信这奠定了双方友谊的良好基础，这必将带来丰硕的成果，保证我们之间和我们的继任者之间保持兄弟般的友爱，保持两国臣民之间的永久往来。”[23]

但是英俄协议的意义远不止于此。在这个过程中，一家特许贸易公司和英格兰王室一起，使用外交手段与外国势力谈判，最终缔结商业条约，这意义非比寻常。为了促进两国之间的特许贸易，两国签署了一份具有国际重要性和意义的协议。更重要的是，玛丽一世政府的政治要务与伦敦商业精英的商业利益密切相关。

内皮尔在怀特霍尔宫的两天内，双方就结束了谈判，并达成了协定，尽管他似乎是一个很难谈判的人。后来有消息称：“英格兰商人本以为他会很理性，但后来发现他并非如此。他不信任任何人，认为每个人都会欺骗他。”[24]但是这座城市的热情好客从未改变，正如所有人预料的那样，市长、五位伦敦重要爵士、市议员以及多位莫斯科公司商人为内皮尔举行了盛大的晚宴。[25]他们带他游览伦敦，参观景点，包括“国王的宫殿和房子、威斯敏斯特大教堂和圣保罗大教堂、伦敦塔和市政厅以及其他著名的景点”。4月23日，内皮尔作为嘉宾参加了怀特霍尔宫举办的嘉德勋位（英格兰最高骑士勋章）的盛大宴会。[26]

莫斯科公司为大使举办的最盛大的活动是4月29日在呢绒商公会大厅举行的晚宴。他的大使任务临近结束，就公司而言，几周前签署的贸易条约是最重要的业务；但贸易像外交一样，做些重要的象征性姿态是必不可少的。在莫斯科克里姆林宫中的几周和几个月让莫斯科公司的绅士们了解到，显示主人的慷慨、华贵和友好，最快的办法就是举办一场伴以美酒的宏大盛宴。

公司选择呢绒商公会大厅绝不是意外。莫斯科公司的总部设在伦敦的港口，是一个工作总部，可能空间不足，而且缺乏魅力。

约翰·迪莫克和威廉·切斯特（William Chester）爵士这样富有的资深呢绒商是俄罗斯贸易的投资者，而且两人无疑都忙着为公司记录里（带着浓厚的仪式感的）所说的“莫斯科人莅临公会大厅”做准备。[27]

公会大厅位于思罗克英顿大街（Throgmorton Street），是伦敦最宏伟的建筑之一。呢绒商们很快就发现了机会：这座建筑由托马斯·克伦威尔兴建，在他被处决四年后，他们买下了它。这片巨大的建筑群反映出克伦威尔在16世纪30年代时对自己政治实力的期许。这是一座重要人物建造的宏伟建筑，有一扇宏伟的大门和一个砖石铺成的庭院；光线透过飘窗和天窗照亮了蜿蜒通向大厅的楼梯；它还有一间客厅、多间储藏室、多个厨房、一个地窖、一间珠宝室和一座美丽宽阔的花园。这座花园占地一英亩①半，和克伦威尔一样，呢绒商们在园艺上花了很多精力，花园内种了百合花、玫瑰、耧斗菜、水果和草药；女贞和山楂这些灌木组成了花园周围的树墙。公会在1546年为花园增加了两个保龄球道和一个日晷。春日的午后，这里平和惬意，远离尘嚣，在伦敦很难找到比这里更好的休闲寓所了。[28]

但这场宴会非常热闹。为向内皮尔致敬，伦敦城和莫斯科公司安排了“一场难忘的晚宴，配有音乐、幕间节目和美食”，以表达他们的友好和善意，他们向内皮尔一行敬酒，而且为彰显他们的慷慨大方，公司赠送了内皮尔足以抵消他从苏格兰到英格兰费用的礼物。[29]在那个晚上，所有伦敦的商人和投资者都必须忘却他们刚刚起步的舰队失去了四艘船和“爱德华·博纳旺蒂尔”号

① 1英亩约等于4046平方米。

被劫造成的痛苦：毫无疑问，几个月以来，一系列公关活动令他们眼花缭乱，他们的注意力慢慢转移到了未来的资本投资上。

人们不必计较这场晚宴的花费，因为双方的贸易关系还将更进一步，这两股截然不同的力量将达成一项新的独家商业契约。莫斯科公司取得了可喜的进展：它当时拥有的进出口商品的特权会让欧洲其他商家和国家羡慕好几十年。未来的回报难以估量。

那些周四在呢绒商大厅里用餐的人中很可能有威廉·塞西尔爵士。他也许戴着一顶新买的帽子，黑色的天鹅绒长袍边上装饰着几天前才修补好的皮草。塞西尔对投资莫斯科公司探险队很有信心：事实上，他是如此有信心，以至于在内皮尔和女王的议员们同意新协议的前两周，他就派仆人送30英镑到莫斯科屋，以买入更多莫斯科公司的股份。[30] 但塞西尔在这方面有非常可靠的消息来源：1557年3月，英格兰首席谈判代表是塞西尔的前同事兼家族密友威廉·彼得（William Petre）爵士。在这几个月里，塞西尔经常从他位于怀特霍尔宫附近坎农街（Cannon Row）的住宅出发，乘船穿梭泰晤士河，去拜访住在威斯敏斯特、兰贝斯和伦敦城的朋友们。他在怀特霍尔宫与玛丽女王的顾问和廷臣们玩牌，毫无疑问，他打牌时听到的八卦和信息完全可以补偿他输掉的那几便士（通常是4便士，不超过12便士）。[31]

威廉·塞西尔爵士此时暂时不在高位，但有一天，他会再次担任秘书，成为伯利勋爵（Lord Burghley），英格兰财务大臣。伊丽莎白女王一世统治时期的所有商业投资都有威廉·塞西尔参与其中，他的意见举足轻重。

1557年5月3日，奥西普·内皮尔离开伦敦前往格拉夫森德

(Gravesend)。如果再晚些出发，返回俄罗斯的航程就会变得非常危险。他带着玛丽女王和腓力国王的礼物：美丽的布料、一公一母一对狮子、碗碟餐具和一条金链。而内皮尔这边，他只能描述伊凡送上的、后来在皮茨莱戈湾被掠走的礼物：毛皮、一只鹰和一些其他鸟类，以及召唤矛隼的鼓、簸和诱饵。人们把使团的账目和礼物清单看得如此重要，以至于市议员和莫斯科公司的主要成员将它们写了下来并宣誓担保其真实性。在翻译员罗伯特·贝斯特的帮助下，内皮尔认可了其真实性。这主要是为后人，对双方来说，这份记录也证明了公司的慷慨。[32]

奥西普·内皮尔1557年对伦敦的访问中还有许多值得注意的事情。其中一项就是莫斯科公司、城市上层精英和女王政府表现出的干劲和活力，金钱和政治权力的相互作用从一开始就显而易见。莫斯科公司在开业的头两年遭受了巨大损失，包括众多人员、数千英镑的商品和设备，以及大部分的船。实际上，总计6000英镑的初始资本投资都损失殆尽。[33]尽管如此，这家公司在招待内皮尔时还是不遗余力，极尽可能地呈现了最华丽的表演，每件事都安排得尽善尽美。伦敦呈现出的一切，包括它的眼界、财富、令人印象深刻的同业公会、人民，当然还有国王和女王的王宫，都是为了建立英俄关系。这与英格兰大使将来在克里姆林宫经常遇到的情况有很大不同，在那里他们不像尊贵的客人，他们感觉自己更像是囚犯。

没人知道奥西普·内皮尔怎么看待他在伦敦的几个月的经历。伊丽莎白时代，去俄罗斯的英格兰人常常很难理解那些他们认为只比野蛮人好一点儿的人。即使是那里的高级贵族和官员也让人难以理解：他们简单粗暴、无法沟通，在一座按照都铎王朝的标准来看荒凉野蛮的皇宫里生存（或根本生存不下来）。也许内皮尔对英格兰东道主也一样没有什么好感。

在伦敦，人们认为这些付出是值得的，因为英俄贸易有巨大的潜力。在内皮尔离开这座城市六个月之后，罗伯特·雷科德向莫斯科公司的主管献上一本书，他在书中写道："如果你像开始时那样继续保持勇气，你将不仅为自己赢得丰厚的财富，为国家带回琳琅满目的商品，你还将收获不朽的名声和永久的赞誉。"[34] 像理查德·伊登等许多人一样，雷科德夸大了现实，他们精通如何用修辞说服他人，知道如何抬高一个项目。但是他们的乐观情绪具有传染性：威廉·塞西尔这样的人的投资，以及伦敦莫斯科公司商人的努力工作，都清楚地表明，塞西尔称作"俄罗斯冒险家协会"的组织正闯入一个充满未知的巨大机遇的新世界，融合了探险、贸易、投资和将来的殖民。"探险"，或简单地说，"冒险"，将很快成为代表世界野心的词汇。

第8章

艾沙姆兄弟

像托马斯·格雷欣这样的伦敦商业明星，距离成为典型的城市商人仍有很长的路要走。同他的父亲理查德一样，他是一位大人物，在财富、权力和影响力等方面和别人天差地别，类似芬丘奇街的约翰·迪莫克这样的大商人也是如此。他们把资本投入莫斯科公司，并在1557年极奢侈地招待奥西普·内皮尔。同业公会的执事、市政府里的高级官员——当然，还有拥有巨大财产的人——因家族联姻而联系在一起，这些人组成了伦敦的上层社会和超级富豪，城里的普通商人只能幻想着有一天可以追上他们。

约翰·艾沙姆（John Isham）是那些普通商人中的一员。表面上看，他是典型的普通商人：生活舒适富足，观点保守，因循守旧，反对冒险，但也很精明。16世纪60年代，他曾在丝绸商公会有一间办公室，这间简朴的办公室清楚地表明了他的性格：他绝不会因过大的野心而加快自己的脚步，让自己处于危险之中。经过长期努力，他终于当选成为公会的租赁监管人，负责监督租金收入，这需要勤奋沉稳地工作，约翰·艾沙姆很适合。他踏实可靠，大家都认为他不是个好高骛远的人。

我们通过后来的家族传记（信息来源主要是他的儿子），了解了艾沙姆的性格和个性。这段记录充斥着老生常谈和陈词滥调，它告诉我们艾沙姆慷慨正直，对他的孩子而言是一个慈爱但严格的父亲，很少“像别人的父亲那样露出亲切的表情”。他对人友善，擅长讲故事和就餐时与人闲谈，喜欢格言和谚语。他显然不是一位博学的学究：“值得一提的是，他很聪明，尽管他除了英语写作和阅读外没学过什么。”他喜爱食物，这段记录在这个方面毫不掩饰、直言不讳：“他很胖，骨架大，个子较高，胃口好。”他为担任租赁监管人而自豪，在任期快结束时举办了一场盛大得几乎令人尴尬的公会宴会。为了证明自己，他在宴会前展示了后厨准备的33只“又大又肥”宰好的雄鹿，这让他的丝绸商同行们惊讶得瞪大了双眼。[1]

一幅约翰·艾沙姆这一时期的肖像描述这位商人肥硕的身材。鉴于他唯一的锻炼是坐在马鞍上往返伦敦和约克郡西部的布料产地，他才40岁出头，就体形肥胖、大腹便便。他留着乌黑的短发，胡须花白，如果把这种形象与家族传记联系起来，我们可能会想象艾沙姆既无趣又不爱活动，满嘴无聊的故事和老旧的谚语，但实际上他的肖像使我们眼前一亮。虽然这幅肖像画得并不出色，但画家准确地抓住了艾沙姆眼中的机敏和坚毅，画中的他有着高鼻梁和高颧骨，这表明年轻的艾沙姆在中年发福前曾仪表堂堂。即使在这幅画得一般的肖像中，他看起来也很有洞察力和判断力，没有人能在生意场上骗过他。他没有格雷欣或其他商业巨头那样超群的天赋，但他有着切实的成就和从容的心态，因为他了解自己的业务，并依靠自己用四分之一个世纪验证过的商业规律进行交易。

肖像里的人打扮果然非常传统，艾沙姆身着棕色皮毛镶边的黑色长袍，戴着商人的黑色帽子。当然，他也很有眼光：他左手拿着棕色的皮手套，手套的图案十分精致，看起来与他肥胖的身材有点儿不协调。按照惯例，艺术家在画里加上了一些东西来提醒人们生命是有限的，这是肖像画的标准配置画中还有许多元素表现艾沙姆生活上的成功，它们与象征死亡不可避免的物品放在一起，有时这两者是同一件物品。画中桌子上方是一座黑、红、金三色的挂钟，这件物品简洁地显示出艾沙姆对美观实用的物品的品位，同时提醒观众时间的流逝和世俗商品的无用。艾沙姆一只手的食指指向一个人类头骨，这是一种肖像画常用的死亡象征。

这幅肖像还能告诉我们更多信息，约翰·艾沙姆的野心延伸到了城市外。作为家境贫寒的小士绅家庭的小儿子，他想要属于自己的地产，20多年来，他一直梦想着过上乡绅的生活。艾沙姆的盾徽在肖像中非常醒目，这枚徽章宣告了他的绅士出身和地主身份。在都铎时期的英格兰社会里，真正的绅士拥有地产，而不是仓库。确实，在社交中，真正的绅士往往会瞧不起依靠贷款维持风度的商人，但艾沙姆虽然出身绅士家庭，他并不羞于自己赚钱的手段。在画中，他的账簿和分类账就明显地摆在一个质朴优雅的木柜子上。[2]我们可以想象，画像时艾沙姆坐在自己位于圣安东尼教区圣西瑟巷（St Sithe’s Lane）的房子里。如果说盾徽和背景中窗帘的折痕是所有有钱人肖像的标准配置，那么账册、纸和一支羽毛笔就是艾沙姆的商业生活中不可或缺的配件，他为之感到骄傲。

这一切开始于25年前，亨利八世统治的最后几年的一个夏日。1542年的圣彼得节，6月19日，16岁的约翰·艾沙姆从父亲在北安普敦郡（Northamptonshire）的一个安静乡村皮奇利（Pytchley）的家抵达伦敦。约翰没有受过可以拿来吹牛的高等教育，也没受过全面的教育以帮助他面对更广阔的世界，他就这样被扔到了一座必然会让他大为震惊的城市。

约翰的新老师是奥特韦尔·希尔（Otwell Hill），他是个年轻人，大概20多岁，来自兰开夏郡（Lancashire）罗奇代尔（Rochdale）。尽管两年前他才成为丝绸商公会的自由人，但他已是公会的后起之秀。他通过联姻进入了洛克的商业王朝。希尔于16世纪20年代跻身伦敦的显要阶层，又在30年代成为格雷欣家族（本书稍后会介绍）的一员，是威廉·格雷欣——理查德·格雷欣爵士的哥哥、托马斯·格雷欣的伯伯——的学徒，年轻的约翰·艾沙姆运气很好，在这位年轻有为、充满活力的老师手下工作。

但约翰跟着奥特韦尔·希尔学习的时间太短暂了。几个月后，希尔去世了，艾沙姆在另一位成功商人、往返伦敦和安特卫普做生意的托马斯·吉格斯（Thomas Gigges）那里完成了学徒期。艾沙姆在吉格斯那里从最底层做起，做着诸如往返泰晤士河运水一类的杂务，后来有了爵位的艾沙姆的继承人曾试图把这段经历从家庭传记中删除。[3]

约翰·艾沙姆一直知道他必须靠自己谋生。在这个土地世袭的社会里，只有长子才有继承权，而约翰是尤斯比·艾沙姆（Euseby Isham）和安·艾沙姆（Ann Isham）五个儿子中的第四个。1300年左右，尤斯比的祖先就拥有了家族土地，但他的家庭规模庞大（他和安在21年的时间里生了20个孩子），所以家里的生活最多只能维持在中等水平，男孩们必须自力更生。男孩中年龄最大的贾尔斯（Giles）和罗伯特（Robert）能力很强：长子贾尔斯在伦敦的中殿律师学院（Middle Temple）学习法律，罗伯特则在剑桥大学，立志做教士。三个小儿子，格雷戈里、约翰和亨利，不知是出于个人爱好、家人选择还是环境影响，都成了商人，兄弟三人都脚踏实地，从学徒做起，最终得到丝绸商公会的认可，成为职业商人。

格雷戈里·艾沙姆与这份工作完美契合：他有着商人的本能，他聪慧机敏，在所有兄弟中最具敏锐的商业眼光。我们可以猜到，格雷戈里是约翰的偶像：在约翰去伦敦时，这个比约翰大五六岁的年轻人已经在城市中稳健地扎下了根。贾尔斯和罗伯特则处于不同领域，他们在伦敦和剑桥发挥的才能和获得的成就远远超过了约翰非常有限的教育水平所能理解的上限。为了省钱，约翰跟父亲学习，他的书面英语充其量只是过得去的水平。

格雷戈里的故事和约翰的故事密切相关，所以家族传记对他的活力和天赋也有一点记载，“年少时，他（格雷戈里）与约翰一起学习、长大”，他“后来被送到了伦敦待了很长时间，在那里跟着一位丝绸商公会自由人当学徒。他努力学习这门生意，在很短时间内就积累了巨大的财富……”[4]不用说，他取得了巨大的成功。

1546年，格雷戈里·艾沙姆从丝绸商公会获得了特许资格。他可能在商业战略方面从一开始就有着出色的直觉。我们基本可以确定，他密切关注着兄弟们，希望保护他们。约翰工作努力，作为托马斯·吉格斯的学徒，他目睹师傅在安特卫普的生意运作，看他买卖城里的不动产，但他主要是做高档面料的贸易，从安特卫普向伦敦进口精美的丝绸和缎子。这也是后来艾沙姆家族企业的基础。[5]

1551年，吉格斯去世，这是约翰学徒期的第九年也是最后一年，同年，约翰得到了丝绸商公会的认可，他现在自己也是一名商人了。和其他想在城里立足的年轻人一样，他需要资金，但他没有家族财产来支持。1546年尤斯比·艾沙姆去世时，他只给约翰留下约3英镑多，这笔钱虽不至于令人嗤之以鼻，但离约翰做生意所需的数目还差得很多。[6]

约翰·艾沙姆知道如何抓住时机，他也确实这样做了——当然是在格雷戈里的帮助下。1552年10月，丝绸商伦纳德（Leonard）过世几个月后，约翰与他的遗孀伊丽莎白·巴克（Elizabeth Barker）结婚。伊丽莎白是伦纳德的第二任妻子，他的第一任妻子先他而去，长眠在阿克的圣托马斯医院的丝绸商教堂里。在伦纳德的遗嘱中，他的家人得到了很好的照顾，伊丽莎白得到了铁贩巷（Ironmonger Lane）上家庭住宅的租金，如果她改嫁（伦纳德在遗嘱中假定她会），他们的长子托马斯将继承怀特哈特街（White Hart Street）的一栋房子和其他财产，巴克的女儿安妮遵循惯例成了父亲遗嘱的执行人。从商业部署的角度上说，伊丽莎白与约翰·艾沙姆的婚姻很完美，她为新丈夫进一步开辟了城里的关系；最重要的是，她是资本的来源。家族传记对这一事实的记录很巧妙，上面写道，伊丽莎白带进来的“方便之财”在约翰的“细心关注”下增加了，[7]实际上，这笔“方便之财”数目十分可观。在这座城市中，这种生活模式很普通。毫无疑问，约翰·艾沙姆与巴克一家很熟，而且很可能在伦纳德去世后不久，他还参加了纪念他的丝绸商宴会；为了举办这场宴会，伦纳德慷慨地留下了8英镑。[8]

接下来，约翰与他的兄弟格雷戈里和亨利合作，将生意集中在熟悉的伦敦—安特卫普交易轴上。他们没有像莫斯科公司这样派出探险队，尽管他们认识一些参与其中的商人：例如格雷戈里的姐夫沃尔特·马勒（Walter Marler），伦敦服饰商兼商人冒险家，他也是1555年莫斯科公司成立时的创办人之一。[9]兄弟三人的生意取得了成功，格雷戈里、约翰和亨利合作愉快，他们的总部在伦敦，代理人在安特卫普处理艾沙姆家族的大部分业务。他们从萨福克郡（Suffolk）、萨默塞特郡（Somerset）和威尔特郡（Wiltshire）出口优质平纹黑布（宽幅布），从约克郡出口浅色克尔赛绒呢，并进口高档纺织品。为了找到最好的布料，约翰成为了哈利法克斯（Halifax）和约克郡陡峭的奔宁（Pennine）山区的常客。16世纪50年代，他的伦敦住宅位于弓箭巷（Bow Lane），离伦敦的财富之窗齐普赛街不远。[10]

死亡对于艾沙姆和他那一代的伦敦人而言都是现实的问题。在伦敦，第一起对艾沙姆的生活造成影响的是奥特韦尔·希尔的死亡。第二起是伦纳德·巴克的死亡，这使他成为商人，参与贸易。第三起死亡则最令他震惊，并使他备受挑战：1558年9月，格雷戈里·艾沙姆去世了。格雷戈里年仅38岁，这位才华横溢、生活富裕的商人留下了两个孩子，尤斯比和玛丽，而他的妻子伊丽莎白怀着他们的第三个孩子。9月3日，重病在身的格雷戈里在北安普敦郡布朗斯顿（Braunston）的庄园里完成了自己的遗嘱，约翰当时在场见证。[11]

格雷戈里朴实的语言避开了所有标准遗嘱的常规措辞和公式。

在安排自己的财产时，他选择不用繁复的祷告词作为序言。遗嘱的序言非常简洁诚恳，直入重点，他想以“安静的方式”解决他的事务，以便“自己完全投入虔诚的冥想中”。他留下10先令给他在伦敦教区的教士德雷珀大人（Sir Draper）[“大人”（sir）是古时对教士的尊称]，布劳恩斯顿的教士将承担埋葬他的工作：格雷戈里·艾沙姆想长眠于自己的土地上。他向艾沙姆家族所在教区的贫民捐款，但没有要求他们为他祈祷（这是几十年前的通常做法）。他为家人和仆人留下许多遗赠，获赠者包括他“亲爱的母亲”、众多堂兄弟和侄子侄女。他希望他的朋友都能得到纪念戒指。他留下20英镑给丝绸商同僚，以举办两场纪念宴会，宴会上要有鹿肉、鲟鱼、梭鱼、鲑鱼和鹌鹑。也许在几年前，他也参加了伦纳德·巴克的纪念宴会。[12]

对格雷戈里来说最重要的是为妻女——尤斯比、玛丽和伊丽莎白，还有他未出世的小女儿——提供未来的保障。他向城里最有权势的人寻求帮助，其中包括一位丝绸商公会的前执事，两位市议员。他请求他们“照顾妻子和孩子们，确保我的孩子们能按照我的遗嘱分得财产”，而他们每人会得到5英镑的回报：对于身价数千英镑的人来说，这笔钱只是象征性的，但这适度彰显了友谊和责任。很明显，格雷戈里这位年轻人结交了不少身居高位的朋友。

格雷戈里遗嘱的惊人之处在于，他在很大程度上依靠了兄弟们的帮助和支持。虽然他的兄弟有一些年龄差，但他们会一起关照伊丽莎白和孩子们；甚至，如果伊丽莎白再婚的话，他们会介入并争取尤斯比、玛丽和小伊丽莎白的抚养权。尽管今天看起来这样的安排很特殊，甚至有些残忍，但这只是另一种保障孩子继承权和未来的手段。

在北安普敦郡的庄园里，格雷戈里躺在病床上，他清楚地知道处理自己的生意会很棘手。他不想冒任何风险，因而将所有四个兄弟都指定为遗嘱执行人，并任命另外六人监督整个过程，其中包括爱德华·格里芬（Edward Griffin）爵士，他是格雷戈里在北安普敦郡的邻居，也是女王的首席检察官；另一位是格雷戈里的姐夫和合伙人沃尔特·马勒，没有人比马勒更清楚格雷戈里的财务来往了。

格雷戈里·艾沙姆没有多少时间了。伦敦和英格兰乡村正在饱受热病和流感的蹂躏，不管是什么杀死了格雷戈里，它很快奏效了，他几周后就去世了。

死亡会不可避免地带来官员和行政程序。格雷戈里·艾沙姆处理完所有身后事，并接受上帝的安排后三周，他在伦敦的房产受到评估清查。之后的两周内，布劳恩斯顿庄园也接受了类似的清查。评估师目光敏锐，不放过任何东西，所有财物都转化成以英镑、先令和便士为单位的具体金额，甚至连告别仪式的费用也被计算在内。格雷戈里在布劳恩斯顿的葬礼花费了刚好100英镑，用于“提供肉和饮料、购买黑色礼服、支付教士的工资与其他事情”。[13]

通过这些文件的基本内容，我们至少可以稍微了解格雷戈里的伦敦生活：我们可以设想16世纪中叶商人的房子的样子，想象它们的颜色和纹理。

格雷戈里的伦敦房屋位于圣迈克尔帕特诺斯特（St Michael Paternoster）教区，距离大酒窖码头和三鹤码头的台阶很近，船只和乘客从这个繁忙的码头进入城市。泰晤士河的喧嚣正是格雷戈里生活的一部分。房屋不远处是14世纪初由理查德·怀廷顿［Richard Whytyngdone，他在广为流传的故事中被称为"迪克·惠廷顿"（Dick Whittington）］创立的救济院，直至200多年后，丝绸商公会还在为它提供资助。格雷戈里在遗嘱中大方地留下了20英镑，资助那里的贫困儿童。[14]

这座大型住宅给家人和仆人提供了大量空间，使他们能舒适地生活和工作，这里有一间厨房、一间大厅、一间会客室、一间贮藏室、几间儿童室、一间气派的卧室，还有阁楼；在伊丽莎白·艾沙姆孕期的最后几周，一间卧室被专门安排用于分娩。艾沙姆家器物奢华，鉴于这是一个进口精细材料的家庭，这倒并不令人惊讶。会客室里装饰着一些挂毯、一块土耳其地毯、一些靠垫、一些椅子和凳子。主室采用红绿配色，里面有羽绒床垫和垫枕、一张桌子、一个钱箱，以及毛毯和地毯；垫子是深红色天鹅绒的，地毯是耐磨纬起绒布（fustian，一种棉花和亚麻编织的粗布）的，它们都是格雷戈里从安特卫普进口的意大利货。窗帘颜色极为鲜艳：帘身是深红色薄绸（sarsenet，一种非常精致的丝质材料），而上方的帷帘由塔夫绸（一种表面带有斑点的平织丝绸）和薄绸组成，还缀着金穗。

格雷戈里看起来完全是一位成功商人。他在镇上因穿着而大出风头：他会穿锦缎镶边的长袍、天鹅绒和绸缎的外套、缎子和塔夫绸大衣、褐色绸缎紧身上衣，还有其他一些黑色绸缎衣服和带绸缎袖子的塔夫绸衣服；他戴着斗篷并佩一把剑，这是绅士的必备配饰。[15]

我们很难了解艾沙姆的休闲生活，尽管评估员在他伦敦家里的客厅找到两架维金琴。弹奏维金琴，就像学习跳舞一样，是文雅精致的生活必需的一种才艺。是格雷戈里自己弹琴，还是这是他全家的休闲娱乐方式？对于格雷戈里这样的人来说，学维金琴的费用很便宜，例如，在他写下遗嘱的前一年，某位艾利斯大师（Master Ellys）教威廉·塞西尔爵士家中的年轻绅士们维金琴，获得7先令4便士酬金，调琴另付2先令，总共也就相当于一加仑高浓度啤酒、四次泰晤士河短途船费或厨房餐桌上的两条小牛肉的价格。[16]

格雷戈里的兴趣就更难了解了，他的受教育程度可能在兄弟中属中等：他们中的一个极端是贾尔斯和罗伯特，大律师和教士；另一个极端是约翰。评估人员1558年在伦敦的房子里只找到了两本书或手稿，一本是《抹大拉的马利亚的故事》（*A story of Mary Magdalene*），另一本是《乔纳斯的故事》（*A story of Jonas*）；两本都是圣经故事，可能用于祈祷。但有趣的是，从书名上看，第二本可能是威廉·廷代尔（William Tyndale）写的《预言家乔纳斯的故事》（*The Storie of the prophete Jonas*）。大约1531年，这本书在格雷戈里非常熟悉的安特卫普出版印制，而在玛丽一世统治的天主教英格兰，拥有这本书是件危险的事。廷代尔是一位被禁的作者，1558年新教徒正被迫害，他们被处以火刑或流放。英格兰商人在欧洲大陆的交易城市接受新教信仰很普遍，而廷代尔曾在安特卫普寻求庇护。这或许可以解释格雷戈里的遗嘱在表达信仰时所表现出来的平实，遗嘱中没有提到圣母玛利亚的代祷或天使们，格雷戈里始终非常务实："我将自己的全部身心交给全能的上帝……我完全相信，凭借基督的死亡和受难，它［自己的身体］在将来会和我的灵魂一起升入天堂，并在那里得到永生。"这并不能证明格雷戈里就是新教徒，但如果他是，他的一个哥哥，还是他把全家的幸福与之托付的那个哥哥，却是效忠于笃信正统天主教的“血腥玛丽”的神父。[17]

格雷戈里的房子既是商业总部，又是家庭住宅。这栋房子自给自足，有独立庭院和水井，以及账房和仓库。1558年9月，这些仓库装满了珍贵的商品：事实上，这些财物包括尼德兰人的精纺毛料和英格兰克尔赛绒呢，以及大量上好的意大利面料，如纬起绒、绸缎、丝绸帆布、薄绸和充丝绒（mockado，一种羊毛和丝绸制成的仿天鹅绒织物）。所有货品价值估计超过1200英镑，这一数额令人眼红。[18]

显然，格雷戈里·艾沙姆的业务很全面。“不要向人告贷，也不要借钱给人”是莎士比亚的《哈姆雷特》（第一幕，第三场，75行）的名句，但没有伦敦商人重视波洛涅斯（Polonius）的建议，尤其是具有企业家精神的格雷戈里·艾沙姆。格雷戈里的账簿表明他的利益往来多么复杂而广泛：他进出口布料，还借入和借出大笔金额。他的许多布料和债务都在安特卫普。他的生意规模庞大，他借出了超过7000英镑，而他在英格兰和佛兰德斯欠下了将近9000英镑。他在圣迈克尔帕特诺斯特的仓库里的布料来自意大利热那亚和卢卡（Lucca）一些顶级商人的公司，经安特卫普中转而来；他在安特卫普的仓库里屯了价值3000英镑的英格兰布料，并刚开始在布劳恩斯顿的庄园储存羊毛。他的地产总价约8000英镑。作为参考，16世纪50年代，一所学员约100名的著名皇家学校，伊顿公学（Eton College）的年收入约为1000英镑。[19]

格雷戈里是一位放债人：他利用自己的资本发放借贷，赚取利息，这种做法长期以来受到教会谴责，而且在英格兰是违法的，本书后面章节会讲到，伊丽莎白时代的传教士和道德家卷入了对高利贷的道德恐慌。但商人不是神学家，对于像格雷戈里这样的人来说，钱是一种商品，要以合理的价格出借。

一个简单的例子能够很好地说明放债人格雷戈里的财务和社交范围。1553年，他和姐夫沃尔特·马勒，还有丝绸商同行托马斯·雷维特（Thomas Revett）借给威斯特摩兰伯爵和拉特兰伯爵3700英镑，担保是伯爵们在北安普敦郡和德文郡（Devon）的一些财产。他们小心地遵照法律条文拟定合同，没有提到利息，但其中很可能隐藏了总计700英镑的利息，即3000英镑债款的23%。合同约定的全款应于1554年11月30日圣安德鲁日节（St Andrew's Day）那天还清，“在伦敦圣保罗大教堂……的圣洗池，上午九点至十二点之间……以黄金或无损耗的英格兰银币的形式还款”。这是一个惯例：在建立皇家交易所（下一章的主题）之前，圣保罗教堂的圣洗池常是伦敦债务人与债权人的结算地点。[20]

我们必须发挥想象力，弥补史料的不足：深秋的一个早晨，格雷戈里、沃尔特和托马斯在圣保罗大教堂前踱步，等待伯爵的管家们给他们带来装着金银币的钱袋。这应该只是众多高利贷交易中的一件，这种交易常常就在教会眼皮底下发生，所以教会不会不知道。一位伊丽莎白时代的主教对此痛心疾首，因为这座教堂每天都受到亵渎，被公然用于世俗目的：“人们在南面的小路上宣传教宗主义（对罗马天主教的贬称）、放高利贷，在北面买卖圣职、讨价还价、商谈、斗殴、谋杀、阴谋，这边还有一个马市，就像乞丐熟悉自己的窝一样，所有人都知道圣洗池是付钱的地方。”[21] 我们永远不会知道，格雷戈里·艾沙姆是如何将这一切与他遗嘱中的“虔诚的冥想”调和起来的。但话又说回来，这位年轻人并不是凭借单纯和顺从变成有钱人的，他具有敏锐的商业眼光。

稳重可靠、敏锐细致、不爱冒险——这幅肖像很好地描绘了格雷戈里去世后的约翰·艾沙姆。约翰不像格雷戈里那么有商人派头，我们也无法知道如果格雷戈里能多活一二十年，艾沙姆兄弟的生意会发展到什么程度。他们也许会投资欧洲外的新商机，也许会受到莫斯科公司的召唤：像“燕子”号（*Swallow*）和“慈善”号（*Charity*）这样的伦敦船只，正从俄罗斯进口货物，包括蜡、动物油脂、绳索、丝绸、小牛皮、肉桂和大黄、纱线、狼皮、海豹皮、狼獾皮、水貂皮、白貂皮和海狸皮。安特卫普以外的新市场正向人们招手。[22]

然而，约翰·艾沙姆满足于走老路。16世纪60年代，船只载着艾沙姆从热那亚和那不勒斯运来的货物抵达伦敦的港口，货物包括精纺毛料、天鹅绒和充天鹅绒织物，还有染布用的茜草。但以前的一些确定的事正在悄然改变。1567年，当约翰·艾沙姆为他的同行们举行那场肉食盛宴时，伦敦与安特卫普之间的贸易情况与几十年前的辉煌时期已经相差甚远。此时的安特卫普面临着政治压力，害怕爆发叛乱，低地国家陷入了宗教内战，而安特卫普又与英格兰产生了外交纠纷。1564年和1565年之交的冬天特别寒冷，斯海尔德河冻结，布拉班特也出现饥荒。据报道，安特卫普“民众十分焦虑，生意不足”。这些情况动摇了人们长久以来对安特卫普的信心。[23]

约翰·艾沙姆代表着伦敦最保守的那群人，他不是为新市场、机遇和挑战而生的人，他熟悉自己的交易，在金钱方面老谋深算。像格雷戈里一样，他也懂得如何在法律范围内放贷，而且他自己也是一个业绩优异的放贷人。多年来，他一直关注他的皮奇利祖先的乡村，1560年，他再次抓住了决定命运的机会。那年，他从三位丝绸商同行手里借了250英镑，买下北安普敦郡的兰波特庄园府邸（Lamport Hall）。卖方正是威廉·塞西尔爵士，托马斯·格雷欣爵士的好友、莫斯科公司的投资人；虽然他曾在玛丽执政的那几年被迫离职，但当时他已经成了女王伊丽莎白一世的秘书。1572年约翰·艾沙姆退休离开伦敦，以乡绅的身份居住在兰波特庄园。

1594年或1595年，当约翰·艾沙姆写下自己的遗嘱时，他向以前在伦敦的生活致敬。就像他在肖像中用账簿作道具一样，他对自己赚钱的方式完全不感到尴尬，作为有庄园地产的绅士兼商人，他想要在自己的墓前放置“一块漂亮简约的石碑”，用以表明：

> 这些徽章、标题、诗句和花束……向子孙后代证明我父母双方的家族血统。我是伦敦的冒险商人、丝绸商公会的自由人。凭这一点，我在上帝的祝福下，得到了我现在的地位，并得以购买兰波特庄园，成为当地教堂的赞助者。[24]

第9章

“气派非凡的伦敦交易所”

在伊丽莎白时代的伦敦中心有一座建筑物，约翰·艾沙姆只可能在退休离开这座城市之前几年去过，而格雷戈里·艾沙姆根本不知道它。这就是伦敦商业世界的核心，象征着这座城市的雄心壮志，像磁铁一样吸引着所有的伦敦人。对伦敦而言，它和剧院都是重要的舞台，这里每天上演着相同的剧目，从未改变：伦敦财富和贫穷的双重胜利。这座建筑就是托马斯·格雷欣爵士的皇家交易所。

关于交易所的故事有种巧妙的对称性，就像这座建筑本身，这是一座文艺复兴晚期的杰作，与圣保罗大教堂和市政厅那种老旧的哥特式建筑截然不同。16世纪30年代，伦敦市政委员会尝试建造一座可以向其他城镇炫耀的交易所，但未能成功。理查德·格雷欣爵士任市长时，曾试图与托马斯·克伦威尔和亨利八世一同推动这个项目，然而在克服了所有障碍后，由于某种不明原因，事情没了下文。一代人以后，理查德爵士的儿子托马斯接手了这个项目。作为驻安特卫普的王室代理人，他既了解安特卫普的新交易所，也认识这里的每个人，知道这里的每桩交易的每个细节。因此，故事的对称性就在于托马斯·格雷欣完成了这项他父亲曾参与的、酝酿了超过30年的项目。

托马斯·格雷欣的职业生涯中总是有些不同寻常的地方，不像他的父亲，他从不走老路。通常像格雷欣这样身份的男士可能会在中年时开始谋求公职，但托马斯爵士并没有热衷于参选治安官、市议员或市长。他是女王派驻安特卫普的代理人，也是实力惊人的伦敦商人，还坐拥巨大的财富。他在萨塞克斯郡（Sussex）梅菲尔德（Mayfield）的乡间别墅里的家具及室内陈设价值达到惊人的7550英镑，而这只是他的众多房产之一。他在米德尔塞克斯的奥斯特利庄园（Osterley Park）的雄伟宅邸和在主教门大街的格雷欣大宅（Gresham House）更加富丽堂皇，后者离交易所只有几分钟的路程，里面的家具及室内陈设价值1128英镑。托马斯·格雷欣爵士是独一无二的大亨，他不仅是商人（而且是巨富商人），也不同于一般廷臣。从二三十岁起，他就是个难以捉摸的横跨政商两界的人。我们可以回想一下格雷欣26岁时在安特卫普的早期画像，那幅画表面上看起来朴素内敛，但在风格和寓意上雄心勃勃。我们可以再将它与20年后由尼德兰艺术家安东尼斯·莫尔（Anthonis Mor）绘制的另一幅格雷欣爵士肖像对比，这一次他是坐着的，身体与观众呈一定角度，画中的格雷欣看起来和过去一样朴素无华、无可挑剔，他穿着有光泽面料制成的黑色紧身上衣，露出高高的白色轮状皱领，戴着黑色帽子。他的脸上没有流露出倨傲而颐指气使的神情，而是体现出他的经验、耐心和自律能力：他的脸瘦削精干，脸颊和眼睛周围有一点儿皱纹，他还有着花白胡须和淡褐色的坚定的眼睛。最重要的是，格雷欣的双眼，在那个时代里，看清了如此多的人和事，好像能洞悉一切。这幅肖像让人一眼就能看出画中人的精明。

皇家交易所是托马斯·格雷欣爵士最伟大的遗产，是他送给家乡的礼物。对欧洲的商人来说这是一间交易所，但对格雷欣来说这是像家一样的地方；更重要的是，这里可以与圣保罗大教堂和圣保罗十字教堂庭院相媲美，伦敦人也在这里会谈。交易所矗立在康希尔街和伦巴第街之间，代表最广泛的意义上的“交易”：谈话、新闻和观点的“交换”，娱乐、商品和服务的“交易”。诗人丹尼尔·罗杰斯（Daniel Rogers）形容安特卫普新交易所的话也同样适用于伦敦格雷欣的交易所：“人们在那里能听到各种语言混杂在一起，能看到五颜六色的各种款式的服装；简而言之……这里是一个小小的世界，融合了大千世界的所有组成部分。”[1]

理查德·克拉夫（Richard Clough）被托马斯·格雷欣爵士派驻安特卫普，没有人比他更清楚地知道，伦敦早就需要一间交易所了。克拉夫是一位十足的绅士，穿着优雅时髦的黑色开衩紧身上衣、浅色紧身裤和高飞边（一种白色轮状皱领），佩戴着精致的棕色手套和精美的剑。他与欧洲最位高权重的人做生意，他的衣着必须符合这种身份。但克拉夫远不只是一个时髦的人，他的面容明显反映了他富有经验、饱经风霜。因长期伏案工作，他的脸色苍白，脸上的皱纹和斑白的胡须说明他是一位强硬的谈判专家，有长年在安特卫普码头和交易所工作的经验。他喜欢有话直说，他也习惯了直言不讳地评价伦敦的市政官员，他认为这些官员根本不为伦敦的利益着想，1561年他写信给格雷欣：“例如，想一想伦敦的现状，这么多年以来，他们都没能建成一间交易所。

下雨时人们只能在雨中工作，不像是商人，倒更像小贩。”克拉夫本人很渴望开展这项工作：“毫无疑问，我要把伦敦的交易所建得气派非凡，像安特卫普的大交易所一样好。”[2]

1563年是关键的一年。5月，伦敦的市政委员会要求格雷欣为这座城市建立一间交易所——这是正式通知，但可能早在几个月之前，托马斯爵士就和委员会进行了非正式会谈，也许谈判已经持续了数月或数年。格雷欣16岁的儿子理查德的去世极大地触动了他，并彻底改变了这个项目的局面。5月1日，理查德在安特卫普染病并被诊断为胸膜炎，医生给他放血治疗，但没有任何疗效，第二天他就去世了。格雷欣的仆人以典型的都铎时期的含蓄措辞写道：“对于我的主人和他的夫人来说，这是不小的伤痛，因为他们只有这一个孩子。”失去了儿子和继承人之后，格雷欣化悲痛为力量，把大量财产投入到交易所的项目上。[3]

这项协议是1564年1月达成的：格雷欣将出资为伦敦建一间交易所，前提是市政府提供土地。由市议员组成的小型委员会在康希尔街北侧找到了一小块合适的用地。为清理该地区的房屋、仓库和花园以及那里的租客，委员会进行了既棘手又昂贵的谈判；在拆迁过程中，一些人受了重伤，其中两人几乎丧命。尽管如此，1566年5月，这块地准备就绪。6月7日周五下午4点到5点之间，格雷欣亲自铺设了第一块砖，继续这项工作的砌砖工很可能是佛兰芒人，这导致了伦敦砖匠公会（Bricklayers’ Company of London）的抗议。他们封锁建筑工地，并暗示要诉诸武力，伦敦市政委员会和格雷欣与他们进行了谈判，格雷欣最后选择安特卫普的亨德克·范·佩斯臣（Hendryck van Paesschen）做石匠领班。约翰·斯托在《伦敦调查》里描写了交易所的完工：“到

1567年11月时，一直覆盖着石板的工地不久后就完工了。”[4]

从一开始，这就是个雄心勃勃的项目。早期的比例图上是一座带圆柱形拱廊的长方形庭院。院内有两条门廊，一条通往伦巴第大街，另一条通往康希尔街，这座建筑还有两座塔楼，每座都包含一个螺旋楼梯和两间位于一楼的厕所。弗兰斯·霍根伯格（Frans Hogenberg）的早期铜版画展示了范·佩斯臣的能耐，因为交易所将成为一座宏伟的建筑杰作，伦敦的任何地方都不能与之相比，甚至市政厅也比不上它。这是伦敦为数不多的几座全新建筑之一，它清除了原址上的一切，昂然耸立，其项目资金来自一位伦敦人从安特卫普赚到的钱，其石匠领班由佛兰芒人担任，这强有力地表明了伦敦的世界主义野心。

要了解格雷欣的意图，关键在于要明白交易所的建立掺杂了私人的和公共的野心：在伦敦，托马斯爵士是一位伟大的赞助人，向伦敦市民提供了一间不亚于安特卫普的交易所。也许这也是一个标志，代表格雷欣想要重新定义安特卫普和伦敦之间的关系。当然，交易所与伦敦在16世纪初的地位不相称，当时伦敦只是一座位于西欧贸易金融中心外的中型卫星城，但交易所代表的比这要多得多：这是格雷欣的遗产。在这座城市里，多数大人物都满足于在短时间内身居高位，但格雷欣想要在伦敦竖立一个永久性的有形标记，让子孙后代惊叹不已的遗产。“毫无疑问，我要把伦敦的交易所建得气派非凡，像安特卫普的大交易所一样好。”理查德·克拉夫可能说出了格雷欣的心里话。克拉夫的话意义重大：交易所不仅是一个商业场所，它也代表着美丽、文化和消费，是在伦敦能与圣保罗大教堂和圣保罗教堂庭院相媲美的聚会场所。作为天生的工作狂，托马斯爵士在自己的房子上花了一大笔钱；作为爱好精美物品的人，他利用交易所展现了自己的艺术鉴赏品位。

这座建筑的规模令人印象深刻，建筑整体呈四边形，长80步，宽60步[①]，估计能容纳4000名商人；墙上雕刻的图案描绘了一座庭院，地砖的铺砌风格让人想起那种花园里常见的精致图案；院内，间距10英尺的大理石柱构成两层柱廊，类似的柱子又组成了两个门廊，每个门廊上都装饰着英格兰王室徽章的浮雕。这里共有三间交易大厅，第一间被称为“新威尼斯厅”（New Venice），意在向地中海最强大的欧洲商业城市致敬。这是一间圆顶地下室，供成衣商和布料商使用；上层的走廊内大约有150个出售昂贵商品的摊位。康希尔街南侧大厅被称为“波恩厅”（Pawn），这个名字和建筑本身一样，起源于低地国家：“pawn”衍生自“pand”，指在安特卫普大集期间，商人和零售商摆摊用的回廊或拱廊。在面向康希尔街的南门廊的东侧立着一座钟楼，除了报时以外，它还以钟声宣告交易结束。1599年，这里又增加了一座有指针的时钟。

这是重要的“皇家”交易所，其名声和地位因女王的认可而上升，浮雕上的英格兰王室徽章也清晰地传递了这一信息。1571年1月，伊丽莎白亲自到访交易所，在贵族的簇拥下，她从河岸街上的萨默塞特宫（Somerset House）出发到达圣殿门（Temple Bar），沿着舰队街和齐普赛街前往针线街。在与托马斯爵士在格雷欣大宅一起用餐后，她和她的大臣们从康希尔街进入交易所：“之后，她参观了建筑的每一个部分，特别是波恩厅，它的内部装饰品都是城里最好的。在传令官和小号的宣告下，她进入这座交易所，宣布将它

---

① 1步约等于83厘米。

命名为‘皇家交易所’，从此以后它就一直用这个名字。”[5]

对于商人来说，在交易所一天的工作时间很短，至少正式工作是如此。这里每天有两场交易，一场在午饭前（11点到12点），另一场在晚餐前（下午5点到6点）。数以百计的商人和放债人聚集在一起交易、聊天。现在他们不再摩肩接踵地在伦巴第大街上会面了。理论上，在交易所中，不同“国家”的商人都被分配了特定的交易地点；然而实际上，大家在整个庭院和石柱廊内自由活动，一个人在这里会遇到来自法兰西、低地国家、德意志地区、意大利和西班牙等不同地方的人。繁忙是这里的基调，商人的“信使”（通信员）来来往往，带来新闻和汇票。

需要强调的一点是，交易所是一个公共空间而不是私人空间，这里更像是一座购物中心，是城市商业生活的核心。伦敦人在这里买卖、炫耀、谈话、闲聊和乞讨。这与伦敦人长期以来使用圣保罗大教堂的方式一样：“这仿佛是……整个世界的地图，人们在这里推搡和旋转，组成了完美的人流曲线。这里人潮拥挤，人们说着不同的语言……这里的声音像蜂群，人们的脚步声和说话声组成一种奇怪的蜂鸣。”[6]圣保罗大教堂仍然挤满了伦敦人，但交易所就变得同样喧闹、生机勃勃，混杂着多种语言。正如托马斯·德克尔说的那样：“他们讲着好几种语言，忙碌地奔走于几单生意之间，这个地方像是巴别塔。”[7]

一位伊丽莎白时代的道德家在交易所里走了一圈，研究了在这里活动、贸易的人们，他发现这个长80步宽60步的方形空间是社会的缩影：商人、零售商、异乡人（即外国人）、“撒都该人与浪荡子”、可敬的绅士、穷人、印刷商和文具商、水手、船长和士兵，以及“方便时就来这里愉快地散步的”夫妇。[8]对于那些生活很富裕的人来说，这里能够满足他们所有的感官享受：在春夏的漫长午后，在波恩厅逛街，听着大厅里演奏的音乐，在隔壁的“城堡酒馆”用餐饮酒——人们经常在这个酒馆招待朋友。[9]

只有负担得起格雷欣要求的高昂租金的零售商才能在这里开店。富裕的伦敦人可以在那里购买各种各样的商品。成衣商托马斯·迪恩（Thomas Deane）出售羊皮纸、写字板、丝绸手袋、香囊、亚麻线和丝线、布带和丝带、衣服和鞋子的扣、装饰蕾丝和领带以及手帕。迪恩在城里有一套房子，布置得很温馨，日子过得很滋润。波恩厅的商店还出售捕鼠器、鸟笼、鞋拔、灯笼和单簧口琴，上层走廊里还有药店、书店、金店、玻璃店和盔甲店。[10]

时尚消费与贫困并存。伦敦的穷人不缺遇到富人的机会，交易所像一块磁石吸引着流浪汉和乞丐，他们希望这里的商人和绅士们能施舍自己几便士。这些乞丐令人恼火，伊丽莎白时代的人们一直很担忧贫穷和犯罪的存在，导致市政官员必须经常驱逐交易所那些试图扰乱正直市民正常交易的无赖、小偷、乞丐和儿童。约翰·佩恩（John Payne）在1597年写道：“穷人在交易所里走来走去，有些虔诚，有些心怀不敬，他们一个得到上帝的祝福和恩惠，另一个则让上帝皱着眉、满心不悦。”[11]真正需要帮助的穷人值得大家施与恩惠，如1573年一位在交易所生下孩子的女士，还有1601年一个被遗弃的男孩，他们都得到了当地教区的援助。[12]但在伊丽莎白时代，让富人尤其困扰的是有组织的诈骗，有的骗子表面上像衣冠楚楚的绅士，但实际上是游手好闲的流浪汉。约翰·奥德雷在1575年写道，这样的人“衣着华丽，有时带着男仆，有时不带。他们在绅士和其他受人尊敬的市民聚集的地方漫步，例如圣保罗大教堂或基督慈善院，有时候还会去皇家交易所”。这些骗子假装友善，但他们的目标是富有而天真的年轻绅士的钱。[13]

书店很快成了波恩厅的特色。在这处伦敦最迷人的聚会场所，精明的伦敦书商看到了机会，托马斯·哈克特（Thomas Hacket）就是其中之一。1572年左右，继在圣保罗教堂庭院和伦巴第街上开设两家书店后，他又在交易所开了一家挂着绿龙招牌的新店。在后面的故事中我们会看到，哈克特是一位敏锐的企业家，知道伦敦人喜欢哪种书籍。他专门经营航海技术和导航技术等实用主题的书籍，他在交易所以翻译最新的环球发现记录而闻名。哈克特知道这个行业的秘密——标题必须醒目，他特别擅长吸引有权有势的顾客的注意：他第一本宣传交易所分店的书，开头就加入了一封向托马斯·格雷欣爵士致敬的信，他自信满满地写道："来自伦敦，您永远的，托马斯·哈克特。"[14]

在交易所，信息本身就是一种货币。商人的情报来源包括私人信件、报告和全面些的简报，这些简报收集了来自欧洲各地的情报摘要。对于部分伦敦人而言，忙碌拥挤的交易所正适合宣传自己和自己的产品；而对另一部分伦敦人来说，这里是绝佳的融入人群、隐藏自己之处。1574年，西班牙驻英代表，名为菲利佩（Philippes）的阿尔瓦公爵（Duke of Alba）注意到："在伦敦皇家交易所，人们全效仿商人穿着黑色的服装。"[15]这里像圣保罗大教堂外面一样，四周都张贴着广告和海报。[16]格雷欣的一位医生曾在交易所打广告，当他"在皇家交易所张贴的托马斯爵士为这位医生的治疗写的感谢信"被他的竞争对手撕下来时，爵士本人也颇有怨言。[17]商人克莱门特·德雷珀（Clement Draper）因与亨廷登伯爵（Earl of Huntingdon）长期不和，生意被毁，他把自己的情况直接告知交易所的其他商人："我公开向债主提出抗议，并将这份抗议传播到皇家交易所和城里各个地方，以此承认我的错误，并渴望重获特许权。”[18]

意料之中的，皇家交易所对伦敦伊丽莎白和詹姆斯一世时期的戏剧家们而言是一件礼物。这里是开会的地方，是开展（有时可疑的）生意之地，也是零售场所，还是时尚和虚荣所在之地，这一点常常受到道德家和传道者的谴责。这里本身是一个舞台，向人们展示伦敦这个充满想象力的世界以及这座城市中各式各样的人，捕捉到了人们的生活和社会里一些共通的东西，正如托马斯·德克尔所写：“这个世界是皇家交易所，所有人都是商人：君王与君王交易，他们的探险航行都建立在谈判之上。”[19]

后来，伊丽莎白时代的剧作家把目光投向身处的这座城市，这座观众和他们一样熟悉的城市。首先这样做的是威廉·霍顿（William Haughton）的《看上我的钱的英格兰人》（*Englishmen for My Money*，1598）。这是一部关于商人、绅士、金钱和被阻挠的爱情的戏剧。戏中的关键部分发生在皇家交易所、在11点到中午第一场交易期间，当交易所结束业务的钟声响起时，这一幕也随之结束。霍顿笔下的商人们聚集在一起做生意，在某种程度上，剧中主要人物的女儿的婚姻也被用作交易。人物收到消息称海盗抢劫了一艘船上的贵重货物，信使送来了一张可能导致严重后果的可疑汇票，不过最后这张汇票被证明是真的。这场戏刻画了商人生意的成败间巧妙的平衡关系。金钱就是一切。一个角色说：“去交易所吧，如你所愿，去追逐金钱吧。”[20]

当然，皇家交易所也深受商业上的资金、销售和货物陈列等相关因素的影响，新闻和信息也很重要。在本·琼生的《人人高兴》（*Every Man in His Humour*，1610）的修订本中，人们在交易所获得或失去名誉。商人凯特利担心自己名誉被毁，说“为了交易而交谈，我永远失去了我的名誉”，这与克莱门特·德雷珀的情况正好相反，绝望的克莱门特，为了恢复自己的名誉和自由，在交易所公开了一切。[21]

对剧作家而言，交易所成为描绘财富和消费的绝佳途径。在托马斯·米德尔顿的《齐普赛街的贞洁少女》(*A Chaste Maid in Cheapside*，1613）中，我们看到了身怀六甲的阿尔维特夫人（Mistress Allwit)，她临产前（除了腌黄瓜什么都不想吃)，周围放的全是她的小装饰品。她丈夫说：

当她临产时，
就像现在，她甚至要嘟哝，
淑女不会像她这样临产；那儿摆着她的浮雕，
她的刺绣戒指，闪闪发光的，我叫不出名字的东西，
仿佛她正躺在格雷欣的交易所里
所有花哨店铺的中间……
（第一幕，第二场，30—35行）

如果这种消费有点粗鄙的话，那么这座城市的时尚场所还有更加虚荣的东西。在琼生的《巴塞洛缪集市》(*Bartholomew Fair*，1614）中，利特尔维特先生（Master Littlewit）谈起他爱逛街的妻子：

我敢打赌，找遍齐普赛街——摩尔菲尔兹、皮米里科路和夏日晚上的交易所——你都找不到这种鞋子上的花边，就像我妻子脚上这样的。（第一幕，第二场，5—6行）

有的剧作家还写下了比这更犀利的讽刺，揭露了巨额财富而引起的社会矛盾和对立，表现了人们对此产生的后果所持的矛盾心理。交易所的存在是为了制造和消费财富：没有什么是比财富和随之而来的权力更直接的方式了。在交易所工作的伦敦人有两种，第一种是商人和放债人，第二种是因生活所迫偷东西的男孩。一位诗人问，他们中谁更罪大恶极？

> 在伦敦交易所内横行的大资本家中间，
> 普利斯库斯（Priscus）因划开一个钱包而被捕，
> 被痛斥时，他提出了一个大胆的问题，“为什么，
> 那些资本家可以被原谅，但我
> 只划开了一个人的钱包，可他们划开了所有人的？”
> 但我们由此看出，最弱小的人被关进围墙。[22]

德克尔、霍顿、琼生和米德尔顿这些作家在戏剧中大胆创新，描写自己和观众熟知的这座城市。伦敦是他们的舞台：熟悉且有形，人们通过身边的一砖一瓦就能看到伦敦。比这些更深一层的是人的行为举止。伦敦很大，而且还在不断扩张，为戏剧性的场景提供了成熟的土壤。这里的人口从几万增长到几十万，他们的生活、工作、消遣和死亡都紧密地联系在一起，我们能通过皇家交易所这样的场所探索这座城市的张力。萨瑟克剧院的观众一定很喜爱他们熟悉的伦敦的刻板形象，因为他们在自己的生活中就不断地为金钱、权力和地位斗争，与上层社会的虚伪和炫耀斗争，还要与贫穷和犯罪斗争。人们很容易就能在戏剧中发现生活中的原型，而且人们可以安然地坐在剧院里嘲笑他们。在《人人扫兴》

（*Every Man Out of His Humour*，1599）中，本·琼生的剧中人物尖锐机智而富于讽刺性。讲究的布里斯克（Briske）是“衣着整洁漂亮、有吸引力的廷臣”，这位时髦人士经常对着镜子练习与别人打招呼，并“仅凭自己叮咚作响的马刺，手中挥舞的手杖，就能在商人那里赊账”。德里罗（Deliro）是那种典型的商人，他虽然富有，但个性沉闷，是“伦敦好市民”。马奇伦蒂（Macilente）是“见多识广的学者”，因为自己的才华没有得到认可而痛苦。还有蓬塔沃洛（Puntarvolo），一位“极为虚荣的骑士”，喜欢自吹自擂。在剧中，德里罗回想了一下他对布里斯克财务的控制，布里斯克的所有土地都用以抵押他在德里罗处的债务，德里罗以为布里斯克会因债务被捕，但是布里斯克这位廷臣自有计划。马奇伦蒂告诉德里罗，布里斯克已经去皇家交易所公证处与蓬塔沃洛见面了（第四幕，第一场，77—84行）。

对于《人人扫兴》的观众而言，所有这些都是实实在在、触手可及的。这一切就发生在伦敦，从剧院坐船或步行就可以到达，只需要穿过伦敦桥到新鱼街（New Fish Street）和格雷斯彻奇街（Gracechurch Street），从伦巴第街左侧进入交易所的南门。琼生的观众了解所有的伦敦社交风气，尤其是交易所。观众知道商人找公证人，让他们起草和见证法律文件。观众能亲眼看到那些魅力四射的绅士们穿着开衩紧身上衣和紧身裤在波恩厅购物、在城堡酒馆用餐。观众也会认识到，真正的权力掌握在穿着低调而昂贵的黑色套装的商人和放债人手中。这个世界挤满了形形色色的人，这个世界嘈杂刺耳、语言混杂、复杂难懂，不断变化流动。这一切都在托马斯·格雷欣爵士的舞台上演，供所有人观看。

第10章

外国人和异乡人

伊丽莎白时代的人们喜欢取笑外国人，他们喜欢简单的刻板印象。粗鲁的尼德兰人嗜酒如命，意大利人爱要阴谋诡计，而礼节繁多、浪漫多情的法国人不可一世。莫斯科公司的贸易使人们普遍认为俄罗斯人肥胖酗酒、迷信迟钝，还有很强的奴性，而他们的统治者是残忍的暴君。

这一方面是源于爱国导致的沾沾自喜：即便是在最好的情况下，人们也感觉奇怪、且常常是糟糕的事情只会发生在国外。毕竟，谁能比英格兰人的生活方式更正常？这一部分是因为偏见："野蛮的"和"未开化的"这样的词汇经常出现在伊丽莎白一世时期；但更多的是出于恐惧：在一个复杂艰辛的世纪里，信仰和宗教认同以各种方式，与过去友好或对立的国家和民族纠缠在一起。有些外国人与英格兰人有相同的信仰，有些则被斥为拜伪神者、迫害者和敌人。在一个异常复杂的世界中，谁应该被驳斥？谁应该被接受？法兰西被内战分割，西班牙国王腓力二世的军队隆隆地通过尼德兰，来自这些国家的数以千计的新教男子、妇女和儿童寻求在英格兰避难。很自然地，许多人被吸引到了伦敦。

逃离宗教迫害是移民的直接原因，但是如果还有其他原因呢？是不是有些人只是想来伦敦工作，宗教只不过是次要考虑因素？在这个问题上，伊丽莎白时代的伦敦人发现他们的忠诚和偏见被拉向两个相反的方向。对于来到伦敦的外国人来说，挑战同样巨大。很多移民肯定问过自己，伦敦需要自己吗？自己会受到欢迎吗？

都铎时期的伦敦人早已对城市生活和工作中富有的异乡人习以为常。老家族企业在城市贸易金融中根深蒂固，例如卡瓦尔坎蒂家族和邦维奇家族。如果没有他们，16世纪40年代亨利八世将无法借到他的第一笔安特卫普贷款。出生在英格兰的英裔意大利人安东尼奥·邦维奇（Antonio Bonvisi）1535年时是伦敦第五富有的人，他是托马斯·莫尔的挚友，而且理查德·格雷欣爵士1549年在遗嘱中也曾向他致敬：邦维奇，以及几乎所有英格兰政府机构的成员都被赠予了理查德爵士的纪念戒指。对于像安东尼奥·邦维奇和安蒂奥内·维瓦尔迪（维瓦尔迪在1535年与另一个人并列为伦敦第四富有的人）这样的商人兼银行家来说，生活很容易。他们是银行业的外交官，权力的中间人和代理人。[1]

生活在伦敦或英格兰其他地区的外国居民被称为“异乡人”。许多商人愿意以这种身份生活在伦敦，就像伦敦商人长期在安特卫普生活和工作、却保持英格兰王国的臣民的身份一样。但有些来到伦敦并希望永驻的异乡人更愿意放弃自己原有的国籍，成为英格兰王国的臣民。他们有两种方式来达成愿望：第一种是确保议会通过他们的法案，第二种是获得王室的许可。这两种方法既烦琐又昂贵，如果没有多余的钱和时间，或没有达官贵人相助，几乎不可能办成。对于居住在伦敦的绝大多数外国人来说——至少对其中从事普通工作的那些人来说，成为伦敦市民是不可能的。无论他们喜不喜欢，他们只能是“异乡人”。

大多数伊丽莎白时代的伦敦异乡人的生活与邦维奇或维瓦尔迪等富商的生活截然不同，他们没有财富或社会关系的帮持，也没有本地人拥有的那些权利。对于靠工作谋生的普通男女来说，这意味着生活受到限制，他们不能拥有财产，也不能向法庭提起诉讼；异乡人要支付更高的税率，并且无法在城市里任何受市长和市议员管辖的地方做生意：整个伦敦都是由旧有的选区和上层社会不会涉足的自由区（很多自由区是过去解体的修道院遗留下来的）组成的拼图。对外来人口而言，通向市民的道路被封锁了：每名伦敦市民都必须宣誓，自己不会雇佣异乡人的儿子做学徒。[2]

所以，异乡人、不是市民的本地人和市民虽然同处一座城市，但彼此的生活没有交叉。地位代表着一切：拥有它，就拥有身份和话语权；没有它，意味着差异和被边缘化。

从16世纪50年代起，伦敦最为显眼的是来自低地国家的流亡者。他们在伦敦或英格兰其他城市落脚的理由很明确：尼德兰的新教徒遭到迫害并身处险境，急需帮助。16世纪50年代初，伦敦迎来第一批移民，60年代则有更多移民加入。1567年，西班牙军队占领安特卫普后，数千人从这里逃走，与他们一起的还有来自布拉班特、说荷兰语的佛兰德斯地区和尼德兰南部说法语的瓦隆等省份的许多人。鉴于伦敦与低地国家素有贸易往来，伦敦成了天然的避难所。[3]

1549年，爱德华六世国王为新形成的尼德兰社区建造了一处敬神的场所，这座“基督圣殿”（Temple of Jesus）建在被废弃的奥古斯丁修道院旧址上，就在主教门地区的伦敦古城墙附近。[4]这就是奥斯丁修道院，16世纪20年代，托马斯·克伦威尔正是住在这所修道院门口的一座漂亮房子里。鼎盛时期的奥斯丁修道院是一组美丽的建筑群，约翰·斯托在他的《伦敦调查》中描述道：“有一座非常精致的尖顶塔楼，又小又高又直，我还没有见过类似的建筑。”[5]然而，到了爱德华统治时期，这段描述成了这座修道院在宗教改革前的辉煌景象的唯一留念。修道院里一切有价值的东西都遭到损毁，唱经楼被用来储存煤和谷物，屋顶上的铅乃至墓碑和纪念碑都被卖掉了。尼德兰社区占用了旧教堂的正厅，那是一座由碎石和白垩建成的朴实无华的建筑，装饰着燧石，可能是向加尔文主义的苦行致敬。1553年，这里的会众大约有1000多人。[6]

伦敦的尼德兰教会密切关注在该市居住和工作的社区成员，就像整个欧洲的加尔文会众一样，教会的教士和长老们严格执行着道德纪律。多亏他们的记录，我们才了解到伊丽莎白时代伦敦异乡人的生活。理想的生活状态是平和虔诚的，例如记录中的一位流亡者，她是“一位诚实谦逊的好女人”，婚姻体面而稳固。[7]但月复一月，年复一年，教会长老在基督圣殿听到了关于出轨、醉酒、打架和其他“非正常”生活的忏悔，例如在伦敦桥附近，一位名叫科贝尔斯（Corbeels）的妇女因债务问题殴打了另一位妇女；沃特·舒曼斯（Wouter Shoemans）因为和已婚妇女在自己家中共度良宵而受到惩罚；扬·博内斯（Jan Bones）和南特根·马滕（Naantgen Marten）的婚外情在南特根拒绝嫁给他之后破裂。扬似乎是从一开始就是个麻烦人物，他在伦敦至少“因为言语和行为不当”入狱过一次。家乡的战争打乱了新的生活，在城里独居的梅肯·范登·沃特勒（Mayken Vanden Wortele）听闻自己的丈夫约斯（Joos）死在哈勒姆（Haarlem）附近的战斗中后，在伦敦与另一名男子吉利斯·雅各布斯（Gillis Jacobs）坠入爱河，并前往宗教法庭申请结婚。但由于没有确凿的证据证明约斯·范登·沃特勒已死，法庭驳回了婚姻申请，长老们要求她等待确切消息，但她和吉利斯“在社区以外，秘密地”结婚了。[8]

只有少数尼德兰异乡人被带到奥斯丁修道院的宗教法庭，其中一部分是惯犯。大多数移民规规矩矩，做些小本生意，只为养家糊口，他们努力融入新环境，生活在由丈夫、妻子、孩子和仆人组成的小家庭里；他们大部分是熟练的工匠和商人，其中很多人建立的企业后来得以蓬勃发展。

无论来自哪里，大多数异乡人都处在伦敦的边缘地带，他们生活和工作的区域经常超出市政府的管辖范围，市长和市政官员们对此感到很不安，很愤怒。他们生活在城市的角落里：萨瑟克、东史密斯菲尔德、伦敦塔周围、圣马丁教堂（St Martin’s）和主教门与精神病院之间的护城河附近。

尼德兰人、法兰西人和其他地区的异乡人做着纽扣匠、帽匠、上浆工和裁缝、丝纺工、丝织工、啤酒匠、皮革工、细木工和玻璃匠的工作。很多人在伦敦印刷商的作坊里工作，许多技术熟练的排字工和装订工从安特卫普来到这里。动乱前的安特卫普图书业规模庞大、高度发达，因此伊丽莎白时期城里的印刷商欣然聘用这些外来工人，即使这意味着他们必须规避管理印刷商和书商的贸易机构“文具商公会”的规定。一些来自安特卫普的成熟和专业的印刷商由此得以在伦敦立足。1549年，沃特·范兰

[Wouter van Lin，英化后改为沃尔特·林内（Walter Lynne）] 在比林斯门（Billingsgate）的索玛码头（Somar's quay）生活和工作，并在圣保罗教堂广场的圣保罗学校隔壁拥有一家招牌是老鹰图案的商店。[9] 另一位在伦敦成功的安特卫普人是史蒂文·米尔德曼（Steven Mierdman），他有时为林内的书店印刷书籍。出生于海尔德兰省（Gelderland）的雷纳·沃尔夫（Reyner Wolfe）是国王爱德华六世的拉丁文、希腊文和希伯来文书籍的御用印刷商兼书商。[10] 这些人的精湛技术让伦敦在欧洲印刷文化中获得了前所未有的地位。

伦敦人如何看待这些异乡人？ 而异乡人又如何融入这座明显歧视外来人的城市呢？ 移民话题引发了各种各样的复杂反应和情绪，从宽厚的打趣到直接的挑衅，程度各异、不一而同。但有两个最重要的主题。

首先，大多数伦敦人的暴力冲动处在失控的边缘。这种冲动非常强大，虽然原因不同，但对异乡人的恐惧和不满将穷人和富人团结起来：穷人感到施舍给他们的救助被压缩，使他们本来就难以为继的生活受到威胁，而富人感到自己来之不易的市民特权受到威胁。

第二个主题是，许多外乡人熟练而灵活地融入了伦敦社会的结构，同时保持自己的独立和社群关系。城市的环境也很重要，尽管异乡人的生活受到诸多限制，但他们的境况可能要好过成千上万于16世纪80年代和90年代涌入城市的无技能的英格兰移民。大多数伦敦人都在努力地生活和工作，异乡人的优势是他们的技能、韧性和群体认同感。

任何外来人都可能会被拿来当笑柄，生活在伊丽莎白时代伦敦的尼德兰人更是如此。有一首15世纪的诗：

你已经听说有两个佛兰芒人
对他们来说，随处都是酒馆，
哪里都可以，坐下喝一大桶啤酒；
他们大口大口地喝，
边喝边在桌下小便。[11]

再没有什么比消除一个国家的刻板印象更难的了。这样的诗句在托马斯·德克尔的浪漫历史喜剧《鞋匠的假日》（*The Shoemaker's Holiday*，1600）中绝不少见，德克尔很好地向我们描述了取笑外国人的行为是怎样使伊丽莎白时代的伦敦人得以一面给他们贴上外来人的标签，一面又包容他们的差异。

在剧中，林肯伯爵的侄子，一位名叫罗兰·莱西（Rowland Lacy）的年轻人，爱上了伦敦市长的女儿。为了分开这对恋人，伯爵派莱西去法国参加战争，但莱西放弃了佣金并秘密返回英格兰。利用在旅途中学到的技巧，莱西将自己伪装成尼德兰鞋匠，一位资深鞋匠想给他一份工作，他手下还有一位名叫菲尔克（Firk）的淘气的熟练工。

莱西进入舞台时，唱的是一首关于喝醉的“来自海尔德兰省的家伙”的荒谬歌曲：“海尔德兰人总是很快活。有一个来自那里的乡巴佬，他醉得站都站不稳；像其他海尔德兰人一样，他到处尿尿。”[12]（第一幕，第四场，39—44行）菲尔克认为唱歌的尼德兰人看起来像鞋匠，并问他：“你是个做细活的人吗？”“对唷，对唷，我是一个鞋匠，”莱西回答说：

莱西：对唷，对唷，我是一个鞋匠。

菲尔克：一个鞋匠！那你有全套的工具吗？尖锉、固定器、整形器、四种锥子、两团蜡球、削皮刀、皮护手、皮护指，还有用来打磨成品的“圣休的骨头”（St Hugh’s Bones，一种修鞋工具）——这些让你能顺利工作的工具你都有吗？

莱西：对唷，对唷，不用怕。我有制造大大小小的鞋的所有工具。

菲尔克：哈哈！好主人，聘请他吧。他让我发笑，在欢笑中工作比一本正经地工作更有效率。

菲尔克立刻看出这是好好喝一顿高浓度啤酒的机会。他嘲笑莱西的外国口音，他说莱西的“对唷，对唷”听起来像一只寒鸦：“对唷，对唷！他说话像一只张着嘴等待主人喂它奶酪的寒鸦。哦，给他一罐双倍浓啤酒，他会像个恶棍一样大口喝下。”[13]（第一幕，第四场，75—95行）

在这里，德克尔开各种玩笑。我们在剧中看到社会秩序被颠倒（伯爵的侄子变成了一个不起眼的鞋匠），尼德兰人酗酒的形象，当然还有罗兰·莱西滑稽的方言。我们假定莱西模仿的尼德兰语足够简明易懂，能逗笑德克尔的观众。这些笑料像风暴一样席卷了伦敦剧院里的观众：这些笑料建立在敏锐的观察上，而且玩世不恭，具有颠覆性和讽刺意味。

当然，罗兰·莱西在舞台上被设计的生活——一位失恋的绅士操着可笑的口音扮演着另一个人，以接近主人的女儿——与伊丽莎白时代伦敦异乡人的日常经历大为不同。他们很可能常被嘲笑（至少在萨瑟克的各个舞台上），但更多的时候他们受到的不是排挤，而是厌恶和憎恨。在托马斯·德克尔取笑罗兰·莱西的“对唷，对唷”的同时，那些在伦敦遭到排挤驱逐的人（特别是在学和辍学的学徒们）残留的怨气间或涌溢，演变成骚乱和暴力事件。1606年，市长指责在城市管辖范围外工作的异乡人，“采用一切险恶诡诈的手段，诈取和损害”伦敦市民的权利。[14] 他的措辞语气强烈。如果伦敦过着富裕和舒适生活的人都感受到了异乡人的威胁，那么城里被剥夺了市民权的下层阶级走上街头对抗外国人和异乡人，也就不足为奇了。

在奉行保护主义的保守社会中，怨恨和指责在表面的包容下在不断发酵。有人担心这些外国人不怀好意，并造成腐败。例如，在伊丽莎白统治初期，有人指控说，在英格兰工作的37名意大利商人组成了阴谋集团，试图破坏英格兰在安特卫普的布料交易，并使用卑鄙手段，在伦敦海关账簿上伪造账目。[15]

人们对经济移民的担忧在十年后更加强烈。为了追寻信仰自由、逃离迫害到伦敦寻求新生活是一回事，为了工作而来到这座城市则是另一回事。伦敦政府和外国人的教堂（伊丽莎白统治时期，伦敦还有法兰西和意大利的会众团体，像奥斯丁修道院的尼德兰社区一样）发送给女王枢密院的数据引起了教会和市政委员会双方的关注。1573年的报告显示，居住在城市和郊区的外国居民有7143人，其中2561人（接近36%）承认他们来伦敦只是为了找工作。大量异乡人根本不属于任何教区，但即使是那些参加外国人会众团体的人中也有1828人表示他们在伦敦主要是为了工作，而不是为了宗教。[16] 从这些数字来看，由伦敦市政委员会、异乡人专设教堂和伦敦主教所管理的、用以监管城内异乡人的所有现有系统，似乎都没什么效果，这些系统包括参加教堂礼拜的证明和欧洲大陆教区的正式介绍信。然而，在纪律和监督的严控下，大量异乡人想要的只是过自己的日子、努力工作并留在这座城市。

本地人忧心外国人比他们技术更娴熟，他们担心有一个外国人受雇就意味着会有一个伦敦人失业，那些位于伦敦社会底层的人认为，异乡人威胁到他们本就难以为继的生计。奇怪的是，城里那些位于上层的人也有类似的忧虑，他们认为市民特权似乎受到外来人的损害，如果允许外来人与市民平等竞争，就会引发灾难。1587年，当枢密院建议向外国人和异乡人全面开放城市布料市场时，市长和市议员对此感到十分惊恐：他们对这种变化提出抗议，认为它将瓦解商业冒险家公司，并引发街头暴力。[17]人们的怒火迅速上升，并轻易做出尖锐的指责。1595年，伦敦本地的丝织工直接写信给法兰西和尼德兰教会的教士，指控外国人寻求“个人的不义之财，而对我们本地人和这座光荣城市的自由权利毫无基督徒应有的尊重”。[18]

随着担忧和焦虑在几十年间不断发酵，伦敦的异乡人毫不意外地生活在威胁和恐吓之中，有时甚至会遭受公开的暴力袭击，麻烦似乎从未离开过他们。1567年，城里的巡夜人进入警戒状态，因为有人在伦敦四处贴上了画着佛兰芒人挂在绞刑架上的海报。本地人的偏见和不满愈演愈烈，伦敦下层社会有一大群年轻学徒、无所事事的人、流浪汉和复员士兵。到16世纪90年代，伦敦失业率居高不下，恶性瘟疫和疾病暴发，同时还有作物歉收、物价上涨和征兵等问题，将问题归咎于原本与此事无关的外国人是件很容易的事。怨恨层层堆砌，人们的宣泄途径只有暴乱或是威胁要发动暴乱。

大约在1600年，就在《鞋匠的假日》上演期间，托马斯·德克尔与威廉·莎士比亚等其他剧作家合写了一部关于托马斯·莫尔爵士生平和事业的戏剧，这部剧回溯了1517年的“五朔节骚乱”（Ill May Day）事件，当时伦敦外国商人的房屋遭到袭击，在《托马斯·莫尔爵士》（*Sir Thomas More*）里，作为治安官助手的莫尔，直接面对暴民。在16世纪末的舞台上演出这一戏剧性的事件远不止是在回溯一段遥远历史，这出剧涉及了非常敏感的议题，并具有煽动性，因此受到了伊丽莎白女王的廷臣埃德蒙·蒂尔尼（Edmund Tilney）的审查。蒂尔尼坚持要在措辞上耍个花招：任何提到“异乡人”的地方都必须替换成不那么容易招惹麻烦的“伦巴德”（Lombard），这个词指一两个世纪前在伦敦生活和工作的有权有势的银行家们，不过这种说法在某种程度上仍然有问题。[19]

在幸存下来的剧本手稿中，莎士比亚撰写的部分并没有对蒂尔尼让步。在这部分剧中，市民和学徒武装起来，四处找麻烦。莎士比亚可能借用了自己在伦敦街头及其啤酒屋和小酒馆里听到的话，他们抱怨食品价格上涨，声称黄油会涨到每磅11便士（在1600年，这是个天文数字，比多数伦敦劳工的日薪都高），1蒲式耳粗磨粉要9先令，1英石①牛肉要4个金币（noble）；其中一人说：“如果真的到了这种地步，异乡人活该受苦。”他们越来越愤怒，谈论外国蔬菜带入国内的感染，“奇怪的根茎类蔬菜”在可怜的学徒们中传播疾病；它们是垃圾，害人眼睛疼痛，陷伦敦于瘫痪，

① 1英石约等于6.35千克。

撼动整座城市；这些让人倒霉的蔬菜被称为“粪便的杂种”（第二幕，第三场，1—20行）。

托马斯·莫尔试图唤醒他们的同情心，还谈到在世纪之交伦敦人的担忧、恐惧和愤怒：

> 莫尔：我们可以给你你想要的东西，但你想要什么？
> 贝茨：结婚，赶走外国人，虽然这不能选择，但这对城里从事手工业的穷人很有好处。
> 莫尔：就等你赶走了他们，就算你斥责的声音
> 传遍整个英格兰；
> 想象一下，你看到那些可怜的异乡人，
> 背着婴儿，拉着破烂的行李，
> 拖着沉重的步伐，走向港口和海岸，
> 而你像国王一样，满足了自己的欲望，
> 你的喧闹使权威沉默，
> 你的意见把你武装起来：
> 你得到了什么？我会告诉你：你让人们知道
> 怎样用傲慢无礼和铁腕手段取得胜利，
> 怎样破坏制度……（第二幕，第三场，78—93行）

作者重笔书写下的信息清晰直白：伦敦的暴民迫害寻求庇护的贫苦难民，实际上是在压迫人性本身，而这种粗暴彻底压垮了那些日子本就难熬的人们。这是一部勇敢而又具煽动性的剧目：《托马斯·莫尔爵士》使一群萨瑟克区观众直面自己的偏见与不满，直面城市边缘的轰鸣与呻吟——这座城市正在出于恐惧、仇

恨或二者兼有的情绪欺凌外国人。剧中莫尔所说的是莎士比亚的心声，也是对人性的精准感悟。莎士比亚自己也与一些伦敦的异乡人有密切接触，就在古城墙西北角的银街（Silver Street），他从1603年起就和法国移民芒乔伊（Mountjoys）一家住在一起。[20]

要在城市安家，就要对生活、工作和世界观做出相应的调整。鉴于伦敦本身的特点，成千上万的新伦敦人，即使他们中的大多数并不是外国人，也不得不让自己适应伦敦庞大的规模。对本国人来说，这种冲击想必已经很强，但外国人面临的挑战更为巨大，尤其因为他们的居住地点、工作方式都受到限制，所以外国人自然更愿意在自己的社区中联合起来。突破这些壁垒是更为困难的事：对于伦敦的外国人来说，同本地人一样地说话和生活，同时坚守自己的家庭和社区，是最伟大的成就。我们可以肯定，尽管历尽艰辛，但许多外国人的第二代和第三代实现了这个目标。

所有这些都可以在生活在伊丽莎白时代伦敦的科内利斯·斯皮尔宁克（Cornelis Spierinck）父子的生活中找到例证。出生在安特卫普的老科内利斯是一位著名的加尔文教徒，在安特卫普短暂的“奇迹年”（Wonderyear）期间，加尔文教徒享有宗教自由。但之后不久，西班牙的腓力国王派遣阿尔瓦公爵带领一支由一万人组成的精锐西班牙军队入侵低地国家，建立“紧急事态委员会”[Conseil des Troubles，加尔文教徒称之为“血腥委员会”（Blood Council）]，专事铲除异端。像低地国家的许多新教徒一样，科内利斯前往伦敦寻求身体和心灵上的安全。

一开始，他们租住在圣贝内特希尔霍格教区（St Benet Sherehog），但后来在市政厅附近的铁贩巷定居，斯皮尔宁克作为医生在这里工作。他是伦敦意大利教会的长老，也是这个社区的支柱。他1578年去世，留下一份用荷兰语口述的简短遗嘱，这份遗嘱有两位公证人，其中一位是保罗·泰普提斯（Paul Typootes），他也是意大利教会的长老。斯皮尔宁克医生给儿子科内利斯留下了不动产、他最好的六件衬衫、一块精美的黑布以及他夏冬两季的衣物；至于女儿玛丽，他希望她不会抱怨自己获得的遗产：她和她的丈夫弗朗西斯曾向他借了1000盾，现在他们还欠500盾。[21]

小科内利斯正在保罗·泰普提斯那里接受成为公证人的培训。阅读泰普提斯和科内利斯在16世纪80至90年代起草的遗嘱，就像与当时的伦敦外国商人站在一起，使我们得以看清当时社区生活的脉络。这些遗嘱中最突出的特色是他们对异乡人教会和伦敦教区负有的双重慈善义务，以及他们与远在尼德兰的家族关系、生意和不动产的错综复杂的状态。

1582年7月的一天，科内利斯和泰普提斯来到圣尼古拉斯巷（St Nicholas Lane）上靠近皇家交易所的一所房子里，在那里他们见证了一位名为梅尔基奥尔·范奥丝（Melchior van Asse）的尼德兰商人的遗嘱。科内利斯肯定从到伦敦定居起就一直认识梅尔基奥尔：他是富裕的同乡，在尼德兰中部的海尔德兰长大，多年来一直是伦敦尼德兰教会的忠实拥趸；他可能在科内利斯出生之前就住在这座城市。1550年，他成为奥斯丁修道院的第一批执事之一，梅尔基奥尔负责帮助会众，他一面目睹人们试图在城市中立足，一面与低地国家的朋友和家人保持联系。梅尔基奥尔·范奥丝是这个骄傲的社区的一块基石。[22]

他结过两次婚，先是与安娜，他们有四个孩子，然后娶了迈肯·欧泊里思［Maijken Obrijs，也叫玛丽（Mary）］，梅尔基奥尔和迈肯于1575年4月在奥斯丁修道院结婚。迈肯是尼德兰教堂长老托马斯·索能（Thomas Soenen）的遗孀，她和托马斯大约十年前首次来到英格兰，可能梅尔基奥尔从那时起就认识她。伦敦的外国人社区，尤其是精英阶层，与伦敦市民结婚和再婚的模式非常相似，他们的世界非常小。[23]

于是，1582年夏季的那一天，保罗·泰普提斯和科内利斯·斯皮尔宁克帮助梅尔基奥尔·范奥丝安排好自己过世后在伦敦和尼德兰的事务，监督他们的至少有另一位梅尔基奥尔的老朋友，即外国商人盖莱恩·德贝斯特，他曾与梅尔基奥尔一起做过奥斯丁修道院的执事。梅尔基奥尔·范奥丝在伦敦已经生活了三十多年，对于很多伊丽莎白时代的伦敦人来说，一生也只有三十几年而已。然而，他受到与尼德兰社区的深厚纽带约束，范奥丝和与他情况类似的人关注的焦点是奥斯丁修道院的基督圣殿。[24]

科内利斯·斯皮尔宁克通过见证伦敦异乡人的遗嘱学习如何做一位公证人，这份工作意味着，他知道许多家庭最私密的事务。他做得很好，到了1585年，他成了独立的公证人。八年后，他和他的妻子凯瑟琳一起生活在圣克里斯托弗教区（St Christopher's parish），育有两个儿子，一个七岁，另一个五岁。他们还有两个仆人，都是外国人的后裔，一个出生在伦敦，另一个出生在布拉班特。几年之后，1599年，他搬到了交易所附近的圣巴塞洛缪教区。这个地方我们稍后会再次谈及。[25]

两位科内利斯·斯皮尔宁克的经历可以在数百人身上反复上演。这是一个经典的移民故事：一位至死都使用自己母语的父亲——保守，谨慎，在社区中感到自在舒适，以及一位更能跟上城市大潮流的儿子。斯皮尔宁克医生与社会保持分离，而小科内利斯则是另一代人，有着不同的生活经历，即使他有安特卫普的记忆，那也一定是支离破碎的，虽然植根于移民社区，但伦敦及其人民才是他的世界。16世纪90年代，他生活在伦敦非常繁忙和国际化的地区，距奥斯丁修道院和在针线街的法国人教会步行只要五分钟，与皇家交易所隔街相望。他和家人在每年庆祝9月的女王生日和11月的加冕纪念日时，都会听到圣巴塞洛缪教堂的钟声。他们和其他成千上万的人一样，是伦敦收养的孩子。

科内利斯·斯皮尔宁克带我们短暂地回到了托马斯·格雷欣爵士的皇家交易所，交易所是公证人的商业天堂，每天都有邮差和信使从低地国家传来消息。这座建筑唤起人们对安特卫普的记忆，对于那些在钟楼阴影下的人来说，无论是对当地人还是对外国人，它都体现了伦敦正在国际化的现实，这种现实意味着或被人接受、或被人挑战的差异性，这种现实也正是这座不断发展、日益复杂的城市试图去理解的。

第 11 章

“旅程、痛苦和危险”

当恐怖的伊凡的大使奥西普·内皮尔于1557年离开伦敦时，作为莫斯科公司的船长与他同行的那位年轻人，已是当时最为少年老成的商人冒险家之一，他名叫安东尼·詹金森（Anthony Jenkinson）。4年前，24岁的詹金森看到奥斯曼苏丹带着一支庞大的军队进入阿勒颇（Aleppo），这是令他终生难忘的记忆：苏莱曼大帝（Suleiman the Magnificent）被金线织物和宝石包围，皇冠上竖着白色的鸵鸟毛，这是一位挥斥方遒、光芒万丈的君主。詹金森从他的同时代人中脱颖而出，他几乎就是约翰·巴肯的惊悚故事里的英雄原型：坚忍不拔、镇定自若，极富创造力。他是天生的外交官，无论身处宫廷还是充满危险的荒野，都一样从容不迫。

1557年，莫斯科公司雄心勃勃。在短短3年内，它损失的人员、船只和货物足以使任何其他商业企业破产，但公司背后的支持者是伦敦的特许商和投资者组成的来自金融和政治两方面联合的影响力。这些投资者是英格兰最有权势的人：检察官、议员和重要廷臣。1557年与内皮尔进行的贸易谈判中，英格兰的全部国际外交力量都被用于一家公司，通过特许权，这家公司垄断了贸易和探险，其势力范围不仅包括俄罗斯及其附近地区，还包括整个北部海洋，没有其他商业公司比莫斯科公司与城市和政府有更深入的关系。

公司的注意力集中在其专业知识的建构上：毕竟，它正试图认识寻找“中国”的途中偶然遇到的帝国。他们只有从古老的宇宙地理学书籍和不准确的亚洲地图中学到的一些零散知识。理查德·钱塞勒和其他人记录下了他们在俄罗斯的几个月，公司的代理人在继续测量和绘制沙皇领土的地图，每个前往白海的舰队都通过实践掌握了在艰难的北部水域航行的技术。伦敦的专家，例如最有名的理查德·伊登和罗伯特·雷科德，以及大理查德·哈克卢特（the elder Richard Hakluyt）也在为莫斯科公司服务。大理查德·哈克卢特是中殿律师学院的大律师，也是一位狂热的地理学家。其他专家还有约翰·迪伊（John Dee），他是一位伦敦丝绸商的儿子，聪明绝顶，又十分博学，他的头脑从不休息。迪伊毕业于剑桥大学，曾前往低地国家深入研究，经爱德华六世的家庭教师介绍为国王效劳。理查德·钱塞勒1554年从俄罗斯返回伦敦后，迪伊与钱塞勒密切合作，迪伊十分敬仰这位莫斯科公司的首席俄罗斯专家，后来称赞他是“无与伦比的理查德·钱塞勒大师”。在钱塞勒去世后，迪伊给公司的首席引航员斯蒂芬·伯勒（Stephen Borough）和威廉·伯勒（William Borough）兄弟讲授课程。[1]

迪伊在低地国家生活过一段时间，所以他知道欧洲最重要的地理人才。他如饥似渴地收藏书籍和工具，他拥有两个格拉尔杜斯·墨卡托（Gerardus Mercator）制造的大地球仪，还有按照著名的杰玛·弗里修斯（Gemma Frisius）的设计制造的天文工具——直角十字杆和天文环。他还亲自为那些正在往返俄罗斯的人设计过工具，例如一小时、半小时和三小时的沙漏，以及航海罗盘和一个据说可以测量一小时的秒数的水钟。要知道，在16世纪，能够对分进行精确测量就称得上计时领域的巨大进步了。[2]

因此，凭借政治和外交支持以及知识的力量，莫斯科屋的商人和投资者不断推动自己去主宰欧洲俄罗斯贸易。

约翰·迪伊始终坚定地要自己讲述自己的人生故事，而安东尼·詹金森却不然。如许多商人一样，他是一位头脑清醒、严谨而观察力敏锐的作家，但是他很少讲述自己的故事，所以关于他的早年生活的记录尤其模糊。他1529年出生于莱斯特郡，是乡村旅馆老板的儿子，他可能通过伦敦或其他英格兰港口，前往被他和其他人称为“大土耳其”（Great Turk）的苏丹帝国。20岁出头的时候，詹金森就有了自己的船、船员和货物，以及苏莱曼的安全通行证。16世纪40年代，他一定是做过学徒，在某个师傅手下工作，但这些都没有书面记录，他真的像是突然冒出来的一样。詹金森一贯谦逊，但这一次他一反常态，他让小理查德·哈克卢特在《重要的航程》中加入对他的航程的描写。即便如此，詹金森也从来没有沉迷于自夸。

他有探索异国他乡和未知地区的天赋，他也是一名商人、冒险家兼开拓者，他坚韧无畏，具有敏锐的观察力和灵活的外交手腕。所有这些品质都将帮助他在1557年达成莫斯科公司的双重目标：在与内皮尔签订条约后巩固俄罗斯业务，并继续前行，找到

“中国”和大汗的帝国。詹金森与恐怖的伊凡的友好关系有助于达成第一个目标。而第二项目标本就是他的计划。

在詹金森指挥下的四艘船“报春花”号（*Primrose*）、“福音传道者约翰”号（*John the Evangelist*）、“安妮”号（*Anne*）和“三一”号（*Trinity*），通过现在大家熟知的航线，绕过斯堪的纳维亚驶往俄罗斯。1557年7月6日，船队经过瓦尔齐纳河（River Varzina）附近，北纬68度，也就是休·威洛比爵士和他的船员们首次寻找中国的探险中遇难的地方，几周后，他们安全抵达白海边的圣尼古拉斯，内皮尔和他的随行人员与詹金森和公司人员分开，各自向南前往莫斯科。这段旅程谈不上舒适，詹金森写道：“一路上，我从来没有进过室内，都是住在荒野上或河边，还背着路上的供给。”他们四处觅食，就地露营：“到这里来的人必须带斧头、火药桶和水壶，这样才能在有肉的时候生火煮肉。人们很难获得这些方面的帮助，除非遇到城镇。”[3]

12月，他们到达了俄罗斯主要城市之一的沃洛格达（Vologda），这里已经有莫斯科公司的基地。詹金森和随行人员从沃洛格达出发，乘坐的是神圣罗马帝国大使西吉斯蒙德·冯·赫伯斯坦几十年前在俄罗斯曾用过的那种雪橇。赫伯斯坦对自己出使经历的记载1549年首次在维也纳以拉丁文印刷，成为一部欧洲畅销书（它很早就被翻译成德语、意大利语和英语）。如果詹金森真的有一本赫伯斯坦的书，那么这是唯一能为他于1557年探索这个完全陌生的国家提供帮助的手册。赫伯斯坦书中的一幅木刻插图描绘了马拉雪橇和严严实实地裹在皮草中的乘客，这是俄罗斯冬季旅行最快捷的方式；只用了六天，詹金森和随行人员就到达了莫斯科。

恐怖的伊凡第一次接见詹金森是在圣诞节当天。他被领到沙皇面前，并亲吻了伊凡的手。沙皇的样子让他想起奥斯曼苏丹的辉煌，伊凡坐在宝座上，戴着皇冠，手里拿着黄金手杖，全身都装饰着黄金和宝石，整个过程和几年前理查德·钱塞勒的经历几乎一样。像钱塞勒一样，詹金森受邀作为特别嘉宾出席一场盛大的宴会。这场宴会有600名宾客出席，詹金森就坐在沙皇前面的一张小桌子边；为了显示对他的照顾，伊凡亲自递给他一些葡萄酒、蜂蜜酒和肉。餐具昂贵得惊人：全都是金银和珍贵的宝石制成，詹金森估计，一个杯子就价值400英镑。实际上，他用锐利的眼光评估了眼前的一切。他描述了莫斯科和克里姆林宫，那里有2000名鞑靼（Tatar）战士为伊凡效命，詹金森发现皇帝拥有毋庸置疑的权威：“他要求他的人民绝对顺从：所有一切，事无巨细，都由他裁定。法律对所有罪犯都非常严酷。”[4]

在四个月的时间里，詹金森成功地巩固了莫斯科公司与沙皇及其官员之间的关系，他很受赏识。这确实是16世纪和17世纪初英俄外交关系的高潮。但是詹金森知道他的任务是继续向亚洲推进，因此，在得到伊凡的安全通行证后，1558年4月他与莫斯科公司的理查德·约翰逊和罗伯特·约翰逊、他们的鞑靼语翻译（还可能带着其他仆人）携船上的英格兰布料从莫斯科出发。如果他们当时带了欧洲的地图，那很可能是赫伯斯坦绘制的，地图粗略地描绘了俄罗斯的地区划分、省份、人民、河流、森林和山脉，一直延伸至阿斯特拉罕（Astrakhan）和里海（Caspian Sea）最北端的水域，这充其量是一份极其含糊的指南。[5]

几周内，他们就见识了沙皇与东部游牧部落间的野蛮战争。5月，他们乘船沿着伏尔加河（Volga）抵达喀山（Kazan），一个月后，他们在一个饱受战争和疾病蹂躏的国家遇到了诺盖鞑靼人

（Nogai Tatars）。在描述游牧民族诺盖人时，詹金森的观察准确而令人信服，阐释那些英格兰人非常陌生的词汇。例如，他描述了诺盖人的“部落”（hordes），这个词无疑是他的随行翻译使用的，尽管它曾在理查德·伊登的英文作品中出现过。几年前，伊登写道：“鞑靼人分成不同的群体，这种群体被他们称为‘部落’。他们用这个词表示一群人以城市的形式聚集在一起。”[6]我们可以想象詹金森在去俄罗斯之前，在莫斯科屋做了准备工作，他阅读的书籍中应该就有类似伊登的书。

詹金森不愿错过任何东西。他看到了人们在伏尔加河上捕捞鲟鱼，而且由于专业兴趣，他注意到鞑靼人有着从波斯带来的各种布料和丝绸。在阿斯特拉罕，他看到成千上万饿死的诺盖人的尸体，“死尸堆满了整个岛屿，并且像野兽的尸体一样，没有被埋葬，看起来非常可怜”。[7]

詹金森和他的同伴们带着伦敦的布料一直前进，他们遭遇了土匪的袭击和里海的猛烈暴风雨。他们加入了一支有1000匹骆驼的商队。10月，他们遇到了当地的首领哈吉姆汗（Hadjim Khan），他用野马肉和马奶款待他们，詹金森出示了恐怖的伊凡给他的安全通行证，并赠送给首领一件礼物，第二天哈吉姆汗召见了詹金森。詹金森后来写道：“他问了我各种各样的问题，涉及沙皇的事务，还有我们的国家和法律，我认为我很好地回答了他。”由于他圆滑灵活的外交技巧，詹金森获得了进一步的安全通行许可。尽管如此，这段旅程非常危险，商队一路上击退了一拨又一拨的强盗。当12月23日詹金森和他的同伴们终于到达布哈拉（Bukhara）时，他们肯定长吁了一口气。[8]

这里是他们能到达的最远的地方了。布哈拉现在属于乌兹别克斯坦（Uzbekistan），安东尼·詹金森发现自己正处在通往中国的丝绸之路上，根据他的计算，他们还需要一百天的时间才能到达中国，但是他被告知这条路线在过去的三年中因战争而被封锁。所以詹金森一行留在布哈拉，试图把莫斯科公司的布料卖给从印度运来绢丝、红色兽皮、奴隶和马匹的商人。詹金森写道，商人们对这些他们远渡重洋、跋山涉水用了20个月运来的布料“没有太多兴趣”。[9]

布哈拉离伦敦很远，但是，这对于詹金森来说当然还不够远。毫无疑问，他曾想象自己在大汗的王宫中，见到这位比土耳其大帝或俄罗斯沙皇更有名的君主。然而，当詹金森于1559年春从布哈拉出发、回到莫斯科时，他仍乐观地认为，莫斯科公司能开辟并垄断亚洲贸易。他写信给公司在沃洛格达的代理人：

> 虽然我们的旅程是如此艰难和危险，并且要承担损失、费用和开支，我已经无法用语言表达。但是，我们会满足公司的期待，因为我们发现了里海，我们将在那附近的地区和国家进行商品贸易，并且带回那里的商品，赚取利润以回报公司投入的资本。[10]

他深信他们将要在亚洲取得了不起的成就，这样的成就在十年前还是遥不可及的。

当詹金森回到伦敦时，他受到丝绸商公会的热情款待，因为公会发现他到达了“迄今为止……英格兰人到达的最远的地方”，他们授予他特许权。[11]在同一年，也就是1561年，理查德·伊登同样热情地给予詹金森高度赞扬，因为“他历尽艰辛、痛苦和危险，从死神手中逃脱，利用自己的勤奋和技能寻找未知的国度，并将整个航程都记录了下来”。伊登称赞莫斯科公司雇用詹金森的决定：“他更像是哪位君主或皇帝派来的大使，而不像是商人公司的使者。”[12] 伊登说得很对，詹金森拥有一位老练的外交官的技能，当一家特许公司几乎成为政府的一个分支机构时，这种技能非常必要。莫斯科公司的人员很快就向伊丽莎白的顾问指出，公司对英格兰在欧洲的声望是多么重要（例如，丹麦和瑞典对莫斯科公司商人垄断了欧洲与俄罗斯的贸易感到愤怒），公司对英格兰的国防也同样重要：除了沥青、焦油以及制造帆、桅杆和缆绳的材料这些必需品，还有大量的绳索从俄罗斯运达伦敦的港口，用来装备伊丽莎白女王的海军船只。[13]

詹金森一回国，伦敦人就读到了他在往返布哈拉的长途旅行中的见闻报告。莫斯科公司的主管、像伊登这样的专家和商人群体的注意力都被詹金森的旅行报告吸引，他们对其中预估亚洲贸易潜力的部分特别感兴趣。

但詹金森最伟大的成就是视觉上的，而非文字上的。这份成就是一张地图，1562年在伦敦印刷，他借此向亨利·西德尼爵士（廷臣兼莫斯科公司投资人）致敬。一方面，詹金森的地图是制图学的一次大胆尝试，他将自己和莫斯科公司其他人的笔记和测量结果整合成了这幅地图；另一方面，它不仅是一张地图：在图片和边框中，它讲述了詹金森进入俄罗斯和亚洲的历程。地图上的画面引人入胜，在俄罗斯北部的河流和森林中，雪橇在雪地上穿行，骆驼商队满载着一车车的货物前行，哥萨克（Cossack）和鞑靼战士手持短弓，成群的诺盖人在扎营，旁边是休息的骆驼、马匹和有篷马车，统治者盘腿而坐，其中最醒目的是哈吉姆汗和他的顾问。地图上画满了繁忙贸易的场景，我们只能在地图的边缘看到詹金森在旅途中目睹的暴力和野蛮，但稳定胜过一切。在一个场景中，即便海上掀起了巨大的波浪，也不能阻止一艘大帆船在里海满帆航行，图中描绘了这艘船精美的细节，尽管它看起来不像是伊丽莎白时期的船。地图就这样使东方世界跃然纸上，安东尼·詹金森热衷于通过这张地图展示东方风土人情、地理风景，他不断地在地图上加入更多内容，使之显得更为真实，它为人们指明了去往亚洲的路。

在伦敦，得益于制图师兼雕刻师尼古拉斯·雷诺兹（Nicholas Reynolds）和加入英格兰籍的外国印刷商雷纳·沃尔夫（Reyner Wolfe）的帮助，詹金森将他那梦幻般的旅程记载下来，并提出了未来商业贸易的计划书。沃尔夫的以黄铜蛇为招牌的商店坐落在圣保罗教堂广场，来到这里的伦敦人能够逐渐开始理解俄罗斯和亚洲，从约翰·曼德维尔爵士的《旅行》一书中的那种中世纪幻想中剥离出来，并从中见识了赫伯斯坦的记叙之外的异域风情。果然，人们很快就发现了詹金森地图的重要性，当时欧洲最伟大的制图师亚伯拉罕·奥特柳斯（Abraham Ortelius）于1562年与尼古拉斯·雷诺兹就这幅地图进行了交流。不到十年，雷诺兹就用这幅地图作为模板为俄罗斯制作了革命性的世界地图册。这是当时最主要的地图册，莫斯科公司的大投资人威廉·塞西尔爵士也有一本，并在上面做了注释。[14]

就算到布哈拉的探险是安东尼·詹金森最后一次伟大冒险，这也够具有开拓性了；但他没有止步于此，1562至1564年间，他又一次前往俄罗斯和波斯，立志为英格兰和波斯间的贸易奠定坚实的基础。“燕子”号是丝绸商公会的船，詹金森在这艘船上装了整整400匹克尔赛绒呢，准备带去莫斯科和波斯。他经由舍马哈（Shemakha）前往位于夸兹文（Quazvin）的波斯王宫，在那里他受到希尔凡（Shirvan）的统治者阿卜杜勒汗（Abdul-khan）的接见。詹金森带着一封伊丽莎白一世女王给波斯王“伟大的萨非”（Great Sophy）的信。1562年11月20日，詹金森和他的翻译来到了波斯王的面前：

> 因此，带着应有的尊敬，我来到波斯王陛下面前，呈上了女王陛下的信件。他收下信，询问我来自哪个国家以及在国内的职务：我回答说我来自高贵的英格兰王国的著名城市伦敦，我受我国最卓越仁慈的伊丽莎白女王派遣，为友谊而来，希望我们的商人和人民能在他的国家自由通行和进行贸易往来，带来我国的商品，带走他的国家的商品。这将成就两位君主的荣耀，对两国的商品和国民财富都大有裨益。[15]

这是一份野心勃勃的计划，但考虑到波斯王对詹金森的基督教信仰抱有敌意，他的计划看起来不太可能成功。但实际上，詹金森极具耐心的谈判技巧和谨慎的外交手段使他最后得到了波斯王本人的支持信，实现了他所希望的那种商业变革。在回莫斯科的途中，在这封信的帮助下，他通过谈判为莫斯科公司在希尔凡和赫尔肯（Hircan）国王的领土上取得了独家贸易特权。[16]“米底王国（Medes）的丝绸通过莫斯科维（Muscovia）来到英格兰，这真是一条前所未闻的消息。”托马斯·斯密斯爵士写道。他是伊丽莎白的驻法大使，多年前还是理查德·伊登在剑桥的导师，他期待这次开通亚洲贸易的突破能让英格兰与西班牙和葡萄牙平起平坐。[17]

然而，尽管詹金森已在波斯取得成功，他对中国的野心并没有减弱：像在1558年一样，他对那里的财富和那里可能存在的英格兰布料市场念念不忘。因此，当他1564年回到英格兰时，他打定主意向女王请愿，要继续探寻中国，他在布哈拉之旅中得知，由于战争和土匪横行，去往中国的陆路已无法通行，所以他想要走海路。在这个问题上，他和塞巴斯蒂安·卡伯特和理查德·伊登这些前辈一样，提出了两个这个时代的典型假设：首先，世界上肯定存在一条从英格兰到中国的容易通行的航路。其次，这条北方航线比葡萄牙人去亚洲东部海域的航线短。[18]此时，即使是不知疲倦的安东尼·詹金森也开始出现远超出可行范围的念头了。

女王的宫廷用彻底的沉默回应了詹金森的请愿。到1566年，一个竞争者出现了，他和詹金森一样渴望打开利润丰厚的亚洲贸易市场。这个人就是德文郡的绅士汉弗莱·吉尔伯特爵士。他后来被派驻爱尔兰，以个性残暴而闻名。詹金森选择绕过斯堪的纳维亚和俄罗斯北部到达中国的航线，而吉尔伯特则推荐越过美洲大陆的西北航线。汉弗莱爵士全力争取这个项目，他向女王请愿要自己出资探寻中国“和东方世界的所有其他角落”，以换取他和他的继承人的独家航行权，以及一部分他预想中丰厚的海关收入。[19]

这两个人都过分高估了自己成功的可能性。起初他们是竞争者，各自为自己的项目努力，但很快他们就联合起来了。王室仍然保持沉默，女王的秘书威廉·塞西尔爵士也袖手旁观。莫斯科公司对吉尔伯特的提议表示强烈抗议，认为这是公然侵犯他们拥有所有北海航线这项不可侵犯的特许权利。汉弗莱爵士因为暗示自己是莫斯科公司的成员而进一步惹恼了公司里的大人物们，因为他根本不是，公司的主管向塞西尔提出了上诉，并且成功了。[20]到1568年时，莫斯科屋里的商人们有了想要寻找通往中国的西北航线的初步想法，但这很可能是为了强调和保护公司的垄断地位。[21]

在这里，伊丽莎白统治时期伦敦商业方面的所有潜力和问题，都完美地体现在这个故事中：他们有活力、进取心、坚毅和天赋，而这些都抵不过保护来之不易的特许权利的决心。即使是安东尼·詹金森，这位曾乘风破浪、披荆斩棘地到达布哈拉，而且在波斯也依旧保持风度和尊严的男人，都无法撼动女王秘书的故意不作为和城里当权派的保守主义，他们的利益必须得到保护。然而，正如我们将看到的那样，像汉弗莱·吉尔伯特爵士这样的人并没有放弃，世界在不断扩大，他们提出了更多的项目和提案，着意于抢占那些未知的地区。因此，商人和王室在利益和政策方面广泛合作，组成了一个强大的政商权力集团，并且调整和改造自己以适应不断变化的环境。

尽管如此，安东尼·詹金森并不是那种受排挤的局外人，如果女王授权给他，他的探险之旅能使伦敦从大汗的帝国收获巨额财富。他的航行计划与汉弗莱·吉尔伯特爵士的计划一样有缺陷：两人都会遇到无法穿越的冰海。詹金森既属于莫斯科公司，又是女王的手下，16世纪70年代，他还会担任大使，前往恐怖的伊凡的宫廷。公司为王室派去的大使提供资金，这一安排让伊丽莎白一世非常满意，毕竟，大使的职责是维持英俄贸易正常进行。在整个职业生涯中，他都是一名外交官兼商人，并且他始终像第一次进入俄罗斯和亚洲的旅程中表现出来的那样老练。

1568年1月，詹金森与约翰·马什（John Marshe）和爱丽丝·马什（Alice Marshe）的女儿朱迪思（Judith）结婚，加入了组成伦敦商业精髓的精英家族和商业利益集团。朱迪思的外祖父是托马斯·格雷欣爵士的堂兄弟威廉·格雷欣。约翰·马什是丝绸商，曾六次担任商人冒险家公司的主管，也是莫斯科公司的创始成员之一。安东尼和朱迪思在伍德街（Wood Street）的圣迈克尔教堂（St Michael）结婚，这座教堂邻近齐普赛街和服饰商、蜡烛匠、刺绣工和金匠公会会所，像许多其他伦敦教堂一样，这里挤满了纪念两个世纪以来城市商人和工匠的石碑和铜匾。在这个环境中，安东尼·詹金森广博的见识显得格外突出。他信心十足，知道他看过的世界超出了这座教堂里所有人（无论是活着的人还是死去的人）的想象范围。

一年后，詹金森被授予徽章。他知道记录的重要性，所以他准备好了各类文件以供皇家传令官阅读，小理查德·哈克卢特在后来的巨著《重要的航程》中出版了这些文件。从恐怖的伊凡到波斯和其他统治者的推荐信，一张来自苏莱曼大帝的安全通行证，一些来自哈吉姆汗的文件，以及詹金森到过耶路撒冷（Jerusalem）的证明——在传令官看来，所有这些都是“他的美德、诚实和智慧的证明”。另外，这些文件也证明了他曾冒着生命危险并顶着极大的压力、走出欧洲到达亚洲。传令官们抓住了这其中的戏剧性：

> ［他］也多次向北在北极圈内的冰冻海域航行，游历了沙皇统治下的俄罗斯和莫斯科维的广阔领土，以及挪威和拉皮

> 亚到里海的海域，并从那里进入不同的国家，对过去的宇宙地理学家来说，这些都是完全未知的地域。

詹金森的新徽章非常适合船长和冒险家，它由蓝色和银色的海浪、三颗金色的星星以及海马纹章组成。[22]

詹金森令人印象深刻的公众声誉和他本人一样顽强，而1589年哈克卢特的《重要的航程》的出版及世纪末的再版使得他的声望更盛。他是一位冒险家，一位无所畏惧的旅行者，一位商人兼外交官，一位女王和国家的仆人。1596年的一段英格兰史诗称颂他：

> 让我们用更长的时间赞美詹金森。
> 但我们应该从哪里开始呢？
> 欧洲、亚洲、非洲？这些他全都见过，
> 为英格兰社会的共同利益而奋斗。[23]

但最重要的是，安东尼·詹金森是把莫斯科公司商人的利益推广到亚洲的人。他心中始终深信中国的存在，他将伦敦的名字带到了遥远的世界，而就在几代人以前，这些地区还被认为是遥不可及的。而那里正是伊丽莎白时期的人们想去的地方，也是伦敦商人想要开通贸易的地方——那些人们完全不了解的国度。

第12章

富饶的土地

在安东尼·詹金森与朱迪思·马什结婚的同年，一名十几岁的男生穿过伦敦，前往于中殿律师学院供职的堂兄的住所。从他所在的威斯敏斯特学校出发，只需乘船沿着泰晤士河顺流而下，走很短的路程就可以到达学院的楼梯前；或步行走过怀特霍尔的女王宫，向北走到查令十字街（Charing Cross），然后沿着河岸街到坦普尔栅门，进入伦敦律师这个特权阶层活动的拥挤街区，这样走也只需要半个小时左右。但是这次拜访有别于他之前或之后的所有拜访，正如他在30年后回忆起的那样，这个戏剧性瞬间使他顿悟生命的目的：去探寻尚未被发现的国家和民族——这一雄心从一开始就受到伦敦商业活力的推动。理查德·哈克卢特的职业生涯和他的著作，尤其是后者，将是一条串起下面要讲到所有内容的线索：哈克卢特，我们必须记住这个名字。

律师和男生都叫理查德·哈克卢特。小理查德是伦敦市民兼皮革商公会成员的儿子，他父亲1557年3月去世，彼时正是奥西普·内皮尔在城内游行的一个月后，小理查德·哈克卢特当时大约五岁。不久之后，他和他的兄弟们失去了母亲。男孩们的父亲（也就是律师的叔父）临终时曾把全家托付给这位律师，于是这位律师开始照料着他们。[1]理查德是个聪明的男孩，他也是威斯敏斯特学校女王奖学金的获得者之一。从1564年起，他和另外40个男孩住在那古代修道院的围墙内，遵循着寄宿学校严格的生活安排，接受富有活力的希腊和罗马经典教育。

大理查德于1555年进入中殿律师学院，在接下来的10年里，他作为一名伦敦律师，生活得很好。他应该认识同是圣殿大律师的贾尔斯·艾沙姆，即商人兼放债人约翰和格雷戈里的哥哥。理查德·哈克卢特的房间靠近从舰队街上的坦普尔栅门延伸出来的小巷，在圣殿教堂的西北方，这座教堂以其中世纪圣殿骑士团的墓碑闻名。哈克卢特与另一位律师法比亚安·菲利普斯（Fabian Phillips）共用一间上层的房间，但理查德以每年6先令8便士的价格在下面独自另租了一间房间。[2]

作为一名成功的大律师，理查德·哈克卢特的房间想必堆满了法律文件，但他酷爱在伊丽莎白时代被称为宇宙地理学的科学，我们可以肯定他拥有大量关于地理、航行和天文学的书籍。小理查德感兴趣的正是这些书籍，他记得进入堂兄的房间，发现摊在桌子上的“一些宇宙地理学书籍”和世界地图。大哈克卢特对堂弟的兴趣投入极大的热情，即兴利用地图给他上了一课，讲解世界自然地理和政治地理知识。哈克卢特向小理查德指出了所有已知的海洋、海湾、河湾、海峡、海角、河流、帝国、王国、公国和领地；他还讲到了世界上的各种资源，以及它们是如何交易的：那些“特殊商品和需求得益于交通和贸易，能够保证得到充足的供应”。

也许哈克卢特也很喜欢这位当他用木棒在一张非常大的地图上指指点点时听得入迷的听众。虽然我们无法确切地知道这张地图的具体情况，但它可能是塞巴斯蒂安·卡伯特在1544至1548年绘制的世界地图，这张地图于1549年在伦敦雕版印刷。卡伯特展示的是我们非常熟悉的世界，它是人们推断出的以大西洋为中心的世界地图，周围画着我们熟悉的非洲、南美洲、欧洲和印度的形状。卡伯特放大了加勒比地区的比例，代价是北美洲在地图上被压扁了，而最远端的亚洲被放在地图四周的边缘上，所以实际上远东也是“远西”，而且地图上完全没有澳大利亚。各大洲上画满了河流、山脉和人民，船只在所有海域内航行。这是一个生机勃勃的世界，人们忙于各种活动和冒险，这个世界远远超出了伦敦中殿律师学院的房间，它遥远而神秘，但从地图上来看，它仿佛又是真实存在的。[3]

大理查德·哈克卢特与年轻的堂弟分享了他对上帝意旨的深切感受，他向男孩解释说，人们是受上帝的感召而出发探索世界的，发现和航行代表着上帝对世界的旨意。哈克卢特拿出一本《圣经》，在这个意义深远的时刻，他和小理查德一起阅读了《旧约》中《诗篇》第107篇的第23节和第24节：“在海上坐船，在大水中经理事务的。他们看见耶和华的作为，并他在深水中的奇事。”小理查德·哈克卢特后来写道，他很高兴新世界的大门就此向他打开，他当时立即决定，要在“上帝的援助下”，参与发扬这类知识和著作的活动。

两年后，他去牛津大学的基督教堂学院学习，在那里他阅读了所有关于世界各地的新发现和航行的资料。他是一位天才语言学家，如饥似渴地收集了希腊语、拉丁语、意大利语、西班牙语、葡萄牙语、法语和英语的各种作品。后来他开始授课，向学生介绍最新的地图、地球仪、天体仪和导航仪器。作为一个从不会过分谦虚的人，他后来写道学生非常喜爱他的课程。随着时间推移，他认识了那些真正走出去看世界的人，那些“我国最有经验的船长、最伟大的商人，以及最好的水手”。收集整理这些旅行家的经历成了他毕生的事业，这不断地增长着他的才智。[4]

但这个故事情节跳跃得有些太快了。在1568年的伦敦，在距离泰晤士河仅一步之遥、靠近商人的会所和河上的码头的地方，在中殿律师学院的那个房间里，小理查德·哈克卢特在那一刻有了一些感悟。他在《旧约》的经文中感受到了上帝的旨意。从某种意义上说，他成了专门记录英格兰环球发现的天使。

当然，一位被宇宙地理学深深吸引的男孩能够向堂兄求教并阅读他的书籍，这是非常幸运的偶然事件。我们猜测，大理查德·哈克卢特之所以租用中殿律师学院的第二个房间正是因为他的藏书规模。所有宇宙地理学家都有地理学、制图学、历史学、人类学、航海学、数学和天文学书籍的收藏癖。像今天一样，这些独立的学科当时就存在了。有些伟大的天文学权威学者，如希腊学者托勒密，是非常古老的；其他天文学学者，如塞巴斯蒂安·明斯特尔或彼得罗·马尔蒂雷·德安吉拉（Pietro Martire d’Anghiera），基本是与哈克卢特同时代的人。把他们联系在一起的是约翰·迪伊称之为“特殊艺术”的学术性学科，这个学科旨在通过研究天地，以试图“描述整个世界的整体框架”。[5]宇宙地理学是当时重要的解释性的科学兼艺术，能揭示整个星球如何运作。这一学科的拥护者乐于展示它的重要性，一位伊丽莎白时代的宇宙地理学家写道，没有人“会吝于承认她的［宇宙地理学的］广泛用途，人们不仅简单地学习她，而且必须承认她的多重益处”。[6]

大理查德·哈克卢特喜欢地图，但他认为大多数地图都太大，不利于实际使用。大约在他的堂弟访问中殿律师学院时，哈克卢特写信给亚伯拉罕·奥特柳斯描述了他心目中理想地图的样子：地图应该是12英尺长、3到4英尺宽，安装在卷轴上，地图绘制必须准确。哈克卢特对地图样式的描述让我们了解到他对细节的重视和他渊博的地理知识，正是这些品质吸引着小理查德：

> 中间是从北到南的子午线，即1度经线……这样地图上这条线右边六英尺处的东边是欧洲、非洲和直到恒河的亚洲……如果你停在东印度或中国，你将在子午线左边六英尺的边缘重新开始……延续右侧的经度，画上中国、美洲、佛罗里达（Florida）和巴卡劳斯（Baccalaos），等等……两条昼夜平分线的两侧分别是两条热带地区与北极圈和南极圈。[7]

志同道合的欧洲宇宙地理学爱好者们形成了一个相互联系的网络，大哈克卢特是这个圈子的成员之一。因此，他与奥特柳斯相熟到足以写给他这封体现自己广博见识和强烈自信的信件。实际上，哈克卢特很有可能认识奥特柳斯的姐姐伊丽莎白，因为她和她的丈夫雅各布·库尔（Jacob Cool）在16世纪60年代中期从安特卫普搬到伦敦生活，成了生活在伦敦的异乡人。[8]

和他那个时代的大多数英格兰宇宙地理学家一样，大理查德·哈克卢特绞尽脑汁想要找到一条通往亚洲的航线。当他写信给亚伯拉罕·奥特柳斯时，心里也想着这件事，而且我们可以猜测，这也是他给堂弟即兴授课内容的一部分。塞巴斯蒂安·卡伯特、理查德·钱塞勒、约翰·迪伊、安东尼·詹金森、莫斯科公司的其他大人物们，以及汉弗莱·吉尔伯特爵士：他们中的每个人都相信有一种方式可以航行到东方的帝国，尽管他们对具体的方式意见不统一，因应采用东北航线还是西北航线而争论不休。这一话题有时会引发宫廷内的激烈辩论，因而哈克卢特至少间接参与其中：1566年，当汉弗莱·吉尔伯特爵士为他雄心勃勃的寻找亚洲的项目撰写计划时，他采用的证据很可能来自哈克卢特的研究。[9]

16世纪60年代中期，两位理查德·哈克卢特知道英格兰的贸易、投资者的金钱、财富、商业野心、政治赞助、声誉和自我价值都处于决定成败的重要关头。商人、廷臣和冒险家都想要探索世界、创造财富。小理查德·哈克卢特在其毕生事业中持续关注的主题在当时已经成为焦点问题：环球贸易对英格兰的必要性；推动这个王国在世界上留下自己印记的爱国热情和上帝的旨意；还有收集和解读所有关于探险和航行的书面材料的艰巨任务。

两位哈克卢特都是专家，他们自学成才，通过自己的努力掌握了当时主流的宇宙地理学思想。在伦敦做年轻律师的那些日子使大哈克卢特习惯了这种学习方法，在中殿律师学院学习法律，不是通过教学大纲或课程，而是通过那些从事相关工作的人；他的堂弟在牛津和伦敦也是如此。他们是实践家，也是理论家，他们卷起袖子、埋头苦干，最终成为专家。他们阅读书籍，并吸收同行专家的成果。毫无疑问，哈克卢特的书架上肯定有理查德·伊登译成英文的塞巴斯蒂安·明斯特尔的《宇宙志》和彼得罗·马尔蒂雷·德安吉拉的《新世界的几十年》（*The decades of the newe worlde*，1555）。彼得罗是一位米兰学者，曾将克里斯托弗·哥伦布的航程改写成编年史。当小理查德还是婴儿时，这些书籍就在伦敦印刷出版了。

当然，因为两位哈克卢特住在伦敦，新闻和发现尽在他们眼前。大理查德在莫斯科公司得到皇家特许权的那一年进入中殿律师学院。理查德·钱塞勒发现俄罗斯的过程被用优雅的拉丁文记载下来并在伦敦出版发行，这段记录简洁但全面，语气得意扬扬，其中还包括一篇理查德·钱塞勒以罗马人高调华丽的方式发表的精彩演讲（16世纪的人文主义者通常更喜欢写演讲者应该说的话，而不是他实际说了什么）。哈克卢特不可能错过罗伯特·雷科德献给莫斯科公司高层的书籍，我们能够想象他如何如饥似渴地消化安东尼·詹金森的俄罗斯和亚洲地图的每个细节。

最新的消息往往来自泰晤士河的码头。现在我们很容易忽视在哈克卢特生活的时代生活和探险具有不确定性。钱塞勒和詹金森这样的航海家兼商人驶向遥远的地方，他们经常一走就是两三年，如果他们的信能成功地送回伦敦，这本就称得上是小小的奇迹了。失败的概率总是更高，所以船员和公司寄希望于上天就不奇怪了。但是，当这些航行取得成功时，他们带回的报告肯定会让整个伦敦沸腾，新闻和猜测传遍整座城市。他们一步又一步地取得新的发现，世界就像一幅巨大的拼图，每年都会有几小片拼图被添加到其中；渐渐地，各行各业的伦敦人都开始了解数百数千英里外的土地。

* * *

小理查德·哈克卢特之所以后来能成为探险记录的杰出的编写者，秘诀之一在于其编辑技能。尽管他能够完全掌握他的旅行记录，但他总能凭借新鲜生动、引人入胜的记述，隐藏在背景中，让记录本身说话。他认为，以前的宇宙地理学家只不过是将那些不断被复述和重印的古代权威典籍拼凑在一起，而这些故事都是谎言，根本经不起推敲。哈克卢特认为真实性高于一切，编者应当尽量采用目击者的说法。这就是为什么他和安东尼·詹金森后来能如此愉快地合作：詹金森眼光敏锐，文笔朴实准确，他的热情和判断力达到完美的平衡，这些都符合哈克卢特对《重要的航程》的要求。

哈克卢特成为16世纪80年代和90年代杰出的编辑兼航海专家。他凭借与生俱来的学习能力在伦敦和牛津习得了相关技能。他在伦敦的成长过程中，读过许多伦敦人都在读的书籍：关于去远方和异国他乡探险和航行的故事，这些小册子和书由轻松而有趣的英语写成，在圣保罗教堂里面或外面的广场花几便士就能买到。正如小理查德可能已经意识到的那样，这些书属于未来：目击者生动有趣的记录与以前那些沉闷的宇宙地理学巨著截然不同，后者的作者们已迷失在自说自话的学术辩论中。出售这些新书的商人发现了他们的读者群，也认识到自己必须在繁忙的市场占据一席之地，这个市场早已被流行民谣、喜剧、年历和预言、耸人听闻的谋杀或怪胎故事、布道词、诗歌和十四行诗等廉价书占领。沉甸甸的严肃学术著作固然很好，但大多数去圣保罗教堂广场和皇家交易所的伦敦人想看的是既活泼又生动的书，可以阅读、分享和讨论的书。

书商托马斯·哈克特凭直觉发现了这一点。他的商店位于皇家交易所，以绿龙为标志。哈克特是优秀的出版商和出色的翻译。在他位于交易所的店开业之前，16世纪60年代时，他曾在圣保罗教堂广场售卖书籍，商店的标志是钥匙；他另外还有一家店位于这座商业城市的中心，伦巴第大街。我们有充分的理由认为两位理查德·哈克卢特曾到过他的店，尤其考虑到哈克特曾委托撰写和出售过的书籍：16世纪60年代，哈克特出版了两本关于神秘的北美大陆的书。

第一本书是哈克特自己翻译的美洲历险，这次探险由法国引航员让·里博（Jean Ribault）带领，该书出版于1563年。这本书出现在哈克特的伦敦书店时，这次探险才开始几个月，还充满了许多不确定因素。里博和他的船员1562年2月从法国出发，4月，他们抵达了佛罗里达半岛（Florida peninsula）的东海岸，然后驶往北方，在一条河的岸边登陆。这条河被里博称为“五月河”，因为是在5月的第一天发现的。他们沿着海岸航行了两周后，在今天的南卡罗来纳州（South Carolina）的皇家港（Port Royal）找到了一处适合建立殖民地的地方。里博命名它为查理福特（Charlesfort），他派尼古拉斯·巴尔船长（Captain Nicholas Barré）带领30个人在营地驻扎。[10]

这个殖民地最终成为泡影，1563年夏，里博启航，查理福特遂遭遗弃。他们先是驶向法国，然后前往英格兰：里博是新教徒，当他发现宗教内战正在引起法国社会动荡时，就转往英格兰，并于1563年3月抵达英格兰。这本书的英译本是根据里博的法语版完成的，仅几周后，英译本就在伦敦印刷了，这说明哈克特能够很快地理解里博的探险故事。德文郡士兵兼冒险家托马斯·斯塔克利（Thomas Stucley）在发现机会方面像哈克特印书一样迅速。1563年夏天，斯塔克利提议与里博联手探索“佛罗里达大地”（Terra Florida）——“这片繁茂的土地”。人们对斯塔克利的能力赞不绝口，在一本介绍即将进行的“冒险航行”的小册子中，他竟然被比作“年轻的埃涅阿斯（Aeneas）/拥有勇敢的心和过人的胆识”，尽管这位当代的埃涅阿斯的真正意图很有可能是利用探险为攻击西班牙航运掩护。[11]

哈克特对里博探险的所有描述都是为了抓住读者的眼球，并引发他们的想象。哈克特明白如何利用好的书名促进销售——佛罗里达：富饶的土地（英译本），当地迷人的风土人情，以及奇妙的物产和珍宝。里博心中既有出于爱国热情的使命感，又有殖民计划：

> 可能有一天，法国能够通过探险了解陌生的国家，并且也像其他国家一样，通过持续进行这样的远航，收获难以估量的丰富商品……[12]

读者只需用“英格兰”替代文中的“法国”，这就变成了理查德·伊登对伟大的东方帝国的畅想，或是后来理查德·哈克卢特对美洲大陆最北端地区的描述。

丰富、形象、引人入胜，哈克特的翻译使伊丽莎白时代的伦敦人第一次接触到远远超出他们想象的地区和人。哈克特的读者走出熙熙攘攘的圣保罗教堂广场，走出这座巨大的哥特式大教堂的阴影，步入未知大陆上的原始森林。里博和他的手下惊叹于绵长海岸线上的美景和岸上“无数秀美高大的树木”，哈克特的翻译记录下颜色和嗅觉上“难以言表的愉悦体验”，刺激读者的感官。[13]在那里，人类社会的内核与这片大陆本身一样没有受到过污染：土地没有被铁犁开发过，土著人裸露身体，美丽温柔，彬彬有礼。[14]

里博精彩地记录了他们见到的种类繁多的树木、鸟类和动物；[15]重要的是，他提出了在这片富饶的土地上进行耕种的可能性。人们可以明白，佛罗里达与伦敦差别很大。生活在这片繁茂土地上的人们没有敌意，里博只记录了他们与英格兰人的差别："他们的皮肤是黄褐色，长着鹰钩鼻，面容可亲。"[16]但英格兰人希望改变的是他们的宗教信仰，他们希望通过带来真正的信仰来赠予这些对耶稣基督一无所知的"野蛮"文明。[17]

哈克特这本书只卖两便士一本，他想薄利多销：1563年，伦敦劳工的日薪是九便士，不过哈克特也将目光投向伦敦的商业精英。他制作了译本的特别版，并以此书向城市的领军人物马丁·鲍斯（Martin Bowes）爵士致敬。哈克特对马丁爵士的献词以他那代人所熟悉的措辞开始：在近期的伟大航行中"英格兰人体现出一往无前的精神"，他们传播基督教，增加王国的财富。[18]

为了赋予这片充满潜力的富饶土地以生机，哈克特的作品面向全体伦敦人，无论他们身份卑微还是高贵。他向他们介绍里博这样的引航员，还有法国旅行家兼作家安德烈·泰韦（André Thevet）等欧洲顶尖人才。1563年，他卖的书是关于佛罗里达和南卡罗来纳州的。五年后，哈克特在圣保罗广场出售他翻译的泰韦美洲见闻，并用这本书向亨利·西德尼爵士致敬，安东尼·詹金森1562年的俄罗斯地图也是献给他的。哈克特先选择鲍斯，后来又选西德尼（还有后来的另一本书，向托马斯·格雷欣爵士致敬），因为他知道如何与支持伊丽莎白时期的航行、探险和商业活动的两大集团（商人本身和他们背后位高权重的投资者们）对话。他也知道如何捕捉新发现的奇异地区令人兴奋的一面，在他的泰韦关于美洲的书的译本标题中，这一点得到完美的呈现：《新世界——美洲，那里有美妙陌生的事物，比如野兽、鱼、禽鸟、蛇、树木、植物、金矿和银矿等：配有许多学术权威的观点》（*The new found worlde, or Antarctike, wherin is contained wonderful and strange things, as well of humaine creatures, as Beastes, Fishes, Foules, and Serpents, Trees, Plants, Mines of Golde and Silver: garnished with many learned authorities*）。[19]

泰韦的书中最引人注目的是哈克特对英格兰之使命的感悟：它急需探索未知世界，改变舒适的生活和贪图安逸的态度，而这些使命中都带有爱国目的："我们应该怎样赞美他们，为了国家，他们不畏艰难险阻……放弃自己安稳幸福的生活，冒着生命危险，前往狂暴的海洋……只是为了增加国家的声誉。"他们为上帝的荣耀和英格兰的利益而努力奋斗。[20]这是托马斯·哈克特写于1568年的话，15年前理查德·伊登也可能对塞巴斯蒂安·卡伯特的寻找中国的探险队说过同样的话。在伊丽莎白时代的写作中，这是一个重要的主题：努力赶超西班牙和葡萄牙的执着愿望。

托马斯·哈克特希望泰韦的读者能够接受他们将在书中读到的奇异新世界。泰韦的文字与里博一样新鲜、生动、离奇并富有挑战性。他还避免犯宇宙地理学家的错误，只是把二手或三手的故事和记叙拼贴在一起：

> 你不应该对书中展示的许多奇怪树木，如棕榈树和其他树木，还有野兽和空中的飞鸟感到奇怪，它们与宇宙地理学家和古代作家向我们描述的情况完全不同，但他们没有去过这些地方，在这方面的经验和知识很少，所以犯了很多错误。[21]

有一种极好的可能的情况，即至少有一部分圣保罗广场上的买家和读者认为，阅读里博和泰韦的作品可以非常轻松地获得比宇宙地理学家的老套学术著作更准确的知识。哈克特的翻译非常新颖现代，他请求读者原谅任何由粗鲁或用词不当造成的瑕疵。这是一种全球民主化，只需花费在伦敦小酒馆里吃一顿饭的价格就可以探索遥远的大陆。

小理查德·哈克卢特吸收了这种方法。他不满于陈旧的二手资料，希望从进入伦敦港口的船只上的船长、商人和水手的笔下得到最新的记录——那些带着浓烈海水味道的记录。哈克卢特、哈克特及其他人有共同的目标：在卖出书籍的同时，他们想要清晰地说明并歌颂那个时代的航行和探险（尤其是英格兰人的），并鼓励其他人进一步探索新世界繁茂的土地。

这是探险的目标：去发现、描述、开展贸易、绘制地图，并最终主宰这些新发现的土地。在伊丽莎白时代，以上是所有人想要做的事，原因有很多：为了财富，为传播真正的信仰（新教），出于爱国之情，以及后来为了殖民和开拓殖民地。对于托马斯·哈克特而言，推介他翻译的安德烈·泰韦的书几乎是一种本能。他放弃自我、家庭、妻子和孩子去追求更大的事业，这是一个比服务于伦敦城更大的使命：这是为了整个王国。因而我们很容易理解那些莫斯科公司和伊丽莎白时代后来其他公司的投资人，这些投资的意义远远超过获取利润：伦敦、英格兰乃至整个世界都开始融合在一起。

小理查德·哈克卢特到中殿律师学院拜访堂兄时，伦敦的商业利益越来越难以摆脱欧洲紧张的外交政治的影响。莫斯科公司在波斯的突破是一场胜利，它把所有的竞争对手排除在外。正如两位资深莫斯科公司成员在俄罗斯所写："这种独享的贸易权对于我国是一种极大的荣幸，没有其他国家能进入这里。"他们知道从波罗的海到法国和意大利等地的商人都在竭尽所能破坏公司的业务，市场的主导地位就是国家的主导地位，这就是为什么公司希望能得到伊丽莎白政府坚定不移的全力支持。[22]

更明显的一个外交原因是伊丽莎白统治下的英格兰早期与西班牙国王腓力二世的关系冷淡。当时政治和商业冒险进一步融合，伊丽莎白政府在统治初期对私人虏获商船坐视不管。这种海上抢掠行为的最佳代表是约翰·霍金斯（John Hawkins），他是普利茅斯（Plymouth）的船长，16世纪60年代初在德特福德（Deptford）有一所房子，他的另一所房子在伦敦东部的圣邓斯坦（St Dunstan）教区，靠近第一座莫斯科屋。1562到1569年间，霍金斯和他的船员驶入由西班牙统治的海域，霍金斯远航的目的之一是破坏在西班牙和墨西哥之间航行的西班牙白银舰队；另一个目的是获取奴隶。霍金斯掳走非洲人，并在加勒比地区出售，伊丽莎白女王和她的大臣们都高兴地投资了这项贩卖人口的贸易，为了表彰霍金斯，1565年他被授予了徽章，上面有一个被俘获捆绑着的非洲人。

正如16世纪60年代的伦敦人可以阅读里博和泰韦的书一样，霍金斯的航行也以紧凑的叙事方式展现在他们眼前，充满了激动人心的冒险，在这些冒险历程中探险者曾遭遇运送宝藏的西班牙舰队、飓风和暴风雨。在这些受欢迎的小册子的边缘空白处，最激动人心的时刻被特别用醒目的注释标注出来："险恶的北风""激烈的战争""难以应付的局面""火"，"生活的小希望""艰难抉择”“众多磨难”。[23] 所有这一切——宇宙地理学、发现新世界的机会、商业野心、爱国情怀以及王室的政策——塑造了小理查德·哈克卢特的思想。他成年生活的主要志趣是解释英格兰人如何在上帝的祝福下发现地球上的未知领域，探索（正如哈克卢特在1589年所说的那样）“世界上最遥远的角落和地区”。[24] 这一切都可以回溯到他学生时代到访堂兄的房间的那一天。

哈克卢特的才能是将断断续续的内容碎片变成恰当合理的宏大叙事。当然，现实比这更复杂，现实情况由错误的开始、虚幻的希望以及各种幻想的锤炼而成。有一位商人兼宇宙地理学家比旁人更理解这一现实，因为他曾痛苦地亲历这一切，理查德·哈克卢特认识并且赞赏他，他的财富最终被商业投机和航行耗尽，被女王宫廷和伦敦的无情摧毁。他的名字叫迈克尔·洛克（Michael Lok），和之前的许多人一样，他也想找到中国。

第 13 章

未知的限制

没有什么能比16世纪70年代后期弗罗比舍的冒险更好地说明商业伦敦的优势和局限性了。伦敦有丰富的资金来源、商业活力、政治意愿、独创性和勇气，这些是其巨大优势；其局限性在于对贪婪无知、过度自信和政治花招这些问题不加控制。马丁·弗罗比舍（Martin Frobisher）的冒险经历非同寻常：他三年间曾三次航行进入加拿大的北极海域。他们一开始是为了寻找通向中国的西北航线，但后来听闻拉布拉多海（Labrador Sea）的岛屿上蕴藏着大量的黄金，他们就声势浩大地投入了这项被认为是那个时代最伟大的发现中。

这是那代人最大的商业失败：黄金热，这场狂热的投机梦煽动了伦敦的商人和王国内最有权势的家族投入成千上万英镑。如果这发生在今天，将成为震动政治阶层和金融世界的重大集体丑闻。但在伊丽莎白时代的伦敦，这只是一个沉痛的教训，最好很快就被遗忘，后来弗罗比舍去探索其他水域，而他的投资者则寄希望于其他的商业冒险。这里面受影响最大的人是弗罗比舍的策划师兼筹款人迈克尔·洛克（Michael Lok）。我们很难忽视洛克职业生涯中的一些经典悲剧元素：由于人类的缺陷和命运的干预，自负和野心瞬间崩塌——让我们联想到霍尔拜因的《财富的胜利》以及画中在上空盘旋的复仇女神。

迈克尔·洛克可谓登高跌重。他出身伦敦权势集团里最成功的家族之一，是15世纪治安官约翰·洛克的曾孙。迈克尔的父亲威廉在齐普赛街有一座住所兼办公室，标志是锁头（pad lock），既是家族姓氏的双关语，毫无疑问也是商标，给人安全可靠的感觉。威廉·洛克与亨利八世的宫廷关系良好，他为自己争取到了为王室进口丝绸和珠宝的独家许可；像其他明智的商人一样，他和托马斯·克伦威尔保持着通信联系。他非常忠诚：1533年，洛克在敦刻尔克公然撕下了宣布将国王亨利逐出教会的诏书，因为他要与安妮·博林结婚。在都铎王朝中期的伦敦，洛克和格雷欣这样的家族同时拥有财富和政治智慧，他们像是从同一块细腻有质感的布上剪下来的两块布料。

迈克尔是威廉·洛克与第二个妻子的儿子，大约1532年出生。他在父亲手下度过了完整的伦敦丝绸商学徒期。迈克尔·洛克与托马斯·格雷欣不同，格雷欣是廷臣，并出生在商人家庭中，有机会去剑桥体验大学生活，并在安特卫普接受精心的指导。迈克尔学了13年语法后，威廉·洛克派他前往佛兰德斯和法国，以便“学习那里的语言并了解世界”。在那之后，可能是因为非常适应这种生活，他投身欧洲的商业冒险，在15年内“通过陆路和海路到过几乎所有的基督教国家，即从英格兰进入苏格兰、爱尔兰、佛兰德斯、德意志、法国、西班牙、意大利和希腊”。他最后指挥的是一艘在东地中海的黎凡特（Levant）海上航行的船。[1]这种忙碌、危险而刺激的生活，只比洛克年长三岁的安东尼·詹金森也十分熟悉。

洛克是一位乐于思考的商业冒险家。他努力学习语言，探索异国他乡。他中年时曾说，自己的雄心是将英格兰的贸易延伸到最远的极限。[2] 他成了宇宙地理学和导航学的专家，他的藏书在伦敦及其周边地区都是数一数二的，他收藏了西班牙文、法文、意大利文、拉丁文、希腊文甚至阿拉伯文的书籍。[3]他与约翰·迪伊和两位理查德·哈克卢特的共同点是坚持；洛克和他们一样。

尽管这位伦敦商人看起来十分传统，但他其实有点不同寻常。他1562年获得了丝绸商公会的授权，继承了家族传统和社会关系。到16世纪70年代，他成为伦敦莫斯科公司的代理人，这是一个利润丰厚的职位，每年享有价值约400英镑的补贴和福利（例如免费住房）。与这笔高昂的主管级薪水相对应的是，他在1571至1576年间的工作是监督公司所有进出伦敦的货物。[4]

如果说马丁·弗罗比舍拥有和迈克尔·洛克相同的冒险爱好（也许比洛克还多），在才智方面他却远远不及洛克。他们二人年龄相当，弗罗比舍比洛克年轻三四岁，出生在约克郡西部的韦克菲尔德（Wakefield）附近。他14岁时去了伦敦，和他的外祖父约翰·约克（John Yorke）爵士一起生活在泰晤士河附近的沃尔布鲁克（Walbrook）。约克是出身优越的城市要人：他在爱德华六世统治时期担任伦敦治安官（威廉·洛克是他前一任治安官），是杰出的成衣商兼金融家。约克富有、举足轻重且日理万机。他是创建莫斯科公司的特许商之一。几年前，1552年和1553年，他曾资助巴巴里（Barbary）海岸和几内亚（Guinea）的贸易航行，十几岁的马丁·弗罗比舍参与了这些航行。在这之前弗罗比舍就找到

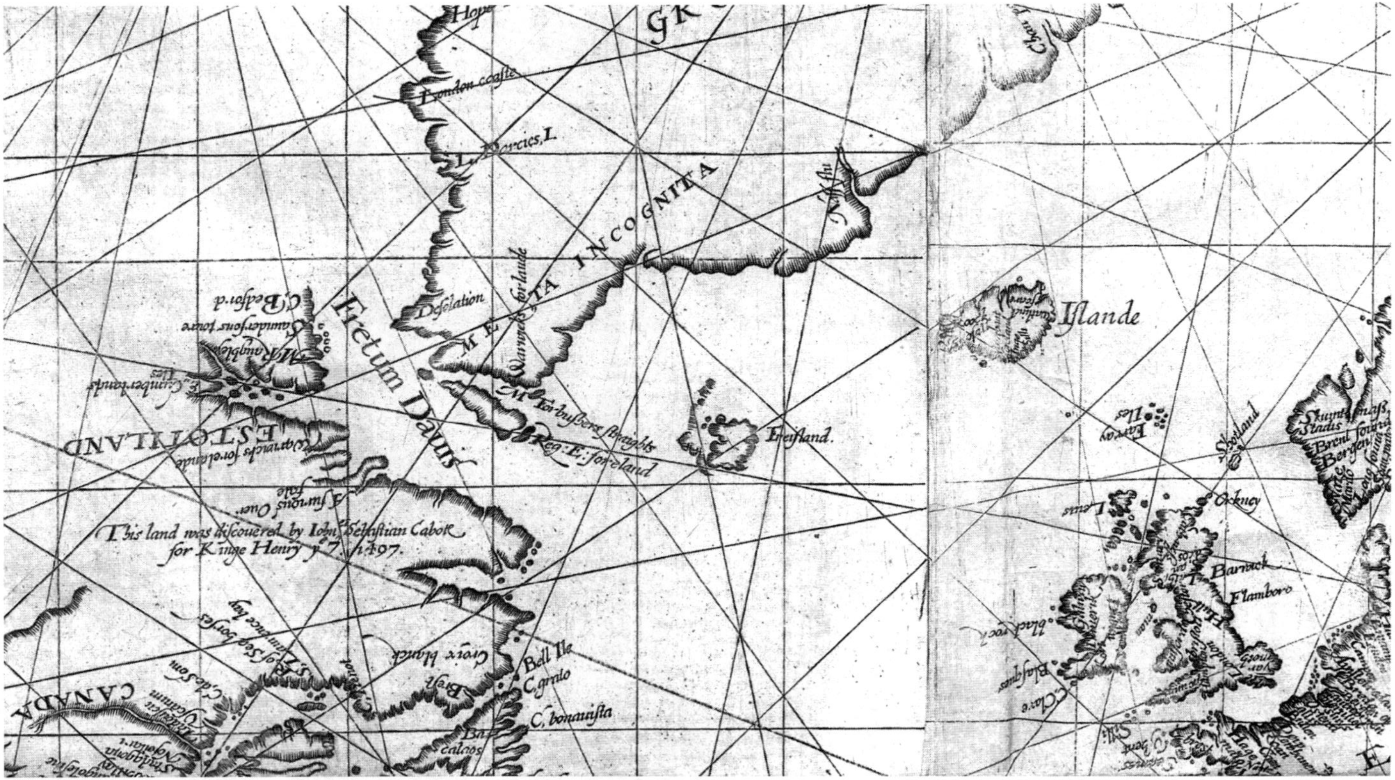

1576至1578年，马丁·弗罗比舍探索的西北海域。

了自己的定位，他发现自己极为适应海上生活，于是参与虏获商船的行动，后成为海盗，于1569年被关进伦敦的监狱。一年后，得益于伊丽莎白宫廷中大人物的干预，他重获自由。马丁·弗罗比舍的另一件极擅长的事就是在逆境中茁壮成长。

弗罗比舍有什么秘诀？我们很难知道。他无所畏惧，冲动鲁莽，暴躁多变（事实上，有时简直是反复无常），渴望得到荣耀和认可，还瞧不起商人。他接受的教育很糟糕。但是这个人在1574年带着一份类似的提议来到莫斯科公司：就像在他之前的安东尼·詹金森和汉弗莱·吉尔伯特爵士一样，弗罗比舍想找到中国。

弗罗比舍的推销词和他自己一样直率。他直面莫斯科公司的高层。他知道，因为公司拥有特许权，任何寻找中国的北方航行都必须由它发起。他也知道，20年来，前往亚洲最远端的航行都没有取得成功，尽管公司已开始绘制白海东部的俄罗斯北部海岸的地图，而且之前已经有船队在勇敢的斯蒂芬·伯勒（Stephen Borough）的带领下，于1556年到达了新地岛（Nova Zembla）。[5] 弗罗比舍计划向西航行，去寻找他和他的支持者认为能直接通往中国的西北航线。

出于礼貌，伦敦的俄罗斯贸易商亲自听取了他的陈述，迈克尔·洛克也作为公司的官员坐在房间里，但不出意料地，公司拒绝了他。要是在10年前，这件事就到此结束了：当时的吉尔伯特和詹金森后续没有任何进展。但凭借强大的后援，弗罗比舍继续推动自己的项目，最终女王政府告知莫斯科公司，要么派出公司自己的探险队去找中国，要么给弗罗比舍颁发行动的许可证。莫斯科公司在1575年2月同意颁发许可证，其实公司没有别的选择：

这终结了它垄断了20年的北部海域和大陆的探索和开发权，对莫斯科屋来说相当于一场强烈地震。[6]

不过1575年初，面临挑战更多的其实是马丁·弗罗比舍。获得前往亚洲的许可证是一回事，组建一支能真正进入亚洲的考察队则完全是另外一回事了。必须有人敲定项目的具体内容：筹集资金，寻找船只和船员，并为这一雄心勃勃的航程进行必要的培训。这个人就是迈克尔·洛克，他想必是在弗罗比舍的计划中看到了初步探险的可行性。洛克后来写下了自己扮演的角色，解释自己如何将弗罗比舍置于自己的庇护之下，不可否认的是，他有些自夸：

> 我发现他已为这一伟大尝试做了充分的准备。我加入了他，我的努力使他声名鹊起。我付出了百分之一百二十的努力，为他提供所需的一切，帮助他为最近进行的第一次寻找中国和其他新国家的西北航行做好准备。我这样做旨在让全世界都向英格兰敞开大门，因为由于某些人的懒惰和另外一些人制订的政策，这些地区迄今为止还属未知领域。[7]

这个项目吸引聪明而不安分的迈克尔·洛克全力投入。他动用了自己在伦敦商界的人脉关系，如托马斯·伦道夫（Thomas Randolph，前任驻俄大使，非常不喜欢待在莫斯科）、安东尼·詹金森，甚至托马斯·格雷欣爵士等人物。洛克努力得到城里当权者的支持。[8] 他为自己设定的任务十分艰巨：他不仅需要让船队出海，还需将反复无常的海盗变成大汗帝国的发现者。

成功没有捷径。起初，1575年，洛克和弗罗比舍未能为该项目筹到资金。但1576年，情况开始变化，洛克终于找到了愿意把钱投入探险队的投资者："众多值得崇敬的人们"，拥有贵族头衔的男士和女士以及伦敦商人。[9] 这向前迈出了一大步，因为他们需要解决不少问题，包括弗罗比舍恶劣的名声，以及人们对他领导这样一次航程的能力的质疑。[10] 人们对这次冒险的兴趣与日俱增。1576年初，诗人乔治·盖斯科因（George Gascoigne）为汉弗莱·吉尔伯特爵士10年前的寻找中国倡议写了一篇序言，这份倡议之前一直是私人文件。一天，盖斯科因在吉尔伯特在莱姆豪斯的图书馆（离伦敦几英里远）里休闲，偶然看到汉弗莱爵士以前的计划手稿，他说，因为他知道，"弗罗比舍先生（我的一个亲属）自称在为同样的探险辛勤努力"，他请求吉尔伯特允许他阅读这份手稿。[11] 汉弗莱爵士不仅允许盖斯科因阅读手稿，1576年4月，他还在他的推荐下把它在伦敦印刷成册。约翰·迪伊注意到了这本小册子，他称之为"一本英文小书"，"给出了一些计划极有可能成功的理由，试图用同样的航线和航行说服人们"。[12] 终于，所有的契机像零件一样被组装在了一起。

迪伊说这场航行"极有可能成功的理由"指的是吉尔伯特的小书中的一张西北航线图，其独特之处在于这是英格兰最早印制的全球地图；实际上，它是1564年亚伯拉罕·奥特柳斯在安特卫普制作的世界地图的简化版。吉尔伯特这张地图的美妙之处——也是其鼓舞人心的秘密——恰恰在于它的简洁，因为它显示了从英格兰向西北航行通往亚洲的明确路线：在北纬60度左右，经过格陵兰岛与美洲之间的一条长长的海峡，再到日本、香料岛［Spice Islands，即摩鹿加群岛（Molucca）］和中国。[13] 近期没有人走过这条路线，但吉尔伯特（多亏中殿律师学院的大理查德·哈克卢特）利用古罗马和中世纪史料证明了其可行性。老旧的宇宙地理学在恰当的时机仍然能发挥作用。[14]

迈克尔·洛克全身心投入了这个项目。他们只有两艘船，一艘是专门为这次航程重新装备的“迈克尔”号（*Michael*），另一艘是由皇家造船师马修·贝克（Matthew Baker）和约翰·埃迪（John Ady）新造的“加布里埃尔”号（*Gabriel*）。这两艘船小得不可思议：“迈克尔”号是一艘20至25吨的三桅帆船；“加布里埃尔”号稍大，有30吨，带着一艘7吨的船载艇。现代人无法想象他们要乘这两艘小型木质帆船通过北极海域，一路航行到世界的另一端。

这两艘船将载着人员、食品、武器，以及布料、书籍和仪器的贸易样品。约翰·迪伊、理查德·钱塞勒和安东尼·詹金森应该非常熟悉这些仪器：一个地球仪、一个浑天仪、一个日晷兼天文环、一个星盘、十八个计时沙漏和二十个各种各样的指南针，其中一些是从莫斯科公司的威廉·伯勒那里买来的，另一些则由汉弗莱·科尔（Humphrey Cole）制造。科尔是一位才华横溢的伦敦金匠，他的作坊既制造精美的装饰品，也生产船只和船员生存所必需的物品。

洛克收集起来带上船的书籍既显示了这次探险的雄心壮志，也表明了生活在伊丽莎白时代的人们对世界的理解有明显的局限。包括弗罗比舍本人在内的导航员和其他资深高级人员都接受了速成培训，内容涵盖航海、宇宙学和地理学等方面。但一直以来，任何伦敦人都可以从圣保罗教堂广场的商店里买到这些培训用书：罗伯特·雷科德关于地球的论述《知识的城堡》（*Castle of Knowledge*，1556），威廉·坎宁安（William Cunningham）的《宇宙的沙漏》(*Cosmographical Glass*, 1559), 托马斯·哈克特翻译的安德烈·泰韦的美洲冒险经历《新世界》(*The new found worlde*, 1568), 甚至有（尽管看起来非同寻常）中世纪时约翰·曼德维尔爵士的《旅行》。这本书一个先令就可以买到，还装饰着15世纪末的怪兽版画。仅有的专业文本是原版法文的泰韦的《宇宙志》(*Cosmographie universelle*) 和《法国的南极探险》(*Les Singularitez de la France Antarctique*), 以及西班牙文的佩德罗·德梅迪纳 (Pedro de Medina) 的《导航》(*Regimiento de navegación*), 但这些只能发挥极为有限的效用，一个原因是弗罗比舍的英语阅读能力非常有限。[15]

利用墨卡托和奥特柳斯的地图，洛克和其他人与弗罗比舍和他的船长们一起交流制图和导航方面的技能。他们绘制了空白海图，留待航行中填满。威廉·伯勒是一位经验丰富的导航员和制图师，在俄罗斯、北拉普兰 (Lapland) 和波罗的海工作过，他在兽皮上绘制了一幅不列颠群岛北部、挪威西海岸和北极各地海岸的海图。他的兄弟斯蒂芬也被请来提供建议。

5月底，在洛克的伦敦家中，专家们与将乘“迈克尔”号和“加布里埃尔”号前往北部海域的船队官员们会面。约翰·迪伊是专家之一，自愿尽其所能地帮忙。洛克后来写道，他向迪伊解释了自己对这次探险目标的理解：通过西北航线，开拓他称之为东印度 (East India) 的国家的贸易。洛克向迪伊展示了各式各样的证据，包括书籍、航海图、仪器和他自己的笔记。据洛克说，这些给迪伊留下了深刻的印象，他还与自己分享了他的研究成果。几个月后，迪伊在自己的写作中评价洛克为“一位品行端正的商人绅士，满怀热情，只为彰显上帝的荣耀、巨大的财富，以及王国的尊荣”，他“为了船只启航去西北探险，谦逊地请求他的帮助”。[16]

到了1576年夏天，一切准备就绪。当然，大量的资金花在船只、索具、武器弹药、导航仪器、食物饮品、船员的工资和贸易用的布料上。[17] 洛克十分谨慎地记着账。他非常自信，自己在这次航行中投资了700多英镑。1576年6月6日，船队出发去寻找亚洲。

第一次航行并没有像洛克和弗罗比舍设想的那样取得重大突破。他们只是对北极水域和岛屿进行了四个月的勘察，在此期间，“迈克尔”号和“加布里埃尔”号的船员遇到了巨大的冰山和乘坐皮划艇的因纽特人（Inuit）。这是他们第一次到达未知的地方、遇到陌生的民族：这是一次试探性的、值得注意的发现，但并不能给伦敦、女王和王国带来他们期望的那种商业革命。然而，就在“加布里埃尔”号到达伦敦的几天前，人们眼前出现了一种新的可能性——不是发现中国，而是发现黄金。

事情开始于一块面包大小的岩石。水手们一路上带回了各种纪念品。他们上岸时，有人收集了鲜花，有人摘了草。在拉布拉多海的小霍尔岛（Little Hall Island）上，罗伯特·加勒德（Robert Garrard）船长捡起了“一块黑色石头，看颜色像一块海煤，但看重量似乎是某种金属或矿物质”。起初，弗罗比舍并没有注意到它，但他和加勒德“为了纪念找到它的地方”而收藏了这块石头。[18] 回到伦敦后，弗罗比舍在“加布里埃尔”号上把石头交给了迈克尔·洛克。这一天是1576年10月13日，周六。

这块石头改变了一切。一位居住在伦敦的威尼斯金匠对这块石头进行了测试，证实它含有微量的黄金。这份样品证明弗罗比舍发现的岛屿上（至少看起来）满是贵重金属。为了获得关注和支持，洛克和弗罗比舍立刻开始疯狂地工作，洛克还获得了将矿石运往英格兰的许可证。[19]他成为女王秘书弗朗西斯·沃尔辛厄姆爵士的常客，但弗罗比舍的矿石远不能使他信服。尽管如此，伊丽莎白的枢密院对第二次航行表示支持，甚至下令从埃塞克斯运粮食到伦敦来制作饼干，以备“马丁·弗罗比舍和其他打算进行海上航行的人的三桅帆船所需”。[20]

1577年春，弗罗比舍和洛克在伦敦忙于规划下一阶段的考察。洛克仿照莫斯科公司为他所谓的“中国公司”制定了一套章程，这看起来值得占用伯利勋爵几分钟宝贵的时间，但实际上公司只是一个空想：它根本不存在。[21] 寻找亚洲正慢慢成为次要的考虑因素，尽管名义上弗罗比舍的雄心仍然是探索亚洲。大约在洛克编写他的公司章程时，理查德·威尔斯（Richard Willes）编辑了一本理查德·伊登的作品译本，把他的观点印刷成册，伊登认为弗罗比舍船长即将“顺利航行，愉快回归”，将一劳永逸地解决以前关于通往中国的西北海路的辩论。[22]弗罗比舍的朋友、作家乔治·贝斯特（George Best）的评论更接近现实情况：“找到更多金矿石的希望在许多人心中点燃了强烈的意愿，促使他们再次航行。”[23]

在“中国公司”明显摇晃不稳的基础上，迈克尔·洛克建立了一个强大的投资者群体，包括九位伊丽莎白的枢密议员、一大批英格兰贵族和上层人士、像托马斯·格雷欣爵士这样的城市要人，以及像安东尼·詹金森这样的老牌商人兼旅行家。事实上，投资人中还包括通常情况下非常吝啬的女王本人，她投资了1000

英镑。[24]根据枢密院的指示，航行的每一步，包括航线、运输和预算，都由经验丰富的人仔细审查，例如洛克和詹金森。[25] 伦敦商业公司再次与威斯敏斯特的政治机构密切合作：双方都负担不起弗罗比舍的失败。

皇家交易所和圣保罗教堂广场流言四起。抄写员们非常繁忙，因为印刷商蜂拥至文具商公会，注册出版新诗歌和民谣，例如"再见，弗罗比舍船长和其他冒险家们，他们将努力找到通往中国的路"。[26]（托马斯·哈克特肯定会在标题方面做得更好。）大家对航行寄以巨大的期望，这是可敬的马丁·弗罗比舍扬名的开端。

第二次航程的确称得上英勇非凡，他们经历了剧烈的暴风雨、与"凶悍勇猛的民族"战斗。弗罗比舍本人上了岸，并回到船上带来他在巴芬岛（Baffin Island）荒山中发现了"巨大财富的好消息"。[27] 几个月后，考察队甚至将因纽特俘虏带回了英格兰，那是一名男子和一名带着婴儿的年轻女子。这成为全球性的新闻。一年后，俄罗斯通过自己的渠道得到了消息，莫斯科人也知道了弗罗比舍捉到了住在北极的"猎杀海豹的人"。[28]

弗罗比舍对将要开采的矿石尤其感兴趣，大约200吨矿石被装载到船上。弗罗比舍认为（当然洛克也这样认为），这种珍贵的货物将支付第一次和第二次航程的费用，并为探险队的投资者赚回"足够的利润"。一位船员的话颇有先见之明，虽然当时他自己并没有意识到："人们想象这块应与美洲相连的大陆上的石头闪闪发光，在阳光下像金子一样闪烁。沙子在清澈明亮的水中也会发光，但它们证实了这句老话：发光的不都是金子。"[29]

9月，弗罗比舍回到英格兰，受到伊丽莎白宫廷的欢迎，他们得到的消息是他带回了价值8万到10万英镑的矿石，奖励和爵位似乎唾手可得。[30] 他已经进入“未知当中”（Meta Incognita），而在那些“未知的区域”中，蕴藏着神奇的财富，等着人们去开采。面对包括女王在内的听众，弗罗比舍畅谈他带回的财富，“以及这片新土地的巨大潜力，那里蕴藏着无限的宝藏。他将帮助女王陛下拥有远超西班牙国王在‘东、西印度’获得的财富，从而使她成为全欧洲最富有的君主”。[31]

弗罗比舍的三名因纽特俘虏使他的声名更盛。布里斯托尔人目瞪口呆地看着他们，艺术家约翰·怀特（John White）还把他们画成了水彩画。三人在到达英格兰后的几周内都死了，这名男子在被捕时受伤，年轻女子可能死于麻疹，人们给她的男婴找了一个奶妈，他们被带到伦敦，并住在三天鹅旅馆（Three Swans Inn）。1577年11月下旬婴儿也死了，葬于哈特街上的圣奥拉夫教堂墓地，就在莫斯科屋的阴影之中。[32]在几个月后的伦敦，一位印刷商获得出版“描写马丁·弗罗比舍船长带入英格兰的奇怪人种的相貌和身形”的许可。[33] 对于伊丽莎白时代的人们来说，他们至多是令人好奇的标本而已。

最重要的是马丁·弗罗比舍“从中国的属地发现的”矿石。根据女王枢密院的特别命令，这些矿石以极高的安全级别被带到了伦敦。[34]它们被放进城市内外的特制熔炉里熔炼，迈克尔·洛克为这项任务专门聘请了德意志的矿工，其中最资深的是撒克逊冶金学家约纳斯·舒茨（Jonas Schutz），他还得到了金匠汉弗莱·科尔的帮助。[35]

到目前为止，赌注已经非常高了。人们对从矿石中成功提取贵金属寄予厚望：前两次航行的资金、第三次航行所需的资金、投资者的丰厚回报，当然还有属于弗罗比舍的财富、荣誉和掌声。到了1578年2月，由于几乎看不见任何进展，弗罗比舍微薄的耐心被耗尽，他“极度愤怒”地走进洛克的房子，将洛克和其他人拖到塔山的工作坊。在那里，他们发现舒茨因为酷热难耐，且被有毒气体呛得几乎喘不上气，几乎赤裸着身体。在洛克的叙述中，弗罗比舍“以恶言恶语辱骂他，因为他还没有完成他的工作，还用匕首威胁他，让他发誓”，如果他没有尽快完成这项工作，“他会把匕首刺入他的身体”。在准备第三次航行时，弗罗比舍孤注一掷，想要解决一切问题。[36]

三周后，在一次愉快的会面中，弗罗比舍和洛克在莫斯科屋见到了这项商业冒险的投资人，接受了对矿石的最终判断：它被判定为有价值。[37]这个测试是关键，数字就是一切。矿石已经炼出银粒，这意味着每吨矿石能带来23英镑15先令。除去将矿石运回英格兰的成本，投资者每投资8英镑，能额外获得5英镑的利润，所以之前的努力是值得的。专员们向女王枢密院汇报，枢密院批准了第三次航行，目的是开采“在新国家发现的大量黄金矿藏”。[38]

几年之后，迈克尔·洛克叙述了弗罗比舍在第三次航行之前是如何劝说自己的：

> 而现在，由于弗罗比舍船长获得了他强烈追求的东西，他的想法逐渐变得狂野荒诞，整个王国都装不下他的野心。之前因为发现了一个新世界，他变成了另一个哥伦布；而现在他希望通过征服一个新世界，使自己成为另一个科尔特斯（Cortes）。[39]

这体现了一个被傲慢伤害、被失败刺痛的男人的情绪。迈克尔·洛克和马丁·弗罗比舍很快就会发现，现实的情况是，巴芬岛的财富与西班牙的墨西哥殖民地的财富相差甚远。

第14章

洛克先生的耻辱

1578年春天，弗罗比舍的投资者们的信心达到了顶峰。迈克尔·洛克的账本像一部政商精英的名人录：枢密院议员、伯爵、女伯爵、男爵、骑士、士绅、一位皇家海关官员、伦敦丝绸商、生皮商和成衣商。伊丽莎白女王投了1350镑，她的秘书弗朗西斯·沃尔辛厄姆爵士是该理事会最具野心的投资者；伦敦商业大亨之一莱昂内尔·达克特（Lionel Duckett）爵士是合营者之一；身份比达克特还要高的托马斯·格雷欣爵士投入的钱和沃尔辛厄姆一样多；其他较小的投资者包括在贸易和冒险方面经验丰富的安东尼·詹金森和约翰·迪伊，等等。迈克尔·洛克继续投入大笔自己的资金，实际上，整个洛克家族都给这项计划投了资。[1]

现在，第三次远航不再仅是到世界另一端的旅行，它实际上是一次采矿作业计划，为了采矿还要建立一个殖民地。“朱迪思”号（*Judith*）、“加布里埃尔”号和“迈克尔”号三艘船携带食物饮品、武器弹药和工具，还为做礼拜和教化带上了《圣经》《祈祷书》和《教理问答》。[2] 人们非常郑重而认真地处理这个项目，伯利勋爵亲自修正了早期的航行指示。他们的目标很明确：带800吨珍贵矿石回到泰晤士河，并在伦敦附近卸货。[3]

弗罗比舍的名声得到了保证，他是一位英雄，诗人亚伯拉罕·弗莱明（Abraham Fleming）称他为当代的尤利西斯（Ulysses），说他具有尤利西斯的“技能和武力”，航行“穿过苦咸的大海”带着财宝返回家乡，“[像伊阿宋（Jason）①一样]得到了金羊毛”。[4] 科内利斯·克特尔（Cornelis Ketel）在一年前给弗罗比舍画的肖像与这一夸张的诗句相辅相成，画中的弗罗比舍穿着金色紧身上衣和紧身裤，手里拿着手枪，佩着短剑，像是已经做好了动手的准备，他咄咄逼人、气势汹汹，只是目光好像看向北方的岛屿而显得有一点点分心。克特尔的肖像画表明了弗罗比舍的行动力和目标：水手的长哨标志着弗罗比舍在海上的指挥权，右臂后面桌子上的地球仪让观众联想到更大的野心。这个人有坚定的目标，而且不达目的决不罢休。[5]

几个月来，这场冒险似乎进展顺利。在海上经历了几次惊心动魄的危险后，弗罗比舍于1578年9月回到了英格兰。他先去里士满宫（Richmond Palace）觐见伊丽莎白女王，然后前往伦敦。此时的弗罗比舍沐浴在荣耀之中。既是他的崇拜者又是宣传家的托马斯·丘奇亚德（Thomas Churchyard）匆忙赶往在伦敦的印刷商处，在即将出版的书中增加了几行诗句：

哦，弗罗比舍，你的传闻[声誉]和名字

---

① 伊阿宋：古希腊神话中的英雄，率领阿尔戈英雄们到海外历尽艰险取得金羊毛。

应被写入书中，
今后，无论是谁，
看到你的努力，
都会因你的行动，你过人的智慧，
惊讶赞叹，陷入沉思。[6]

矿石存放在肯特郡达特福德（Dartford）的公牛旅馆（Bull inn），迈克尔·洛克负责冶炼和精炼。四名撒克逊冶金学家在附近工作，约纳斯·舒茨和汉弗莱·科尔负责监督。[7]

但冶炼进展十分缓慢，事实上，到11月时，过于缓慢的进展使得洛克精心搭建的纸牌屋开始摇摇欲坠。达特福德的矿石提炼并没有成功，这意味着主要投资者将收回他们承诺过的资金。没有钱，洛克无法支付水手工资，洛克每天都收到申诉，于是他回到伦敦。随后他去伊丽莎白的宫廷，试图说服“合营者”提供资金，只有两个人同意了，其中一个是女王本人，这听起来不可思议，因为她对钱总是看得很紧。此时，据洛克说，弗罗比舍本人已经“身无分文”。11月的第三个周四，他来到伦敦，“满腔怒火地”冲进洛克家，指控洛克有严重的腐败和做假账行为，称洛克是“一个破产的歹徒”，并向上帝发誓要揪着洛克的耳朵把他拉出房子。实际上，从弗罗比舍的角度来看，这种威胁已经很温和了，但洛克认定自己扶持起来的这位前合伙人不是喝醉了就是疯了。洛克后来写道：“所以，弗罗比舍船长离开了，并且在宫廷、皇家交易所，以及其他各种地方，造谣中伤他［洛克］。”[8]

对于洛克来说，谣言和含沙射影比任何身体攻击还要糟，他在伦敦和宫廷的声誉慢慢崩塌。在两天之内，女王的枢密院就知道事情出了差错，一开始他们还给予洛克信任，当弗罗比舍的水手和矿工们抱怨洛克拖欠工资时，这些大人仅仅想知道投诉者“吵吵嚷嚷的行为”背后的事实，虽然他们相信他“在这个项目中进行了诚实交易”。[9]在这场肯定是他一生中最狼狈的面谈中，洛克向枢密院解释了他如何处理投资者的资金，而与他面谈的一些议员正是他的投资者。无论他说什么都不够，枢密院不相信洛克计算的总额，并指派审计员去检查他的账户。[10]

洛克描述了接下来的几个月里、在达特福德的作坊中感受到的沮丧和遭遇的恶意。通过把弗罗比舍塑造成童话故事里的反派角色，让他承担“管理不当”的责任，洛克过于急切地为自己开脱，不愿为这场混乱负责。因为迫切渴望得到爵位，他不断地向乔纳斯·舒茨施加压力，让他提炼出一块黄金作为新年礼物呈给女王，这勾画了一位雄心受挫的可怜男人。枢密院指派的审计员审查这次行动的方方面面，他们开始展开“很多调查”，想知道为什么舒茨的团队没有提炼出贵金属。[11]

也许比起冶金术，他们更需要炼金术，舒茨在1578年春天发现的几颗银子不可能变成冒险家们想象的巨大财富，人们被不断膨胀的期望鼓舞，弗罗比舍的自负和洛克错误的乐观主义也起到推动作用。但事实上到现在为止，在达特福德的作坊里堆积着大量毫无价值的矿石。投资者已经为这场探险投入数万英镑，但导致它最终破产的原因是投资者拒绝撤回他们最后一笔承诺资金。带着一种英雄式的悲壮，洛克还想努力坚持几年，试图让一切按计划进行。与此同时，纠结的账目、审计、报告、投诉和解释、指控和反指控、造谣中伤和一次次试图挽回面子的失败尝试步步加深他的耻辱。一些人的声誉——尤其是迈克尔·洛克的声誉——毁于一旦。洛克自己写道:“在王宫和城里，针对洛克先生、约纳斯和工人，刮起了巨大的风暴。”[12] 这里没有提到马丁·弗罗比舍。无论是在海上还是宫廷里，他都是完美的风暴幸存者。

这一切看起来像是一次疯狂的投机:一场黄金热令廷臣和伦敦商人本来清晰的头脑变得混乱。他们幻想能找到简单快捷地到达中国的航线，他们的投机活动也以此为基础。但事实上，就像伊丽莎白时代人们常用的一个双关语指出的那样，旅行（travel）是一种艰苦的磨炼（travail）。这才是探险的本质:它是严肃的事业，充满艰辛，有时甚至是致命的。弗罗比舍和他的手下驾驶小型船只通过海冰和迷雾，他们采用的导航技术往好处说也只是处于实验阶段的，往坏处说是存在严重缺陷的。虽然在看到弗罗比舍被比喻成尤利西斯的时候，人们常常觉得可笑，但无论以什么标准来衡量，这些都可以称得上英勇无畏的航行。探险队确实给英格兰带回了新世界的故事，他们将见闻以文字的形式在伦敦印刷成书籍和小册子，供人阅读。这些见闻令人瞩目，足以抵消失败的宏大探险造成的损失——对于我们来说是这样，但当时迈克尔·洛克并不这样认为。

因此，虽然一开始这并不明显，但隐藏在失败之中的其实是一个本身能站得住脚的成就:就像小理查德·哈克卢特在圣保罗教堂广场的书店里发现的那些遥远地方的游记一样，弗罗比舍的航行记录也集合了发现城市、探险贸易和文献资料。伊丽莎白时代的伦敦人得以继续了解世界的偏远地区。他们正形成一种使命感:一部分为了贸易，一部分为了探险本身，还有一部分为了文明教化。年轻的绅士们自愿参加像弗罗比舍或汉弗莱·吉尔伯特爵士组织的类似的项目，希望殖民新的土地。

1578年，诗人托马斯·丘奇亚德歌颂了这种冲动的行为。就在那一年，吉尔伯特获得一项新的专利权：女王给他颁发证书，允许他到美洲殖民。为了寻求灵感，丘奇亚德派他的仆人前往伦敦打听消息，这个男孩自然选择去城里人们谈论最新事件的地方：

> 我的仆人在圣保罗
> 还没走到二十步，
> 就听说我的各路朋友
> 都离开了宫廷，
> 乘船远航。[13]

对于那些想在世界上留下痕迹的绅士们来说，冒险具有非凡的吸引力。伦敦书商托马斯·哈克特在十年前也曾这样想过：真正的男人会抛下一切，去寻找新的土地。在下面几行话中，丘奇亚德清晰而完美地表述了人们复杂的探险动机：

> 我们所有人
> 追求国家财富，
> 追求私人利益，
> 或追求功成名就。[14]

这是贸易吗？对于在俄罗斯和波斯、东地中海的远端地区、非洲、后来的美洲和东印度群岛投资新企业和公司的伦敦商人来说，答案是肯定的。这是寻求知识吗？在小理查德·哈克卢特看来，正是如此，这些探险项目由一种使命感驱使，想要探索上帝创造的整个世界。这是否是为了将真正的基督教义传给异教徒？丘奇亚德最能接受这个动机："目的是向那些像怪物一样进食的人（他们生活得不像人，倒像是狗）传达上帝的神谕，展现上帝的威严。"[15]

市面上主要有两本关于弗罗比舍航行的书。一本是《水手，公司的一员》(*Sailor, and one of the company*)，由托马斯·埃利斯（Thomas Ellis）撰写，托马斯·道森（Thomas Dawson）印刷。道森的作坊设在泰晤士河畔"大酒窖"地区的三鹤码头，几十年来，从法国运到伦敦的葡萄酒都在此处卸货。第二本小册子的作者是乔治·贝斯特，他是莫斯科公司第一位俄语翻译家罗伯特的儿子，1578年成为伊丽莎白女王一位非常有影响力的大臣、克里斯托弗·哈顿（Christopher Hatton）爵士的手下。

埃利斯叙述了弗罗比舍最后一次远赴未知地区的航行，他以一类在伦敦文学界颇受重视的夸张又自负的诗句开篇，大量使用古典神话中的典故，比如说弗罗比舍是"一位好战的骑士，喜欢冒险／他锐不可当"——赫拉克勒斯（Hercules)、珀尔修斯（Perseus)、伊阿宋和尤利西斯都用来形容这个狂躁的伊丽莎白时代的人。[16] 但这本书叙述的故事实际上非常简单，像埃利斯自己画的漂浮在北极海域的"巨大可怕的"冰块的线条一样粗糙。埃利斯描写道，在面临危险和苦难时，探险队刻意表现出的坚忍淡定："狭窄的通道，危险的海冰和迅猛的潮汐，我们在那里逗留时经历了雪天和风暴，我们离开那里时……有危险的狂风暴雨……非常难受。"[17]

乔治·贝斯特有关弗罗比舍航行的书是一本探索发现手册。

贝斯特希望他的读者了解应当如何发现新的国家、如何为航程做准备、如何与陌生的民族打交道——“即使他们非常野蛮、残忍和凶猛”——以及如何驾驶船只穿过冰冻的海域和冰山。盗贼、野兽、奇怪的肉食、暴风雨、高山和黑暗，这一切使得发现新世界变得危险重重，但最重要的是（这里向他父亲工作的莫斯科公司致敬），因为“语言不通，所以急需译员”。贸易在贝斯特的心里只占次要地位，对他来说最重要的是新知识带来的激动：

> 新的发现是多么地令人愉快、受益匪浅，无论是各种形态各异的新奇野兽和鱼类，还是大自然的奇妙景色，或者不同国家的风俗习惯、形形色色的政府、从未见过的树木果实和飞禽走兽、无数的金银财宝、新大陆的新闻以及地球的不同地区，等等。[18]

乔治·贝斯特在书中三次提到了“美洲大陆”。和其他人一样，他接受了弗罗比舍前往亚洲的雄心壮志。在他的书中，有一张粗糙但实用的木刻地图，描绘了北极岛屿，地图上的地名彰显出这次航行的野心：伊丽莎白女王岬（Queen Elizabeth's Foreland），哈顿岬角（Hatton's Headland），沃尔辛厄姆角（Cape Walsingham），洛克兰德（Lok's Land），苏塞克斯伯爵夫人矿山（Countess of Sussex's Mine），贝斯特角（Cape Best），牛津山（Cape Best），甚至在弗罗比舍命名为西英格兰岛（West England）的南部还有查令十字。[19]

我们可以想象，弗罗比舍的彻底失败震动了伦敦商人和伊丽莎白一世宫廷里热切的投资者，迫使他们清醒过来、将精力重新转到之前的欧洲贸易中。尽管法国和低地国家正经历战争和叛乱，英格兰与西班牙关系恶化，这种贸易仍然是必要的。伊丽莎白时代理智务实的英格兰人逐渐地放弃幻想，不再执迷于寻找不可能到达的遥远地区。但是，开启不可思议的海上旅行，这样的念头让人难以忘怀，在1580年弗朗西斯·德雷克爵士完成环球航行的壮举后，这种愿望更加强烈。德雷克的航行是伊丽莎白和廷臣的某种金融投资的范例——私掠船——而且它确实成功了。

所有这一切时断时续地向前推进：一些人成功了，还有很多人失败了；人们接受机会和可能性，忽视其他的因素。不同的动机和因素混杂在一起。当然，在伊丽莎白统治时期，政府并没有形成统治海上或建立海上帝国的长期计划，基本没有19世纪时那种英格兰要占据世界主导地位的论调。但是在伊丽莎白时代的伦敦，人们有了一丝想要做些什么的抱负——至少出现了这样的词汇和设想，理论家和作家或多或少地达成了共识。他们思考为什么航行到世界上遥远的地区非常重要，到了那里又要做些什么。伊丽莎白时代作家表达的这些内容，让后来自信满满的维多利亚时代的英格兰人侧耳倾听。1578年，乔治·贝斯特请克里斯托弗·哈顿爵士“看到我们这个时代的伟业，以及我们坚定不移的决心，我们从不会放弃任何有价值的东西，或世界上任何未被探索过的地区”。[20]就像大多数他那类书的作者一样，贝斯特的目光始终注视着西班牙和葡萄牙：既然这两个全球大国控制着地球的东南和西南地区，那么英格兰应该探索并占领东北和西北地区。

只有约翰·迪伊将这称为一个帝国，但在16世纪70年代后期，很少有人能跟上迪伊复杂的想法。那时的他常带着一大堆深奥的学术研究和证据往返于伊丽莎白宫廷，希望证明女王在北部海域的统治权。迪伊感兴趣的是伊丽莎白宣称拥有北方的所有权，他着眼于贸易和殖民的可能性，以及建立“大英帝国”和“全世界独一无二的岛屿”。[21] 对迪伊同时代的人来说，他的野心与他的文章一样不切实际。这不是一个简单的帝国模型，而是一种具有不同组合方式和细微差异的模型，它们反映了迪伊大脑复杂的机能。

因此，当约翰·迪伊在头脑中想象英格兰在北方海域发现大片领土（如果我们称之为大英帝国）并到那里殖民时，一般的思想家则倾向于走老路。弗罗比舍的远航并没有打破寻找中国的梦。事实上，弗罗比舍和洛克的失败——或者更准确地说，他们嗅到的那丝成功的味道——可能促成了莫斯科公司在1580年把公司的核心力量投入到另一次对大汗帝国的探险中。人们再次经历了那些类似的流程：专家的帮助（这次有迪伊和中殿律师学院的大理查德·哈克卢特），当局的认可［杰拉德·墨卡托（Gerard Mercator）写道，“到东方中国的航程无疑非常容易，而且并不遥远”］，物资的筹备，以及在东北海域的艰难航行。[22]一条航行日志很好地说明了当时的真实情况：“今天整个下午我们的航行都受到一片巨大的冰面的影响，我们在陆地和冰面之间航行，无法穿越它。”[23]他们7月下旬进入喀拉海（Kara Sea）这片难行的水域，现在他们发现，沿着俄罗斯的北部航行既可怕，又徒劳无益。

但是，就像弗罗比舍航行一样，即使从最后这次失败的寻找中国的航行中，我们仍然可以了解很多东西。伊丽莎白时期的人们一直幻想能找到通往亚洲的便捷航线，这本身就说明了一些问题。像墨卡托和迪伊这样的专家很有说服力。迪伊于16世纪70年代后期为汉弗莱·吉尔伯特爵士的航程制作的地图很漂亮，但也有欺骗性。在一份莫斯科公司参与中国航行的官员的简报中，迪伊用权威的语气确定说有一条通往大汗的首都坎巴鲁（Cambalu）的路线，并认为通过中国和中国绘制的地图和海图，探险队可以继续航行到日本。[24]

这样，对于伊丽莎白时代的英格兰人来说，中国就是一个实体：它实际存在；它是真实的。当然，数十年来，它一直在等待英格兰商人的到来，开通贸易。莫斯科屋的商人和专家们对中国的期望向我们展示了他们认知的世界。众所周知，我们如何准备和记录与他人相接触的方式，反映出我们本身的样子，也反映出我们接触的人的样子。也许，只有当我们对他人只有一点浅薄的印象时，才能发挥最好的作用，因为这些印象源于我们的想象、假设和偏见。

大理查德·哈克卢特为公司准备了介绍东北航行的文档。我们看到了一次准备充分的探险，他们准备向那个以灿烂文化著称的民族展示英格兰人的礼节。公司的船停泊在坎巴鲁港口，在这些船上，英格兰官员们将设宴款待这座神奇城市里的大人物；船上会洒上香水，客人也会洒上“芬芳的水”。在这里，英格兰人和“中国人”将会在和谐的气氛中会面，互相赠送礼物作为友谊的见证。绘有欧洲的草药、植物、树木、鱼类、鸟类和动物的书籍会给大汗、当地的贵族和商人带来“莫大的乐趣”。不过这些礼物和示好都是为了一个目标：让中国统治者相信与英格兰贸易的益处。[25]

这是一次老式的商业航行。这些船将载着那些每天运达伦敦港口的商品驶向亚洲：克尔赛绒呢、起绒粗呢布、毛毡、塔夫绸、水手帽、黎凡特塔夫绸的夹棉帽、地球仪、鞋子、钱包、铅锡合金制品；英格兰和威尼斯产的玻璃、镜子、眼镜、计时沙漏、梳子、亚麻布、手帕、刀、纽扣、针；英格兰钱币、锁、钥匙和螺钉。大哈克卢特眼中的贸易利益不仅是为了谋求“商业利益”，他写道，贸易将为伦敦慈善救济院目前的救济对象提供就业机会和摆脱贫困的方式，“对人们来说”比布赖德维尔救济院和萨沃伊救济院“更有价值”。哈克卢特认为，如果水手帽市场欣欣向荣，“普通穷人就能利用编织手艺换取许多的商品”。[26]他和其他一些人从贸易和殖民中看到了解决贫穷和犯罪等紧迫问题的答案。

哈克卢特强调，探险队应该宣传这个王国和这座伟大的城市。他写道：“带上你们色彩亮丽的英格兰地图，我是说最大的那种。”他们还应该带一张伦敦的大地图“以便展示你的城市”，地图上的泰晤士河上“绘制着密密麻麻的各种船只，旨在更好地展示商品贸易中繁忙的交易往来”。[27]

1580年之后，两个比中国更具体的目的地吸引了伦敦人的注意力，那就是美洲和东印度群岛。长久以来，美洲一直处于都铎王朝了解的世界的边缘，但是，到了16世纪80年代初，情况已经改变。这要归功于汉弗莱·吉尔伯特爵士，他在1578年成功地获得王室特许权，在现在的新英格兰南部和贝尔岛海峡（Strait of Belle Isle）之间建立殖民地。[28]约翰·迪伊为这个项目提供了帮助，并在1582年绘制了一幅极地地图，将他提出的北方殖民和贸易帝国的概念具体落实在地图上。吉尔伯特的特许权还帮助迈克尔·洛克东山再起，在经历了上次的惨败后，他坐过几次牢，债务缠身。洛克在1582年绘制了未知领域和美洲的地图，制成房产宣传小册子，吸引有兴趣将资金投入这个新殖民项目的潜在投资者。[29]在弗罗比舍大败后的几年里，像在伦敦和女王宫廷里的许多其他人一样，洛克成了坚定的大西洋主义者。在经历了一段黑暗的日子后，洛克至少可以享受小理查德·哈克卢特的赞美了：

> 这张地图由迈克尔·洛克先生绘制，他通晓多种语言，尤其在宇宙地理学方面学识渊博，能为国家服务。因为他有这样的优点，我认为他应该拥有良好的声誉和更多的财富。[30]

美洲现在成了新的机遇和挑战。士兵兼冒险家克里斯托弗·卡莱尔（Christopher Carleill）是一位坚定的大西洋主义者。他的父亲是莫斯科公司的创办人之一，卡莱尔自己也是弗朗西斯·沃尔辛厄姆爵士的继子。1583年，克里斯托弗就极力主张伦敦的俄罗斯商人应该将他们的工作转向美洲。他写道，英格兰和俄罗斯之间每年有10艘船舶航行，几十年内，每年就会有20艘船两次去往美洲。[31]迈克尔·洛克在16世纪80年代初为他在弗罗比舍航海中的所作所为写了一篇长篇自辩书，很好地重塑了这次探险的目的。众所周知，中国和印度有“自然财富和无限财宝以及丰富商品的巨大货流”，“每本关于那些地区的历史和宇宙地理学的书里都有记载，这样的书在每家书店里都能找到”。然而，美洲正等待我们去发现，美洲像俄罗斯和其他地区一样，到处是居民和商品：那里有原料、殖民潜力和未来进行跨大西洋贸易的希望。[32]

这也吸引了小理查德·哈克卢特的注意，他1584年给宫廷的资助人写了一篇极为投机的文章，讲述英格兰在美洲“殖民”的益处。哈克卢特当时30岁出头，在伦敦和女王的宫廷内都有很好的人脉，在牛津受到伦敦的生皮商公会和绒匠公会的支持（他的一位主要资助人是绒匠，后来成为东印度公司的著名创始商人），并与有权有势的弗朗西斯·沃尔辛厄姆爵士走得很近。[33]哈克卢特的第一本书《发现美洲的不同航行》(*Divers voyages touching the discoverie of America*，1582)是人们了解新大陆的重要资料。

哈克卢特的提议基本上是公然殖民。考虑到这30年来的发展情况，这并不令人意外：对新市场和贸易的渴望、新型皇家特许公司机构(如莫斯科公司)、英格兰在航海技术等专业知识方面的积累、基督教的教化使命，以及女王授权的像吉尔伯特的美洲专利权那样的“殖民地产权”计划。[34]现在，哈克卢特向大臣沃尔特·雷利书面报告了殖民项目的可能性，他看到了英格兰当时正承受来自西班牙国王腓力二世的巨大压力，认为这个项目能给英格兰带来利益，所以提出了向美洲发展的战略计划。他预想此举有可能限制西班牙的发展，尤其是西班牙在加勒比地区的发展；他找到了让英格兰商人摆脱西班牙势力束缚的方法，并为推动英格兰的贸易策划一次奇妙的探险。与在中殿律师学院的堂兄一样，他看到商品制造和贸易能增加穷人就业机会，并产生社会效益。他想象女王政府的海关收入提高，海军不断发展，伊丽莎白女王在外国领土所有权方面超越腓力国王。但他也呼吁在其他大国开始建立各自的殖民地之前迅速殖民美洲。他列出的第一个穿越大西洋进行“西部殖民”的理由是“传播福音”，即把新教传播到远方。[35]

所以舞台已经搭好，地基也已奠定。殖民项目可以吸引整个王国的商人。这是一个国家项目，长期以来，像哈克卢特这样的专家一直在为整个王国的利益思考和写作。但由于家族、资本和经验高度集中在伦敦，这里成了进入新世界并与之贸易的理想地点。正是因为上述原因，伊丽莎白时代两家最大的殖民贸易公司——弗吉尼亚公司(Virginia Company)和东印度公司——都成立于这座城市。

第15章

夏洛克的胜利

在弗罗比舍失败后的几年里，迈克尔·洛克可以吹嘘的只剩他进过伦敦的每所监狱，这确实有点可悲。余生中，他始终背着债务，再也无法回到昔日的地位。寻找中国的航行击垮了这个人，虽然选择的道路不同，但他像理查德·哈克卢特或约翰·迪伊一样富有远见卓识；问题在于他的贪念，为此他遭到了复仇女神的报复。这个问题在20世纪继续发酵，一些神秘的阴谋论家认为莎士比亚戏剧其实是由第十七代牛津伯爵约翰·德维尔（John de Vere）撰写的（即使按照伊丽莎白时代贵族的标准来看，这位牛津伯爵也傲慢、自负、肤浅到了令人发指的程度），牛津伯爵笔下《威尼斯商人》（*The Merchant of Venice*）中的夏洛克原型是洛克。弗罗比舍提出的许多有争议的指控之一就是洛克从伯爵那里诈骗了1000英镑。如果迈克尔·洛克从坟墓中复活，看到自己的名誉进一步受损，这个可怜人一定会气得发抖。

洛克和莎士比亚的夏洛克通过不同的道路将我们引向同一个地点。伊丽莎白时代的人们因金钱而担忧：他们既忧虑挣不到钱，又担心金钱腐蚀基督徒。16世纪人们对金钱的态度正在转变。人们对高利贷的固有态度受到了抨击：语言的发展反映出旧有道德限制的松动。伊丽莎白时代的英格兰人可能仍然会说，对财富的热爱让灵魂陷入危险，但这是他们的真实想法吗？

虽然新出现的宽松态度让伊丽莎白时代的人们感到惊讶，但我们不会。随着他们的经验通过旅行和探险而迅速增加，伊丽莎白时代的人们不得不接触陌生的民族和地区。伦敦人在家里能够读到很多新书，其内容在15世纪末还是不可想象的：托马斯·哈克特翻译的让·里博和安德烈·泰韦美洲探险经历引人入胜，这些文字与曼德维尔描写的神话般的怪物相比已经有了很大的差异。然而，他们却希望把他们发现的一切都纳入传统假设的僵化结构。他们的世界正以奇妙的方式发生意想不到的变化，伊丽莎白时代的人们缓慢又踟蹰地接受自己造成的变化的后果。

商业投资使有关货币的新词汇站稳了脚跟：资本、股票、股份、股息、利息，这些我们认为理所当然的词汇对伊丽莎白时代的人们来说是陌生的、让他们感到焦虑的。当然，他们眼前有着绝佳的机会，但资金仍然是一个问题。巨大的财富长期困扰着基督教欧洲的价值观，至少折磨着神学家和传教士的良知。金钱可以是灵魂的腐蚀者，也可以是权力的工具，这是小汉斯·霍尔拜因在他《财富的胜利》中表达的寓意。金钱会败坏道德，甚至会颠覆世界，如莎士比亚所看到的那样，在“黄黄的、发光的、宝贵的金子”中，隐藏着能“使黑的变成白的，丑的变成美的，错的变成对的，卑贱变成尊贵，老人变成少年，懦夫变成勇士”的力量［《雅典的泰门》（*Timon of Athens*），第四幕，第三场，26—30行］。[1]

有些东西在慢慢改变，人们的态度也在逐渐转变。夏洛克胜利了——但胜利之前并非没有一点交锋。

* * *

正如我们在前几章看到的，长期以来整个欧洲的皇帝、国王和君主一直从富商那里贷款。几个世纪以来，银行家（最初是意大利人，然后是德意志人，如富格尔和韦尔泽）一直借给君主巨额有息贷款，以此帮助他们一展宏图。当涉及国家事务时，高利贷问题就很容易被放到一边了。

表面上，君主们的高昂经费只受实用和必要的原则管控。王室与欧洲的银行大亨家族联手是出于自愿的利益联姻，但就像16世纪的真正的婚姻一样，所有的权力都在其中一方手中。对于君主来说，每当他因短期内充裕的国库资金松了口气后，多年还款甚至贷款违约造成的长期懊悔和痛苦就会随之而来。30年来，都铎王朝一直在外国银行家那里负债。即使通过托马斯·格雷欣爵士监督和调整，仅其利息也惨不忍睹。伊丽莎白一世的议员曾对下议院说，这“正在侵蚀着我们”，这是“最致命的毒瘤，甚至能吞噬国王的土地”。[2]

安特卫普的王室代理人负责管理王室债务的日常问题。正如斯蒂芬·沃恩1546年在安特卫普写的那样：“我永远也不能摆脱福格尔，邦维奇银行……也频频掣肘。”[3]格雷欣、沃恩或他们的代理人没精力真正考虑高利贷在神学或教义方面的问题，他们的工作是在谈判中获取优惠的贷款条件，这种工作可能吃力不讨好：例如，因拖延付款，沃恩受到亨利八世的债权人的轻慢侮辱；还有银行家的代理人对成箱的钱币挑挑拣拣，分辨哪些硬币能收，哪些不能收。[4]格雷欣的官方账本说明了一切，账本列出了贷款的数额、中间人的费用以及应付的利息。在他写给威廉·塞西尔爵士的信里，他因安特卫普极端复杂的交易而产生了焦虑情绪。有时银行家会很紧张，担心商业破产，或担心像西班牙国王这样的大主权债务国贷款违约。格雷欣描述了“银行的大混乱”以及伊丽莎白女王的债权人的痛苦经历，他们战战兢兢，渴望帮女王摆脱债务。[5]而这一切都发生在尼德兰起义（Dutch Revolt）和西班牙袭击安特卫普之前，这两场动荡后来进一步震动了这座当时欧洲最大的金融中心。

托马斯·格雷欣十分善于宣传他对安特卫普交易所的掌控力。即便如此，他还是希望王室减少对外国贷款的依赖，转向国内贷款。格雷欣坚持说，如果女王用自己的商人筹集资金，她将在整个欧洲树立“大权在握的君主”形象。[6]格雷欣一直以自己的能力为荣，他能影响并操纵安特卫普交易所，使它为女王的利益服务。现在他相信自己和女王应该在战术和战略上利用国内的“钱商”，使他们“为君主服务”。[7]

与欧洲大陆上的同行相比，英格兰商人接触银行业务较晚。17世纪初，睿智的伦敦商业分析家杰勒德·德·马利纳（Gerard de Malynes）回顾了亨利七世的统治时期（1485—1509），他发现“在那个时代，银行家刚刚起步，他们发明货币交易，使货币成为一种商品”。[8]马利纳指的是出借货币以赚取更多货币。

16世纪60年代，格雷欣从伦敦的商人那里贷款，这些商人提供的有息贷款将用以偿还女王在安特卫普和奥格斯堡的债权人。这些“钱商”是这座城市的超级富豪，他们是现任和前任市长、市议员、同业公会的会长和执事，以及像莫斯科公司这样的新企业的领导人和投资人。这里既有扎根于欧洲古老商业世界的商人，又有新型风投企业的投资人。他们和富格尔一样精明务实，格雷欣给他们的贷款条款严格遵循安特卫普模式，包括贷款数额、贷款谈判中中间人收取的费用以及最终应付的利息。[9]

格雷欣知道自己游走在法律边缘。爱德华六世国王曾颁布法令全面禁止收取利息的行为，所以女王必须给予她的债权人特别保护，使他们免予起诉。[10] 然而，格雷欣是个务实的人，用他自己的代理人理查德·克拉夫的话来说，格雷欣相信“人与人之间合理的利益”是有必要的。[11] 格雷欣对塞西尔强调这是为了更快完成“陛下的项目”，换句话说，他需要合适的工具来完成交给他的工作。但塞西尔思想传统，和大多数人一样，他认为要在法律上警惕并防范高利贷。[12]

对于伊丽莎白时代的人们来说，高利贷不是一个美好的词语或概念。高利贷也是一个复杂的概念，尽管为取得经济回报而出借资金很难不被定义为高利贷，但要清晰界定它还是很难的。造成这种情况的部分原因是，几个世纪以来，有众多实践者利用自己的天才和创造性思维，想方设法地发现法律漏洞，试图打擦边球。我们掌握的伊丽莎白时代人们对高利贷的理解的资料中，最接近词典定义的是托马斯·威尔逊（Thomas Wilson）博士1572年（英格兰放宽法律、允许收取最多10%的利息的后一年）写下的内容：“高利贷是指在借出借入行为发生时，借出方仅因借用行为本身而在借款限期内收取超出借出本金金额的情况。”[13]“本金”指借出的资金总额，“超出借出本金金额”指收取的贷款利息。但是真的像威尔逊认为的这样，所有利息都算高利贷吗？还是只有利息过高时才是？它可以扩大到金钱以外的范围吗？几个世纪以来，这样的问题困扰着人们，伊丽莎白时代的英格兰人为此忧心忡忡。

因此，托马斯·格雷欣爵士的实用主义触犯了教会与基督教世界的几大禁忌之一。钱既必要，又容易产生问题。问题产生的原因在于人获取金钱的方式受上帝的监督，任何人都无法规避。

《威尼斯商人》生动地描绘了伊丽莎白时代英格兰人面对高利贷、利息和金钱时的矛盾心情。夏洛克的成功在于他是局外人，而且他愤世嫉俗，被大家孤立：他是一个富有的犹太人，是16世纪欧洲常见的代表恐惧和仇恨的人物形象，这类人鄙视基督教社会的行为准则和价值观。在夏洛克和商人安东尼奥这两个角色中，莎士比亚给我们展现了两种对金钱的极端立场，一个人贪婪得可怕，另一个人非常慷慨，但幼稚得无可救药。

安东尼奥和夏洛克做生意时秉承完全相反的原则。夏洛克抱怨说，安东尼奥那种基督徒的善良对城里放债人有不利影响：

> ……他是个傻子，
> 借钱给人不取利钱，
> 把咱们在威尼斯城里干放债这一行的利息都压低了。（第一幕，第三场，43—45行）

夏洛克这里说的“利息”是指贷款的期限，这个期限决定了利息的金额。一个商人与一个放债人是截然不同的，这一点非常重要但很容易被忽视。安东尼奥是一位传统的商人冒险家：他从事商品交易并利用船舶进行海上贸易；他有时也是资金出借人，但只在有充分且正当的理由时出借。夏洛克则是专业的放债人，贪婪、不择手段。这两个人有着天壤之别。夏洛克只是用他的钱来赚取更多的钱，他不做贸易，还看不起做贸易，从这个意义上说，放债人是被动的，商人是主动的。安东尼奥承担风险，而夏洛克只借钱，不承担任何风险。夏洛克口中自己“辛辛苦苦赚下来的钱”（第一幕，第三场，50—51行）被安东尼奥称为“利息”。对很多莎士比亚的观众来说，这个词和概念就像“高利贷”一样具有攻击性和压迫性。

对于16世纪90年代的萨瑟克戏迷来说，安东尼奥无偿借钱的做法似乎早已过时，在伦敦乃至整个欧洲，夏洛克的做法已经是成熟的商业模式。在技术层面，夏洛克和富格尔之间几乎没有什么区别（不过，尽管富格尔很强势，但还没有走到割债务人的肉的地步）。[14]

对于伊丽莎白时代的人们来说，“利息”是需要注意的词汇，他们担心它会减损语言的诚实。有些人认为含糊其词的语言能够削弱金融业务给人留下的不良印象，通过巧妙地混淆概念，传统意义上的罪恶被包装一新。毕竟，委婉能最大限度地转移人们对真相的注意力。1594年，一位作家认为，绅士和商人正在用“美好的词语”来掩饰高利贷：“他们不会说用钱放高利贷，而是说收利息；或说是叫财产收益期，或是他们收取的报酬、租金或正当的酬金。”[15]另一位作家说，高利贷披着一件“掩盖其丑陋本质的漂亮外衣”，“我指的是所谓金钱的利息或利润”。[16]那种货币的目的仅是促进交易和商业的想法，可以一直追溯到亚里士多德。但是，如果在财富产生的过程中，根本没有发生交易呢？货币可以简单地自我再生的想法令人生畏，“月复一月，年复一年，利用本金可以持续盈利，直到贷款被全部偿还”。对于道德家来说，高利贷就藏在新名词“利息”之下。[17]

正是在这里，我们开始看到，伊丽莎白时代的人们如何从道德层面理解商人积累的财富。《威尼斯商人》再次给我们提供帮助。安东尼奥的财富是有意义的：他从事的商业冒险充满活力、生气勃勃。贸易活动来之不易、实实在在。商品及其产生的财富，都与商业繁荣和公共利益息息相关：纺织品和香料，皮草和油脂，船只和商队，与外国商人和君主的交流，这是伴有风险的合法回报，也可能遭遇天定的失败和损失。在伊丽莎白时代人们的心目中，夏洛克和安东尼·詹金森有着本质区别，前者和其他放高利贷者只是在不断增加的财富上坐享其成，而后者埋头苦干，带着莫斯科公司的伦敦布料艰难地走在丝绸之路上。

伦敦传教士看见了一座被贪念侵蚀的城市。他们认为，高利贷是一种特殊的瘟疫，它传播恶习和罪恶，预示着毁灭。在1577年的瘟疫时期，在圣保罗教堂广场上，一位传道人的布道以严酷的措辞开场：

> 这座城市邪恶、冷酷、肮脏，灾祸即将降临，她对上帝的命令充耳不闻，不领受训诲，不信任主，不亲近她的神，城里的统治者像咆哮的狮子，法官如同夜晚的群狼。[18]

魔鬼在伦敦的街道上潜行，将他的魔爪伸向世俗的人们。在一部道德剧中，撒旦赞美不被高利贷法律束缚的“世俗人”。撒旦继续警告说：

你们这些世俗人，信任财富吧，
尽情欢乐，建造宫殿，大声欢呼：
把你的钱投进高利贷，不要让它躺在那里生锈，
在这里，你要遵守我的律法。[19]

关于高利贷的布道在伦敦普遍到能自成一派，其中最引人注目的是1570年由圣彼得康希尔教区（St Peter's Cornhill）的教士理查德·庞德尔（Richard Porder）在圣保罗广场的宣讲。这篇布道词（印刷成册后有近40 000字）的惊人之处在于庞德尔传达给伦敦人的内容远远超出了通常讲道中的《圣经》文本、神的劝诫和厄运的降临。庞德尔是一个年轻的毕业生，他眼光敏锐，头脑清晰，仔细观察商人们如何做生意，辨别他们巧妙的手法，并且看到基督教道德观在黄金的重压下节节败退。

庞德尔也不能完全确定一个人是否有可能既是一位好基督徒，又是一位在市场或交易所做生意的精明商人。他认为，太多商人自以为自己的钱来自在善变的市场和交易所中的好运，恰恰相反，庞德尔看到的是“人性的恶劣，人们窥探邻居的需求，并从中获利”。[20]对于庞德尔来说，“市场”是有形的实体，是商人和其他人进行买卖的空间和地点，受到良好行为规范的制约——准确来说就是“市场行为准则”。[21]但庞德尔认为，这里也是人们做出如何对待他人的道德选择的地方，在这个问题上他们必须承担个人责任。[22]伊丽莎白时代的剧作家也有同样的观点——这是非常罕见的情况，剧作家和传道人竟然有相同的价值观。

理查德·庞德尔激烈地谴责他看到的一切，指出普通的高利贷者造成的危害；在庞德尔的一个例子中，40先令的贷款可能需

要付每周5先令的利息。[23]乔治·惠茨通（George Whetstone）等伊丽莎白时代的道德家认为，伦敦很流行这种小额高利贷。他义愤填膺地说明年轻和天真的绅士们是如何被“中间人”的魔爪抓住，这些“中间人”一般是破产市民或本身有负债的绅士，他们让受害者向自己的债权人“借款”，然后从利息中分一杯羹。[24]从另一个角度看，“中间人”就是皮条客：前一种中间人为他的客户搞到钱，后一种中间人提供性。

庞德尔布道中最突出的一点是他全面而直接地攻击了商人使用外汇的方式。违法高利贷是一回事，任何人都可以谴责贪婪的放高利贷者，但是，要把商人使用的汇票看作一种高利贷则完全是另一回事了。

汇票是贸易商人主要的收入来源，几十年来它促成了英格兰与低地国家的贸易。汇票不是夏洛克的赚钱工具，而是安东尼奥这类勤劳的商人的谋生手段，用于安特卫普和其他集市买卖商品、进行贸易。如果没有汇票，托马斯·温杜特、理查德和托马斯·格雷欣、格雷戈里和约翰·艾沙姆以及其他几千名有良好声誉的商人都不可能达成各自的商业成就。

但庞德尔提出不同的视角，他以两个商人在伦敦签发的汇票为例，他们其中一人是“出款人”，另一个是“收受人”。收受人从出款人那里得到一笔以英镑为单位的钱，该汇票是收受人的承诺，他将按照汇率，在安特卫普以当地货币佛兰德镑偿还这笔钱。这笔交易看起来很简单，一位伊丽莎白时代的专家描述道：“人们使用货币在同一国家简单直接地交易……汇票则用于在异国进行同样的交易，使用时人们要根据当时商人对两国之间货币的估值［即汇率］换算”。[25]

所有汇票的关键是两个商人约定的还款日期，他们使用了夏洛克用的那个词，“利息”。收受人可以在标准的一个月期限（“习惯期限”）或者十五天（“半期”）或两个月（“双期”）之后向安特卫普出款人的代理支付该款。

庞德尔看到了汇票的本质：它是两个商人间的临时借贷。的确如此，在汇票的帮助下，一代又一代的商人在资金不足但预期销售情况良好的情况下去安特卫普售卖布料。由于交易所的业务性质以及汇率的运作方式，在安特卫普，收受人实际上偿还的金额几乎总是高于他从伦敦借入的金额，庞德尔就是对这一点提出了异议。在交易中，庞德尔认为，借款人实际上是债务人，他向债权人（出款人）借钱，为获得定期贷款，在“本金”之外额外支付一笔金额。庞德尔确信这是高利贷。[26]

他知道商人会列举风险来回应，因为根据传统，只有无论借款人的生意是否有风险贷款人都能获得利润的情况，才能叫作高利贷。[27]商人可能会说，风险在于汇率的波动性，出款人不是在获取“过剩金额”（这是利息的另一种说法），收受人偿还的金额可能低于借到的金额。[28]庞德尔轻而易举地驳斥了这些反对意见，他明白市场存在“危险”，但他知道（管理交易所的当局也知道），出款人获利的可能比亏损的可能要大得多。[29]庞德尔认为“普通高利贷者”（简单地借出一笔有利息的钱）和“交易高利贷者”之间没有区别。在他看来，这两种情况下，获取利润的可能性都大大超过损失。[30]

尽管他不是金融分析师或交易专家，但庞德尔以他的方式充分且全面地考虑了这一即使后来在1571年法律变化后，仍然困扰着伊丽莎白时代人们的问题。他看到商人对货币价值的说法是如何随着汇率而变化的，他自行评估了外汇交易中的风险，他认识到出款人（作为债权人）和收受人（作为债务人）之间的权力关系，他拒绝接受用市场或交易运营作为榨取金钱的借口。他也看到，在巨大的道德和精神成本下，商人如何通过金钱“在兑换中一去一回”来赚取更多的钱，使之成为“赚钱的长期生意”。[31] 这样安东尼奥就有发展成夏洛克的危险：资本雄厚的商人可以在交易所之间保持票据顺畅运行，不需要很多交易就能获得丰厚的回报。[32]

与理查德·庞德尔同时代的托马斯·威尔逊（公认伊丽莎白时代最杰出的研究高利贷的专家）也有相似的想法，他很反感将资金用作商品进行交易，“让贷款成为一种商品”的做法。[33] 威尔逊的著作《论高利贷》（*A Discourse upon Usury*，1572）是庞德尔布道词的姊妹篇。庞德尔是教士；威尔逊是律师，还是古典学者和政府官员。庞德尔的圣彼得康希尔教区离威尔逊的公寓不远，后者在伦敦塔附近的圣凯瑟琳医院（hospital of St Katherine）。两人都看到了高利贷及其毒害，都从道德角度对伦敦人大声疾呼，试图将金钱收归上帝和法律的控制之下。

威尔逊的《论高利贷》是一位商人、他的亲戚兼学徒、一位传教士、一位对伦敦律师学院稍有了解的绅士与一位民事法律（或者说，罗马法律）的“平民”专家之间的长对话。当然，谈话中最聪明机敏的人是平民：毕竟这是威尔逊的专长。

威尔逊将对话的场景设定在伦敦商人的房子里，一个炎热的午后，大家早上刚听过一场有关高利贷的布道。商人和他的客人享受了一顿美味的午餐之后，学徒在美丽的花园里摆放了靠垫。商人非常热情，“像喜鹊一样欢快”，他很期待这次谈话，沾沾自

11. 安东尼·詹金森突破性的亚洲地图中的一个细节（1562年）。地图讲述了他从莫斯科返回布哈拉的危险旅程，地图上还描绘了一艘伊丽莎白时代的帆船在里海航行。

12.宇宙学家、编辑和殖民理论家肯普（C. E. Kempe）为纪念小理查德·哈克卢特而制作的维多利亚时代的彩色玻璃。

13.金匠、制图师汉弗莱·科尔于1582年制作的通用航海仪器。科尔是优秀的工匠，密切参与了马丁·弗罗比舍在16世纪70年代末的三次航海。

14. 科内利斯·克特尔1577年创作的马丁·弗罗比舍肖像，画中的他粗野健壮，准备征服世界。

15. 莎士比亚的“黄黄的、发光的、宝贵的金子”：伊丽莎白时代的君主。

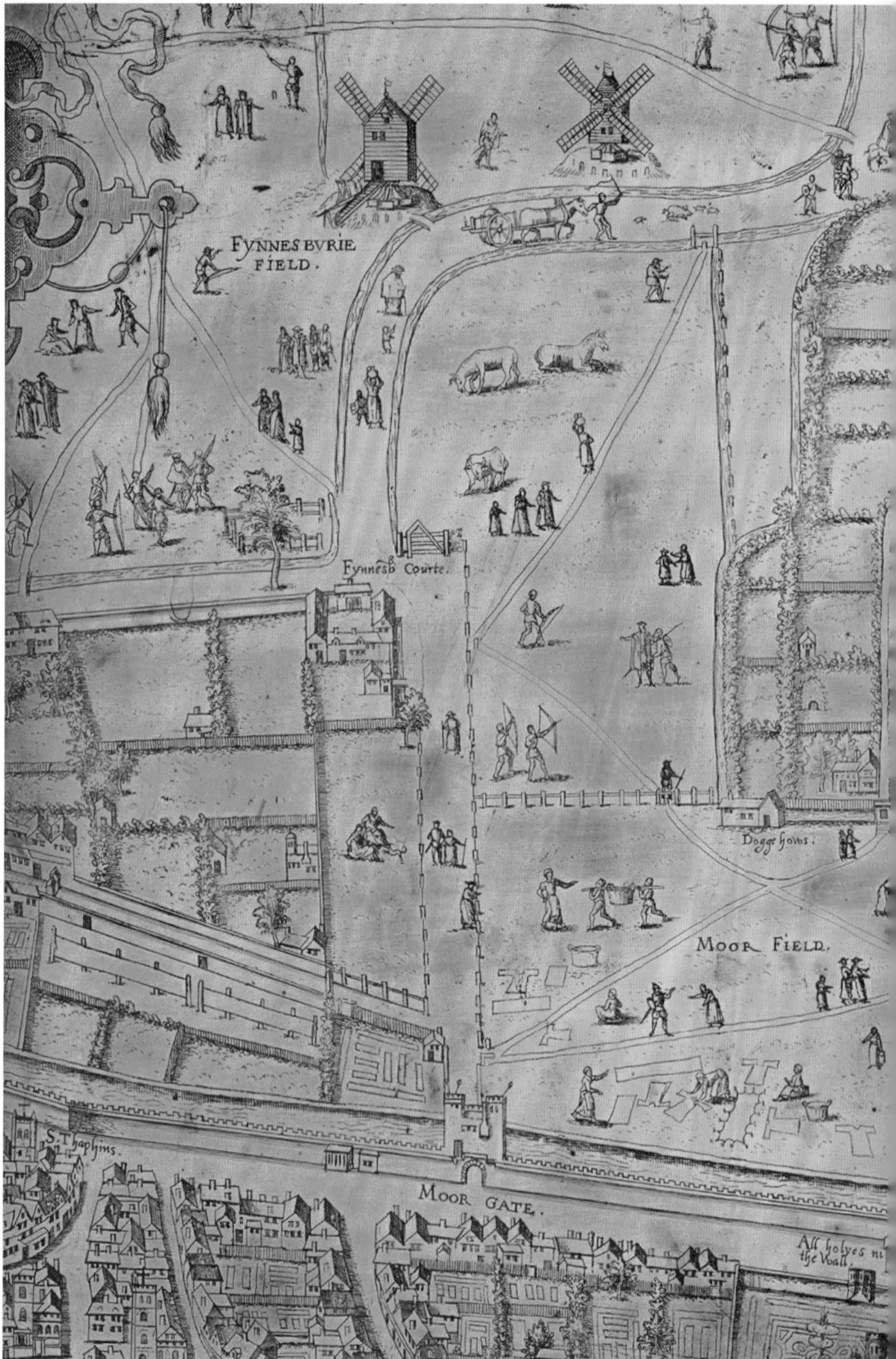

16.伦敦“铜版地图”所用印版上的镜面图像。地图描绘了主教门门外的郊区，包括伯利恒医院和可怖的穆尔菲尔兹地区。

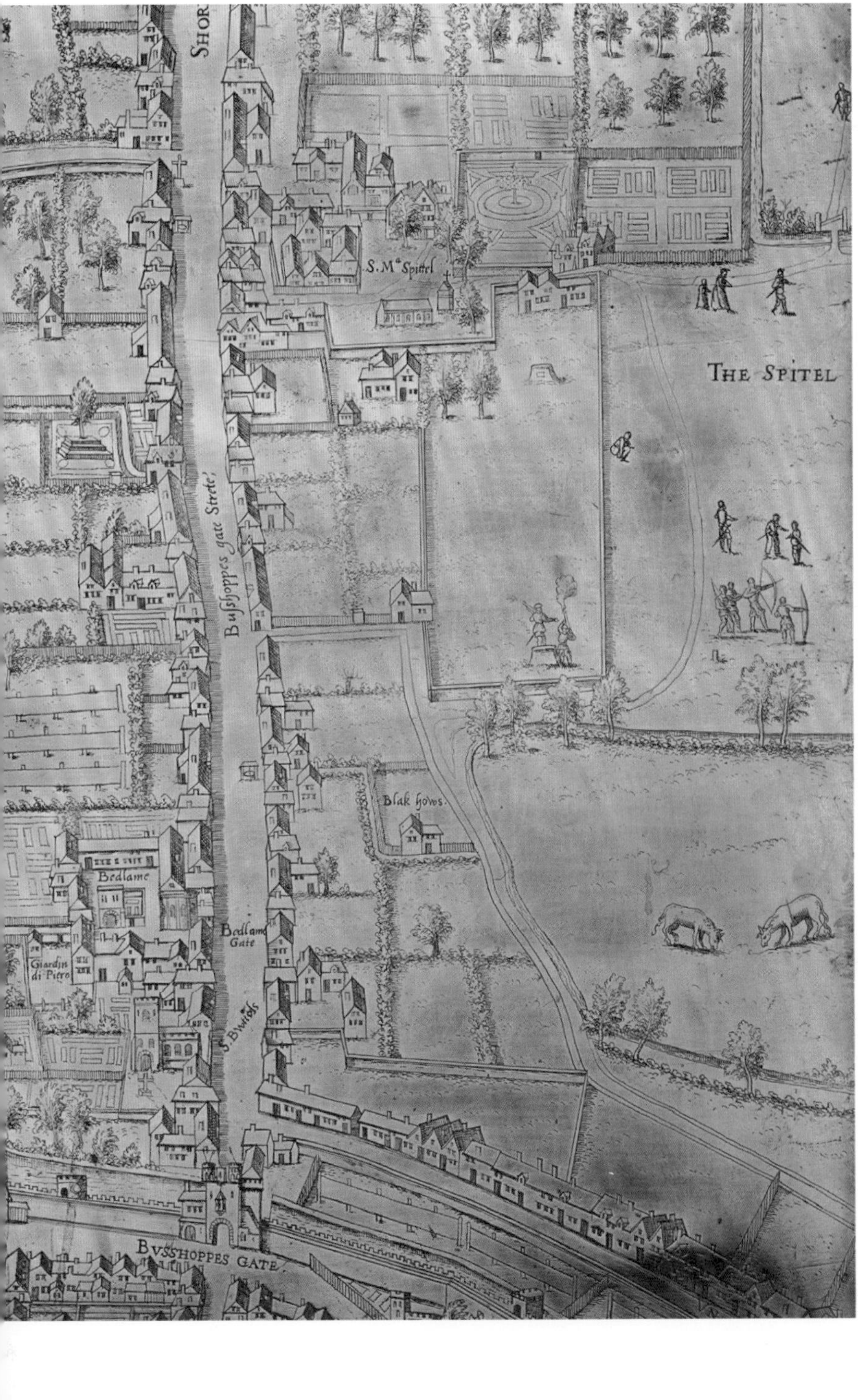
SHOR
S. Mª Spittel
THE SPITEL
Busshoppes gate Strete
Blak hows.
Bedlame
Bedlame Gate
Giardin di Piero
S. Btwlds
BUSSHOPPES GATE

17.完美的企业经营者：托马斯·斯迈思爵士，他在詹姆斯一世统治时期担任莫斯科公司、东印度公司和弗吉尼亚公司的总督。

NOVA BRITANNIA.
OFFERING MOST
Excellent fruites by Planting in
VIRGINIA.
Exciting all such as be well affected
to further the same.

LONDON
Printed for SAMVEL MACHAM, and are to be sold at
his Shop in Pauls Church-yard, at the
Signe of the Bul-head.
1609.

18.殖民弗吉尼亚：通过贸易建立帝国，人们期待着伦敦商人和投资者可以“种下”一个新不列颠。图为“新不列颠”的标题页，1609年。

9. 圣安德鲁安德谢夫小教堂，伦敦古董商人约翰·斯托的最后安息之地，如今位于伦敦圣玛丽斧街30号的阴影下。

20. 热切地仰望天堂：保罗·贝宁（1616年过世）的雕像。他是黎凡特公司和东印度公司的资深商人，也是伦敦的市议员。他和他的兄弟彼得（1610年过世）合葬在哈特街的圣奥拉夫教堂。

喜地接受传教士的指责，承认自己心里“除了赚钱没有别的”。[34]他们谈论商人的汇票和汇率的不稳定。客人（还有威尔逊本人）与理查德·庞德尔一样，对商人用汇票有风险为自己辩护不以为然，他们认为货币兑换真正暴露的是“人的贪婪和爱财之心，所以他用圈套或诡计来满足自己的欲望”。[35]威尔逊立场鲜明：个人有遵守神的法则和人类法律的道德责任，贸易和金融机制不能为逃避责任辩解。

威尔逊非常喜欢一则猛烈嘲讽伦敦城的笑话，笑话讲述一位著名教士做了一次“全面反对高利贷”的布道。当天，教士与一位富有的大商人共进晚餐。饭后，商人对教士的讲道表示感谢，并说“他那天说了很多反对高利贷的话，说得太好了”。因为这个商人是伦敦从高利贷里赚钱最多的人，所以他的朋友问他为什么这么说。“呸！”商人对他的朋友说，“你这个傻瓜。我确实感谢他，并再三感谢他，你知道为什么？他的话能减少高利贷者的数量，放贷人越少，我的收益就越多，因为那时候人们都来找我了。”他的朋友真的以为他会“因为他［教士］随便几句话，就放弃这么好的一门生意”？[36]

《论高利贷》中的商人认为自己对待金钱的方式是常识，所以用这一点来为自己辩护。如果商人不期待未来收益，还会做生意吗？“谁会疯狂到把自己的钱白白拿出来？”他的亲戚学徒比他更进一步，不惜一切代价投身贸易和商业的艰辛危险中的意义是什么？“我很年轻，”他说，“我很高兴能从前辈那里学习轻松获得金钱的方法，还有钱生钱的方法，我认为这是很大的收获。”这位年轻人不加掩饰的直白更让人震惊。[37]

如果我们相信庞德尔和威尔逊这些教士和作家，那么冰冷的金钱正逐渐击退基督教的仁爱温暖，城市和社会正在挑战上帝。在威尔逊《论高利贷》一书中，教士说道："我认为，可以肯定的是世界就快走到尽头了。"他的态度与沾沾自喜、大腹便便的商人形象形成鲜明对比。但威尔逊是认真的，在将这本书献给他的贵族赞助人时，他写道："我确实相信，这个世界的末日已近。"[38]与他同时代的许多人一样，威尔逊不愿放弃深刻的道德假设和联想。

当我们把这些狂热的道德评论与伊丽莎白统治时期的商业冒险、王室财务的复杂性、交易所的运作和新兴特许贸易公司联系在一起时，就会发现这样的言论有多么独特。但是过去的习惯和价值观很难摆脱：一个被基督教道德观完全浸透、把高利贷视为罪恶的社会不会很快就接受新的经济思维。这种调整需要时间，人们必须准备以新的方式思考。1570年的一份政策文件要求严格审查法律，这份文件的作者透过道德愤慨造成的乌烟瘴气，清晰地看到了现实情况。如果全面禁止高利贷，商人只会隐瞒他们在复杂的交易往来中谋取的暴利：这样的"高利贷会破坏这个王国，但如果出借人要求的利息正当合理，货币或其他物品的借用就是人类社会的一种商品"。[39]这句话包含着深厚的传统和全新的思考经济现实的方式，使一些古老的道德和神学中确定的观点变得模糊。

更复杂的是，伊丽莎白时代晚期的伦敦商人不愿被简单地归类。庞德尔把他们分为普通高利贷者和交易高利贷者，而威尔逊创作了两个讽刺性的人物，一个是大腹便便的商人，另一个是道德败坏的徒弟。教士和律师肯定知道他们利用的是小报中的刻板印象，他们也知道在16世纪70和80年代的伦敦，自己更可能遇到的是真诚的商人，这些商人清楚这座城市在道德方面需要改革；很多伊丽莎白时代晚期的伦敦商人都有清教主义倾向，他们花费大量时间在教堂里聆听长长的布道，这和他们待在账房里的时间几乎一样。

事实上，这座城市的市政精英明显有一种敬虔感，他们信奉上帝，并用自己的良知向其他人证明那些恪守规范的教士们担心的那种商业交易是正当的。虔诚的伦敦商人放眼世界，希望将基督教传给无神论的野蛮人，在新世纪之交，伦敦将把贸易和真正的信仰带入新世界。他们也致力于发展伦敦本身：他们照顾自己的教区以及这座不断扩大和变化的城市中教众的生活，维护生活和道德水平，并提供慈善资助。

第16章

小圣巴塞洛缪教堂

想象一下，一座城市的人口因乡村人口涌入而膨胀，这些移民又因农作物歉收和饥荒而饱受摧残，只能挤在不断扩张的郊区的肮脏公寓中。除了教区和慈善救济院的资源之外，这座城市没有任何形式的治安网络，贫困、骚乱和犯罪的阴影威胁着政府，因此政府有时会宣布戒严；男人被征召去外国作战，而那些能幸运地回到家乡的人，也只能像许多其他人一样在街头乞讨；工资不断下降，然而物价上涨，使成千上万的人陷入贫困；从最贫穷的人到最富有的人——但特别是最贫穷的人——都感受到瘟疫带来的剧痛，它悄悄接近各个教区社区，夺取众多家庭里的生命。再想象这座城市坐落在400多年前的泰晤士河畔，这座城市就是16世纪90年代的伦敦，处于艰难的都铎世纪之末。这就是我们通常说的伊丽莎白一世的黄金时代。

在16世纪90年代的伦敦，没有人怀疑他们的城市正在发生变化。社会结构面临压力；伦敦的精英们在城市治理的态度和行动上一直比较保守，因为他们感到自己处于危险的边缘。他们的做法没有错：城市正面临挑战，这对即使拥有无限资源的现代国家也是一种考验。1594至1597年间，连续四个夏季收成不佳；食品价格上涨，导致了饥荒和囤积粮食谋利的问题。在此之前，1592和1593年，瘟疫造成成千上万伦敦人死亡，约占城市人口的14%，1601和1603年瘟疫再次降临，造成更多人死亡。当伦敦瘟疫盛行时，这座城市实行隔离；有些人为了安全而逃离。[1] 托马斯·德克尔在《绝妙的一年》（*The Wonderfull Yeare*，1603）中写道，死亡“甚至在齐普赛和新特洛伊城（Troynovant）的主要街道上横行”。[2] 对于伊丽莎白时代的人们来说，那些圣保罗十字广场上关于伦敦的罪恶的长篇布道词，以及上帝的审判，并非空洞的言辞：许多人认为这座城市正遭受上天的惩罚。

然而，尽管如此，伦敦的人口仍继续不受限制地增长：总体而言，到城里碰碰运气总比在农村挨饿好。毫无疑问，穷人与富人之间存在巨大的不平等。大量穷人迁入城市，其中大部分在旧城墙外的教区安顿下来；他们是外来者、异乡人、外地人和移民，试图抓住哪怕一点生存机会。即使是在伦敦根基稳固的市民，那些享有特权并对城市事务有发言权的富有商人、零售商和店主，也感受到了时代带来的尖锐痛楚。1596年，市政府写信给女王枢密院：

> 这场食品短缺至今已经持续了三年之久，此前的三年瘟疫肆虐，这使整个城市的财产被极度消耗，很多富人财力被削弱，完全失去了公共服务的能力，他们竭尽全力、尽力节俭也很难维持家庭的日常花销。他们中的很多人被迫放弃生意，解散家仆，因为国外贸易衰退大大增加了社会中的不幸。[3]

饥荒、瘟疫、贫穷，以及脆弱的欧洲贸易：商人正遭受苦难。这种痛苦的呼喊是对政府索取金钱的回应。在其他时期，这可能会被解读为生活舒适的精英阶层的夸张恳求，但16世纪90年代与任何其他时期都不一样，尽管伦敦社会各阶层受影响的程度不同，但每个伦敦人都切实感受到了这种痛苦。

不同寻常的是，这样的条件下似乎出现了一股与伊丽莎白时代晚期伦敦的严酷环境截然不同的创造力。16世纪90年代的瘟疫时期，莎士比亚被迫休假，离开伦敦；托马斯·基德（Thomas Kyd）的《西班牙悲剧》（*The Spanish Tragedy*）和克里斯托弗·马洛（Christopher Marlowe）的《巴黎大屠杀》（*The Massacre at Paris*）演出一周后，萨瑟克的剧院关闭了。几个月后，剧院重新开放，莎士比亚回到伦敦，在之后的几年里给观众带来了《爱的徒劳》（*Love's Labour's Lost*）、《仲夏夜之梦》（*A Midsummer Night's Dream*）和《罗密欧与朱丽叶》（*Romeo and Juliet*）。[4]

贫穷是伦敦面临的最大考验之一。这座城市的贫困问题很普遍，特别是在城墙外过度拥挤的大型教区。伊丽莎白时代的人们继承并运用了“无能且懒惰的穷人”的观念，这种观念在狄更斯的时代广为流传，今天我们仍在使用。有些人贫穷不是由于自己的过错，所以值得别人去帮助和支持；而另一些人贫穷是因为懒散，所以就要利用外力，迫使他们顺从地工作。伊丽莎白时代的人们一直担心那些“不受管控”的人，因为他们游离在家庭或行业的父权秩序外，对等级秩序嗤之以鼻，可能会颠覆社会。亨利·阿辛顿（Henry Arthington）为了使人们准确地识别出哪些人值得帮助，在他的《帮助穷人》（*Provision for the Poore*，1597）

中列出了贫困标准清单。他用伦敦异乡人教会作为其他人的榜样：“因为他们小心地让同胞不致落入好吃懒做、沿街乞讨的境地，不至于像有些人一样，明明可以工作，却既不想工作也不要工资。而且一旦有人堕落了，同伴都会知晓他的情况。”[5]

根据阿辛顿的标准，伦敦“无能的穷人”得到了教区和救济院的帮助。对于城市及其领导者来说，在伦敦及其周边地区四处劫掠的犯罪团伙更成问题，这些团伙由流浪者和学徒组成，至少上层社会和女王政府是这样描述他们的：“他们普遍生活水平低下，其中一些是工匠的学徒和仆人……还有一些游手好闲的无赖和流浪汉，以及一些以归国士兵的名义掩盖他们的无所事事的人”。[6] 政府在1595和1598年颁布的法令称，这些试图逃避法律制裁的人应即刻被送上绞刑架。在伦敦及其周边，有大量从对低地国家和法国的战争中复员的士兵，还有士兵为了乞讨而假装受伤，人们对此司空见惯。[7] 本·琼生的《人人高兴》中布莱恩沃姆（Brainworm）的计划引起了剧场观众的共鸣，他伪装成一名士兵，前往位于城墙外肮脏破烂的穆尔菲尔兹，“伏在地上”乞求施舍。他很好地扮演着自己的角色，他说：“我是一个可怜人，一个士兵，一个（在我以前运气好的时候）曾刻薄地嘲笑避难的人，但现在多么讽刺，我成了他们的一员。”（第二幕，第四场，44—47行）

文明社会害怕外来人口会颠覆社会等级和秩序。1598年，议会的《流浪者法令》（Vagabonds Act）赋予当地官员权力逮捕各种流浪艺人、演员、杂耍艺人、流浪工人、流动小商贩、“埃及人”（吉卜赛人）、“流氓、流浪汉和可以自食其力却去行乞的人”。政府强调将会拘留或流放他们作为惩罚。但对于大多数流浪汉来说，所有的法律都是有力的鞭笞。判断是否有罪的标准是有无工作意愿，有罪的人“身体健全，却在街头闲逛，还拒绝做工资合理的工作”。在处理这些流浪汉和闲散人员时，教区扮演着重要的角色，他们负责监管鞭刑过程，完成随后的正式文书工作，然后将罪犯送回其原住地的教区。[8]

叛逆的年轻人也在伦敦街头徘徊，常有心怀不满或半途而废的学徒聚在一起制造麻烦；他们威胁和恐吓他人，以集会的名义预先宣传有组织的暴动。这些活动的受害者是那些处于城市和社会边缘的人，特别是外地人；穷人憎恨难民，这种情况很常见。匿名诽谤和暴力威胁的行为被政府十分严肃地处理，1593年，女王的枢密院甚至允许在寻找幕后始作俑者的过程中使用酷刑。[9] 在《托马斯·莫尔爵士》这部戏剧中，莎士比亚和其他剧作家毫不畏惧地挑战了那些身穿“带环领衣服的”伦敦人对移民的偏见（第二幕，第三场，85行）。

重大社会问题和统计数据表明，这座城市处于崩溃边缘，社会也接近瓦解。有时，城市精英会感到整个等级制度都处于危险之中，法律和秩序不堪重负。伦敦社会的稳定似乎经常岌岌可危，但事实上伦敦从未真正崩溃过。

伦敦的顽强生命力源于其教区生活。教区像是一种城市村落，紧密相连，并组成了这座城市。教区也感受到了时代的压力，既要为在法国、低地国家和爱尔兰服役的军队筹集资金，还要承担照顾残疾士兵和城里穷人的费用。对金钱的需求尤其迫切和频繁：其财力，以及一些旧有的社会关系，都承受着不小的压力。幸运的是，城里的富人长久以来保持着参与慈善的传统。

即便有这么多压力，教区仍然顽强地坚持了下来。伊丽莎白时代的教区居民帮助自己的城市不断进步，在十年的危机中摸索前行，克服重重困难。我们主要通过文字材料了解这些伦敦人，但如果运气非常好的话，有时我们也能从图片资料中看到那些男人和女人、主人、女仆和仆人、富人和那些处境艰难的人、年轻人和老人、外地人和本地人。

小圣巴塞洛缪教堂（人们更习惯称之为“交易所附近的圣巴塞洛缪教堂”）距离托马斯·格雷欣爵士宏伟的交易所不远。这个教区里住着各种各样的人。在16世纪80年代早期税务官员的记录中，这里有富人（包括一位市议员、几位富商、一位有钱的寡妇），一群生活舒适的商人，还有一些定居于此的忙碌的异乡人；但教区里的穷人没有出现在记录中。[10]

教堂本身初建于中世纪早期，于15世纪重建。在亨利八世统治初期，伦敦市长贾尔斯·卡佩尔（Giles Capel）爵士增建了一座小教堂，用以安置他的坟墓。圣巴塞洛缪教堂是一座典型的城市教堂，整洁且保持完好，里面满是铜匾和纪念碑，展示着我们熟悉的那种几个世纪的延续性，富有成功的伦敦市民在此记录下自己的生平，期待获得永生。

有些家庭已经在教区居住了很长一段时间。1499年，治安官詹姆斯·威尔福德（James Wilford）在遗嘱中出资赞助耶稣受难节的布道，因此，每年这一天的早上6点到9点，教区居民都会聚集在一起，聆听教士讲述基督受难，然后享用一场盛大的教区午餐作为奖励（当然，他们还获得了精神上的收益）。教堂里有很多威尔福德家族的坟墓，直到1598年，得益于成衣商公会的效率，威尔福德的遗赠仍然能为教区里值得帮助的贫民提供食品和衣物。抛弃了天主教偶像崇拜（伊丽莎白时代的人们的说法）那一套后，威尔福德的捐助被削减到只提供必需品的程度，以适应宗教改革后的新世界：光秃秃的墙壁、简单的圣餐台和朴素的玻璃。

像圣巴塞洛缪这样的教区，在动荡不安的年代为其教区居民提供了一定程度的安全感。这是一个社区，一个居住区，区内的等级制度也基本固定。这里的居民和家庭声名远扬，受人认可。他们属于这里，教堂和教区给了他们归属感。圣巴塞洛缪在这个大城市里努力追寻自己的位置，维护自己的空间。每年，当教区的孩子们被派去沿着其边界散步时，他们的认同感都会得到再次确认。这时人们又有借口享用一顿美餐：在巡教区边界一周之后，教区居民会一起去吃早餐，1600年，他们选择了航船酒馆（Ship tavern）作为聚会地点。

每年，教堂管理人员会清查资产，这是一次必要的盘点：圣餐杯和圣餐布，绿色天鹅绒的垫子和两件教士袍，教区圣经，两本《公祷书》，出生、婚姻和死亡登记册，教区账簿和记录簿，一本布道书和伊拉斯谟的鸿篇巨制《圣经新约批注》（*Paraphrases*，鉴于此书最后一版在1549年印制，在16世纪90年代它可能已经相当破旧），还有一个装满水桶、梯子、挂钩和篮子的橱柜。这不仅体现了教区行事有序，也说明了这些物品的共同所有权。教会作为社区聚会之处，忙于照看教区居民的生与死，主持每个人都要经历的洗礼、婚姻和葬礼，并在葬礼时敲响钟声。每年9月7日女王的生日、11月17日登基纪念日和1月15日加冕纪念日时，钟声也会被敲响。小圣巴塞洛缪教堂的广场塔楼的钟声与伦敦各地的数百教堂里的钟声争相鸣响。

每天都有工作让教区官员忙忙碌碌。教堂需要经常维护：修理座位、门锁和大钟，清洁窗户，补充蜡烛并照看沙漏；每逢圣诞节时还要用冬青树和常春藤布置教堂。教会委员会雇佣当地的泥水匠、画匠、木匠和铁匠完成部分工作，但大部分的日常工作都是由地位最低的教区官员、清扫工和清理工完成，他们的任务包括清扫教堂、挖掘坟墓、将死猫死狗和垃圾移出教堂。

阅读约翰·斯托对16世纪90年代后期圣巴塞洛缪及其教区的描述时，人们可能会想象，那时的每个人和每件事都闪烁着代表城市繁荣的光芒。教堂坐落在巴塞洛缪巷（Bartholomew Lane）的东南角，这条街“两侧都建有坚固漂亮的房屋”。这个教区可能让我们觉得皇家交易所和奥斯丁修道院的魅力都有些逊色了。[11]然而，斯托没有谈及教区里的小巷组成的网络，如莱格巷（Legg Alley）、波茨巷（Potts Alley）和科普索尔巷（Copthall Alley），这些街道距离大街较远，是贫穷的教区居民的住处。当瘟疫横行时，正是这些地方受灾最重。住在小圣巴塞洛缪教区的家庭毫无疑问体验过瘟疫带来的痛苦：1603年，瘟疫夺走了91名教区居民的生命。[12]

16世纪90年代中期，沿着思罗克英顿大街和布罗德街（Broad street）漫步，我们会看到正在忙碌工作的圣巴塞洛缪教区的居民。有些人虽然声名不显，但热衷于自己的工作，例如三位替教区照顾私生女的女士，她们分别是威廉森太太（Goodwife Williamson）、布拉姆利太太（Goodwife Bramley）和普雷斯顿太太（Goodwife Preston）。作为惩罚，小女孩的母亲凯瑟琳·伦奇（Katheryne Wrench）被戴上足枷，由教区出资送往布赖德韦尔救济院接受管教：她应为自己彻底违反道德规范的行为而感到羞耻。[13]在伦敦社会，人们几乎没有余地去反对当时的社会习俗：所有人，尤其是女人，都必须为自己的行为承担后果。毫无疑问，圣巴塞洛缪教区的夫人们会花大量时间谈论本地八卦新闻，并规劝任性的邻居。很少有私人事务能逃过教区里道德高尚的“太太们”的审视。在教区记录中，对贫穷的教区居民来说，“太太”（“Goodwife”或“Goody”）和“先生”（Goodman）这样的头衔最能体现四邻对他们地位的认可；这些是礼貌的尊称，用于称呼那些谦卑且平凡的伦敦人。

教区力图自给自足。最富有的教区居民定期捐款捐物，死后还有遗赠，使得教区资金一直比较充裕，得以资助那些值得帮助的居民。穷人会得到食物和衣服，在世纪之交的那几个特别严酷的冬天，他们还获得了煤炭补贴，以便给房屋供暖。教区居民还热衷于帮助一位在剑桥大学就学的年轻人，他叫约翰·普雷斯顿（John Preston），是普雷斯顿太太的儿子。在圣保罗学校（St Paul's School）学习后，他在1594年复活节时赴剑桥大学彼得学院（Peterhouse）求学，他是减费生，学者中最穷困的。圣巴塞洛缪教区的教士迪克斯博士对约翰关爱有加，并向教区会议建议资助他一笔钱，帮助他取得学士学位。几年之后，还在剑桥继续攻读文学硕士学位的约翰又获得了一笔赠款，教区记录显示这笔款项是所有教区居民的礼物。这位聪明的教区男孩，这位受人尊敬的、照顾弃儿的女士之子，先后成为剑桥大学的研究员和教士，这得益于他成长过程中遇到的那些慷慨人士。[14] 年轻人托马斯·贝克（Thomas Becke）也有类似的经历，他是贝克太太（Goody Becke）的儿子，他有幸从教区资金中获得足够的钱、为在军中服役买了一身新衣服。[15]

因此，伊丽莎白时代的最后十年中，这个教区稳步前进，当地可敬的教区居民做出的各项决定都被忠实地记录下来。他们照顾在皇家交易所附近迷路的儿童和生病的乞丐，他们也按照法律规定处理在城市街道上游手好闲的人。1598年5月，在一次教区会议上，大家一致同意在教堂周围铺设街道。同时，为了履行议会的《流浪者法令》，他们也同意“在教堂墙上立一根新的柱子，用以惩罚流浪者”。鞭笞的行刑者将得到六便士；毕竟，鞭笞是辛苦的工作。[16] 鉴于教区花费2先令6便士购买了议会最新的法令，所有人都知晓了这项法令的确切要求：罪犯应“上半身赤裸，公开地接受鞭打，打到他或她的身体流血为止”。[17]伊丽莎白·贾斯蒂斯（Elizabeth Justice）1600年曾在教堂外接受了这种处罚，然后被送回她出生的教区。[18]虽然圣巴塞洛缪教区的先生太太和其他可敬的居民向那些走投无路的不幸者展示出基督徒的博爱，但他们不同情伊丽莎白。他们会说，在这座被流浪者占领的城市里，游手好闲的人受到处罚是他们活该。

托马斯·当瑟（Thomas Dauncer）是教区会议的热心参与者。他生活富裕，是伦敦市民和公会会员，是腰带商公会的骄傲的自由人。他非常虔诚，正如他的临终遗嘱所言，他是“一位有罪的可怜人，一个由全能的上帝——我的救世主和救赎者——创造的凡人”。1592年的冬天，他可能死于瘟疫，在圣诞节前五天葬在小圣巴塞洛缪教堂。如果葬礼完全遵照他的遗书进行的话——毫无疑问，他的妻子安妮完全依从了他的意愿——那么他的尸体应是由60名穷人护送着送入坟墓的，这些人穿着由每码5先令6便士的“美丽布料”特别制成的袍子。即使在面临死亡时，当瑟也始终保持着对细节的关注。[19]

我们只能猜测在那个寒冷的周三，还有谁站在托马斯的墓地上：安妮，他们的儿子彼得、约翰和托马斯，以及女儿伊丽莎白；由于当瑟的兄弟姐妹与他们的配偶的努力，他有一个中队的侄子和侄女；在场的应该还有他妻子的家人。当时在干净整洁的圣巴塞洛缪中进行的可能是当瑟、戈斯特曼、布拉德利、加尔农和马勒里这几个家族的大聚会；参与的人里还有腰带商公会里的大人物，以及托马斯的朋友和邻居们。但是瘟疫一直在城里肆虐，死亡人数不断攀升，这使教区的管理职能又增加了残酷的一项——记录死亡人数。教区的妇女检查死者的尸体，并将报告递送给市政府。参加托马斯葬礼的人数可能比其他时期要少得多。

对于市政厅的官员来说，当瑟只是一个数字，是死于传染病的数千伦敦人之一。对于他的家人和曾经的仆人来说，他是一个临死前也没有忘记大家的人，他的受馈者包括他当时在尼德兰的叔叔约翰·布拉德利（John Bradley），还有他的园丁罗伯特·瓦特内（Robert Wattune），他还留了钱给伦敦的穷人和囚犯。

在萨瑟克剧院重新开张、上演托马斯·基德的《西班牙悲剧》（这部戏一直受到伦敦观众的欢迎）的前几天，即临近1592年圣诞节的时候，安妮·当瑟开始了寡居生活。死亡对她来说并不陌生；她和托马斯失去过几个尚在襁褓中的孩子，他们被埋在教堂圣坛内，她丈夫的坟墓附近。作为寡妇，她现在有了自己的身份。她向教区捐款，甚至在1595年购入不动产，包括一套在奥斯丁修道院附近布罗德街的房子和一些土地。大概在安妮出生之前，这些土地曾属于伦敦塔附近的圣母马利亚修道院（monastery of Our Lady of Grace）。

但安妮·当瑟知道她只是丈夫财富的保管人。她的责任是照顾下一代。在她生命的最后一年，她提到了自己对孩子、好友和亲人的“本能的关怀”。当然，他们的长子约翰会继承家里在教区的主要房产，就在教堂隔壁，他在1602年前一直住在这里。安妮给约翰的弟弟托马斯买了300英镑的“年金或养老金”，这笔钱在当时是一笔不小的财产。根据遗嘱，安妮的女儿伊丽莎白可以获得一笔钱，她还继承了母亲最宝贵的财产：这是一枚镶有白色蓝宝石的金戒指，是不知是亲戚还是朋友的格林夫人（Mistress Greene）遗赠给安妮的，她们曾明确约定将来有一天将它传给伊丽莎白。安妮的房子和很多商人的房子一样，里面有很多水盆、水罐和高脚杯，还有许多枕头、床、垫枕和毯子。她的寡居生活非常舒适。她将用这些东西中最好的那些来纪念特别密切的关系，比如在履行自己对教区穷人的馈赠义务之外，她将刻着“T A and D”（指托马斯和安妮·当瑟）的镀金银罐赠给妹妹，将一枚金戒指送给弟弟。她也没有忘记圣巴塞洛缪教区里可敬的女士们：安妮的遗嘱里给彼得太太（Goodwife Peter）和艾萨克太太（Goodwife Isaacke）每人留了10先令，这相当于普通木匠两周的工资，因此他们也算是在困难时期发了一笔小财。[20]

与当瑟一家一样，教区生活也是雅克·威特朗盖勒（Jacques Wittewronghele）的家庭生活的一部分。当然，他们和当瑟不太一样：威特朗盖勒是外国人和异乡人。雅克曾是一名成功的根特（Ghent）公证人，1564年左右，他将自己的新教家庭带到安全的伦敦。在主教门地区，圣伯利恒救济院的避难所附近聚集着许多贫穷的异乡人家庭，但威特朗盖勒一家不是这种在城市边缘挣扎的移民家庭。16世纪80年代早期，威特朗盖勒一家住在小圣巴塞洛缪教区。这是一个宜居的好地方：雅克到奥斯丁修道院只需步行很短一段路，他是那里的尼德兰会众的一员；而且这里离皇家交易所更近，交易所永远像磁石一样吸引着公证人及其客户。

雅克·威特朗盖勒在异乡的新生活过得很好。在离开根特10

年后，他过着富足舒适的生活。他40岁出头，体形健壮，留着赤褐色的短发，修剪整齐的胡子，他的目光敏锐、严谨且果敢坚定。[21]这个家庭已经适应了伦敦，雅克的长子雅各布在离开根特时还是个小男孩，他后来去牛津学习，然后返回伦敦开办了一家成功的酿酒公司。雅各布既是伦敦市民，也是奥斯丁修道院的长老，并且巧妙地在两个身份间架起了一座桥梁。他在教区留下了自己的印记，由于他选择成为伊丽莎白一世女王的臣民，所以在1591和1592年，他担任了教区治安官，一项职位不高但非常必要的工作。[22]这代表了归属感，说明雅各布在这座混乱的城市里、在特定的一片街区内扎下了根，这片街区有自己的名字，每年教区居民会沿着它的边界巡游。

我们知道雅各布·威特朗盖勒在16世纪90年代的长相。他比他父亲在这个年纪时要苗条一些，他的头发也要更深、更灰，但他留着与父亲相同风格的胡须，眼神和雅克一样沉稳。雅各布的肖像既独特又叫人见惯不惊：他身着昂贵的黑色标准套装，左手拿着漂亮的手套，右手放在头骨上，墙上的时钟标志着时间的流逝。雅各布的父亲20年前的肖像传达了同样的信息，“随着时间，生命也一起流逝”，这句话就刻在雅克的时钟上。[23]

16世纪90年代，死亡离人们并不遥远。在这座不断扩张的城市里，瘟疫可能会带走许多朋友和邻居的生命。生活充满不确定性；上帝的审判就在眼前，有时秩序和等级都似乎非常脆弱。像雅克·威特朗盖勒这样的成功人士清楚这一切，和许多市民一样，他明白财富需要被慎重考虑，他没有被隔绝在时代的巨大变化和挑战之外——他周遭的一切都在发生变化。

第17章

变化和怀旧

从小圣巴塞洛缪出发，大约步行10分钟即可抵达主教门和通往肖尔迪奇和伦敦北边乡村的漫长道路。城门外就是深受旅客喜爱的海豚旅馆（Dolphin Inn），街对面是圣博托尔夫教堂（St Botolph's church），教堂毗邻伯利恒医院（Bethlehem Hospital，也被人俗称为“疯人院”）的建筑群。护城河旁边是“小法国”（Petty France），那里有许多来自尼德兰和法国的贫穷异乡人。这个地区经常被提及，如1603年托马斯·德克尔写到“一位尼德兰人……虽然住在伯利恒医院，但不是疯子”。[1]穆尔菲尔兹就在救济院附近。

在人们心目中，穆尔菲尔兹不是个让人感到幸福的地方。这是一片沼泽，一片“荒凉且无用的空地”，虽然在过去几个世纪里人们一直尝试抽干这片区域，但成效甚微。[2] 15世纪，各种各样的工程把这块地变成了可供伦敦人散步和工作的空间。大约1555年（也就是莫斯科公司成立的时候）的一块精美的铜版画显示，在穆尔菲尔兹，市民在路上散步，男子在练习射箭，女子在晾晒大块布料和衣服。[3] 但是，这里仍可能会有鬼鬼祟祟的犯罪分子和间谍、无赖以及流浪士兵出现，他们享受这种冷僻而偏远的地方。这个地区可能很危险：穆尔菲尔兹给人的印象是《李尔王》里发生巨大风暴的场地，而剧中的“可怜的汤姆”（Poor Tom）则是从“疯人院”借来的。[①]也许潮湿的沼泽代表一种厄运，《亨利四世（上）》（*I Henry IV*，1598）中的福斯塔夫（Falstaff）谈到“旷野里的荒沟”（Moorditch）时，指的是田地里排水用的泥泞下水道（第一幕，第二场，77—78行），约翰·泰勒（John Taylor）20年后写道，他“的忧郁像荒沟一般泥泞”。[4]

穆尔菲尔兹是富裕安逸的城市居民与众多下层阶级相遇的场所。1616年，罗伯特·安东（Robert Anton）想象穷人经常出现在田野里的小路上：“走在穆尔菲尔兹/那里有不满的阴影；路上（即堤道）满是/大量的旅客。”之后，安东继续描写穷人对富人的生活的想象：

> 处处是满心嫉妒的人，
> 跛行士兵，野外旅客，
> 坐在阳光下的绿荫里，
> 好奇财富和富人的样子。[5]

在心理上和地理上，这里都是伦敦的边界；这里是边缘地带，是墙外令人不安的阴影。

---

① Poor Tom：“可怜的汤姆”这一形象可能来自“Tom o'Bedlam”，指精神失常或假装疯癫的乞丐或流浪汉。

在安东写下这些诗句的10年前，市政官员决定处理穆尔菲尔兹。安东笔下的残疾士兵和无家可归的人们在树下畅想不同的生活方式，这些树由像约翰·桑德森（John Sanderson）这样的绅士和市民种植。约翰·桑德森一生中大部分时间都在黎凡特经商，1606年10月20日周一，他种下了自己的树；伦纳德·哈利迪（Leonard Halliday）爵士和他的儿子的树就在附近，这几棵树形成了一个三角形。在桑德森画过的一幅小速写中，伯利恒的大门外是一座整洁正式的花园，有步道、围栏、树木和草地，他写道："仅以为念。"哈利迪是市长，所以桑德森自然想纪念这一荣誉。[6]

因此，这个荒凉混乱的地区现已被收管改造：人们划出十英亩的土地，犁平并围成花园。[7] 对于一座经历过1593至1603年的十年瘟疫伤痛的城市来说，新的穆尔菲尔兹项目清理了有毒的沼泽，是一项预防感染的举措。这也为伦敦的富人提供了机会，使他们能在一小块人造乡村中享受生活。正如一位观察家所写，他们在那里建造了"许多避暑别墅，就像在其他郊区一样，有些房子有塔楼、角楼和烟囱，看起来不像是为了自用或盈利，倒像是为了炫耀和享受，就像一场仲夏选美大赛"。[8]与皇家交易所一样，新穆尔菲尔兹成了引人注意的展品。人们像本·琼生在《巴塞洛缪博览会》（*Bartholomew Fair*）中的利特尔维特女士那样，把这里当成了夏日美好夜晚的时装表演场地（第一幕，第二场，5—6行）。

起初，看起来富人要将田园风味的新穆尔菲尔兹私有化，伦敦的大人物想要在这里永久地打上自己的烙印：例如，在树木上标明种树人的名字。[9]但市政官员想要强调的是，穆尔菲尔兹的改造是为了每个体面的伦敦人。1607年，理查德·约翰逊（Richard Johnson）出版了《穆尔菲尔兹愉快的行人》（*The Pleasant Walkes of Moore-fields*)，他把作品献给伦敦正直可敬的骑士和市议员："在穆尔菲尔兹散步甜蜜而愉快……因为这里像是一座城市花园，空气清新，市民可以在这里愉快地散步，如今大人们使这里变得异常美丽。"[10]约翰逊笔下的乡绅和伦敦市民之间的真诚对话解释了这一切：

> 绅士：……在所有让我感到快乐的事中，在穆尔菲尔兹愉快地散步是最好的，那里的堤道值得大加赞誉。
>
> 市民：伦敦可敬的市政官员和市议员，他们看到了这个地区以前的混乱局面，出了这笔费用，他们还打算进一步美化这里。
>
> 绅士：他们这样做，不仅在身后留下了美名，并为后人带来了很多乐趣。但是，这地方有什么用？
>
> 市民：只为让市民去那里呼吸空气，让商人的女佣晒衣服，因为他们的住处没有花园。[11]

尽管这里是伦敦的骄傲，但穆尔菲尔兹的旧名声还是留下了一丝痕迹。在这里开展正当业务的市民和商人是受欢迎的；不受欢迎的是打扰了体面市民的休闲活动的人。约翰逊笔下的乡绅问道，为什么将足枷用铁链锁在墙上？"只是惩罚那些在这里乱扔污物的人，"市民回答说，"或者在这里小便的人，他们给散步的行人造成了困扰。过去，这种可怕的味道损害了人们的感官，还在很大程度上滋生了疾病。"[12]

表面上看，新伦敦不过是经过改造和美化的老伦敦，其古老的基础映衬了当时的宏伟壮观。制图员约翰·诺登（John Norden）

1593年写道："这座著名城市有许多可说之处。伦敦正好位于泰晤士河上，各种必需品应有尽有。空气干净卫生，人口众多，富有而美丽；伦敦也是虔诚、慈爱和感恩的。"[13]但在1593年，谁真的会相信这些话？在贫穷和战争、流浪汉和骚乱、粮食囤积造成的恐惧、瘟疫和饥荒之中，诺登对这座城市的简述在当时以及随后几年内不过是幻想。

所有这些愉悦的自满情绪都表明，在流于表面的评论下，隐藏着不安和焦虑。伦敦正在成长，城郊对城市造成了威胁：城郊一词用在描述其他城市的地形时通常是中性的，但对伦敦来说，它是含贬义的。城郊意味着堕落和疾病；诗人和剧作家都知道这一点，在《卡蒂利内的阴谋》（*Catiline His Conspiracy*，1611）中，本·琼生描写了古罗马的"城郊妓院"，这对伊丽莎白时代的伦敦人来说充满了现实感（第二幕，第一场，275行）。莎士比亚的《一报还一报》（*Measure for Measure*，1604）也是如此，剧中维也纳当局宣布将郊区"拆毁"。面临生意破产，咬弗动夫人（Mistress Overdone）被吓坏了：

> 咬弗动夫人：那么咱们在近邻的院子都要拆除了吗？
>
> 庞贝（Pompey）：是啊，连片瓦也不留。
>
> 咬弗动夫人：嗳呦，这世界真是变了！我可怎么办呢？
>
> 庞贝：您放心吧，好讼师总是有人请教的，您可以迁地为良，重操旧业，我还是做您的当差的……（第一幕，第二场，95—108行）

莎士比亚虚构的维也纳就是他和大家都熟悉的那座城市。伦敦人知道“院子”就是妓院，伦敦外围地区更是以此闻名。

除了罪恶之外，让伊丽莎白时代的伦敦统治者们感到困扰的还有这座城市四处延伸的触角，几乎失去控制。约翰·斯托的《伦敦调查》1598年首次印刷，其中有关于中世纪最初阶段城郊的房屋、花园树木、牧场、草地和水磨坊的描述，表现了城镇与乡村完美融合，这段描写抒发了作者的怀旧之情。这与400年后的城郊是多么不同啊，当时

> 修建肮脏的小屋损害了城市这一地区（在阿尔德门外，伦敦塔附近）的美丽，以至于……在一些地方，道路没有足够的宽度让两辆车并行，或让牛群通过，更不用说给行人提供优质、舒适和完整的步行空间了。[14]

到16世纪末，城内外能利用的空间都被利用起来了。在伦敦塔附近的护城河曾经非常深，有些粗心的人会骑着马掉下去，连人带马淹死在里面。斯托发现，这里后来被抽干填平，“用来修建花园、木工场地、保龄球馆和各种各样的房子”。除了一条“非常浅的”小沟外，那条宽阔的护城河几乎没有留下任何痕迹。[15]

城市和王室政府的第一反应就是禁止在伦敦建造任何新建筑，并威胁要对建筑商和工人处以罚款甚至监禁。但新建筑只是一部分问题，现有建筑正在被分拆出租。住在小房间里的穷人“都挤在一起，许多有孩子的家庭和仆人都住在一间房子或小出租屋里，让人透不过气”。[16]伦敦总是挤满了人，特别是这些法律颁行期间；即使是在最好的情况下，伦敦也极易传播瘟疫和疾病。几个世纪以来，这座城市也被一些人当作暂时居所，乡绅们尤其如

此。[17] 贫穷只会加剧危险。数十年来，伦敦每平方英寸①的平均人口越来越高，当局清楚地知道这一点，并全力解决这一问题。疾病、贫穷和犯罪困扰着上层社会。1596年，女王枢密院呼吁地方官员注意“大批行为放荡、难以管理和傲慢无礼的人住在这种嘈杂混乱的房屋中，例如破旧小屋，以及乞丐和没有工作的人住的地方，还有马厩、旅馆、啤酒屋、小酒馆……赌场、保龄球馆和妓院”。[18]

成千上万的伦敦人的现实生活就是租住在过度拥挤、条件恶劣的房子里，这座城市里所有可用的建筑（包括以前的修道院、教堂和豪华住宅）都一次次地被拆分成更小的公寓和房间。在离主教门不远的地方有一片建筑，曾是教会供修女修行的霍利韦尔（Holywell）小修道院，它的经历与伦敦许多其他地方类似：中世纪时由一位主教兴建，15世纪由亨利七世的首席顾问重建，1539年被亨利八世没收。到了1598年，这座房屋被拆分，有了新的用途：“教堂被拆除，很多房屋被改建成贵族、异乡人和其他人的住所。”[19]

对穷人而言，他们不得不忍受盗窃、暴力、地主的剥削和卖淫活动。隐私成为稀有物，家人与仆人住在一起，共享房间和床位，监察道德过失是教区和教堂法庭的事务。本地人被怨恨撩起怒火。在泰晤士街的凯瑟琳威尔巷（Katherine Wheel Alley）里，原来河边有9座“体面市民”的住宅，1584年后这里被改建为43间出租屋。当地人抱怨过度拥挤和感染疾病的风险：“破烂的住所……容纳了许多居民，以及其他生活窘困、低贱贫穷的人，他

① 1英寸约等于2.54厘米。

们给附近体面的邻居带来巨大的麻烦和烦恼。”拥有良好声誉的教区居民希望“改造这条巷子，移除多余的建筑物”，毫无疑问，类似的要求对“体面的伦敦人”并不新鲜，他们一遍遍抱怨这些肮脏住宅造成的困扰。[20] 市民们担心疾病、混乱和乞讨的穷人消耗教区的慈善资助额度。毕竟，体面市民的财富是有限的。

16世纪末，伦敦市民、古董家约翰·斯托理解了这些变化的意义，他的《伦敦调查》记录了伦敦的每个角落，歌颂着这座城市的古老、繁荣和美丽。像所有的古董家一样，他本能地记录和分类，希望在书中将伦敦——包括所有的选区和教区——都梳理分类。但是，这座城市的飞速变化使得斯托熟悉的一些地区成为新的“混居地区，这使［他］条理清晰的大脑感到沮丧”，一位历史学家给出这样令人难忘的评述。[21] 对于斯托来说，有序的过去岌岌可危，被不可预知和令人不安的现在打破。

约翰·斯托是这座城市的儿子，1524年或1525年，他出生在圣迈克尔康希尔教区（St Michael Cornhill），他的父亲托马斯是市民兼牛油商人。皇家交易所就在约翰·斯托的家门口，他见证了它的兴建和完工。当托马斯·克伦威尔住在他们家附近时，他还是个小男孩（事实上，克伦威尔在没有经托马斯·斯托允许，也没有给予补偿的情况下，占用了斯托家的部分花园，修建自己的新豪宅）。二三十岁的时候，约翰目睹了伦敦的宗教改革，因为反对圣像崇拜，当时狂热的新教徒暴力清洗了坟墓和纪念碑，斯托因他们损毁了这些见证过悠长历史的物品而感到遗憾。他在事业上不算出色：他保持低调，在书籍和手稿间埋头苦干，不停地阅读和写作。他出身体面可敬的家庭，但他称不上是绅士，没上过大学，也不是同业公会的会员，因而无法吹嘘自己的学历或职业，对于以记录伦敦的商业成就为己任的人来说，这也许有些讽刺。但他不知疲倦地抓住了每一个细节，而这些成果是他通过散步和观察取得的。《伦敦调查》是斯托几十年来数百次巡查城市凝聚成的结晶。

我们阅读时，可能会认为斯托的《伦敦调查》混合了贝德克尔（Baedeker）的旅游指南和佩夫斯纳（Pevsner）的建筑手册，加上皇家历史遗迹委员会（Royal Commission on Historical Monuments）保留的大量资料，只是没有照片。我们还可以将艾尔弗雷德·温赖特（Alfred Wainwright）20世纪写的英格兰湖区（English Lake District）指南也加入进来，因为和它们一样，《伦敦调查》注重每处轮廓和细节，没有任何遗漏。斯托和温赖特的作品都是长期努力的结果，表达了作者的爱，甚至痴迷。温赖特和斯托都十分钟爱风景，前者是针对丘陵和山脉，后者则是针对一座城市（尽管斯托也喜欢乡村）。他们也都怀着深邃而毫不妥协的保守。对于斯托来说，这是年龄和性格带来的保守。1598年，当他的伟大著作第一次印刷时，约翰·斯托已经70多岁了；这等高龄在当时实属不易，大多数伦敦人活到40岁就算幸运了。在重视古老记忆的社会中，高龄使他成为令人敬佩的权威人士。

人们很容易认为斯托的《伦敦调查》是一份全面记录他所在城市情况的清单，一份古文物目录。从目录页看，确实如此，这本书从伦敦的起源和历史讲起，依次介绍这里的水源、护城河和城墙、桥梁和城门等，之后开始探讨城市的选区（这部分是《伦敦调查》的主体）和市长、市议员和治安官。这本书也包含古老的游戏和消遣方式，让人们愉快地回忆起英格兰曾是快乐的国度；

如果不是怀着这种对过去的深深留恋，斯托不可能成功。[22]很显然，这本书是古董家的作品，作者了解历史，不愿意遗漏任何史实。他磨穿了一双又一双皮鞋，穿梭在伦敦的街头，观察记录这里的房舍厅堂、通道路口，审视伦敦教堂的每个缝隙，探寻遗迹和铭文。斯托的《伦敦调查》是一部集一手观察、事实和细节于一身的杰作。

但实际上斯托的《伦敦调查》还包括更多内容，这本书努力地记录变化和消逝。斯托笔下的伦敦是他曾参与其中的过去的伦敦，而这个伦敦正在他眼前逐渐被侵蚀殆尽。这不仅体现在城市外观的变化，与斯托同时代的伦敦人不太追赶得上他们的前辈。对于斯托来说，作为过去社会纽带的慈善和慷慨已开始松动。斯托赞美"新特洛伊城"漂亮的商人住宅、精美的教堂和雄伟的同业公会会所，但在赞美背后有新的力量在发挥作用；这些力量令人不安，其中最具腐蚀性的是个人利益。

1598年，斯托希望记录那个他在孩提时代和青年时代了解的伦敦，那座正在迅速消失的城市。他在伦敦教堂的纪念铭文中读到了这座城市虔诚而古老的传统。现在这座城市里塞满了人，斯托不肯放弃建造这座城市、并使之变得伟大的捐助者们留下的遗迹，[23]他只看他想看到的东西，不加掩饰地忽略掉不感兴趣的事物。"在阿德尔街或巷［Addle Street or Lane，靠近莎士比亚住的银街］我没找到遗迹"，就像这样。[24]

斯托知道新伦敦人住在哪里。他曾目睹空地被房屋和公寓覆盖，曾以其周边的美丽乡村而更加壮美的城市如今被城郊的脏乱和拥堵摧毁。他对封闭公共用地感到不安："所有这些都应该是开放的，对所有人免费。"[25]他觉得变革无处不在，没有地方能够幸免。伦敦塔附近的乡村农场，他童年时曾在那里取新鲜温热的牛奶，现在仅是回忆了。这几乎是像“黄金国”（Golden Country）一样的幻影，一个想象中的理想化的失落世界，一个承载着斯托旧时家庭和人物回忆的世界。[26]

然而，这种怀旧之情不是个例。事实上，这座城市的认同感正面临挑战。斯托以他特有的方式去理解这一切，将这座城市几个世纪的历史精简压缩。在许多方面，比起16世纪晚期，记录［特别是编年史家威廉·菲茨斯蒂芬（William Fitzstephen）的作品］中12世纪的伦敦，会使斯托更有归属感。对于斯托来说，伦敦的遥远过去和近期历史似乎共存，现在和未来都会干扰历史、地点和人群之间的脆弱平衡。这就是他在《伦敦调查》中想要记录的内容，完成这个任务对他而言十分必要，但同时这个任务想必也会扰乱他的内心。在某种程度上，他的书是对曾经更美好的伦敦和伦敦人的悼词，而那一切已经消亡。

不过这个新伦敦依旧格外出众。其他英格兰城镇都不能接近伦敦的水平，而且到16世纪末，伦敦已经跻身欧洲大城市的行列。有人认为伦敦过于强大以至于影响英格兰的发展，斯托用一则“致歉”作为《伦敦调查》的结尾，反击了以上指责。斯托以其特有的方式，给读者写了一篇详尽的长篇论文，阐述城镇的起源，及其作为文明、商业和慈善的手段对人类的好处。诚然，有些人是在抱怨伦敦占有了太多的金钱和权力，其他英格兰城镇，特别是贸易港口，也抱怨伦敦破坏了他们的生计。斯托承认，他们可能是对的。但斯托认为，难怪许多零售商和商人背井离乡去往伦敦，女王的宫廷一般都在伦敦附近，现在她的宫廷比以往任何时候都更加强大。泰晤士河和河上的船只使伦敦成为海军的

“护士”；英格兰南部各郡因为这座城市蓬勃发展；伦敦为王室储备了资本和税收，也是穷人慈善和大学赞助的支柱。斯托写道：“伦敦的内部满是富有的商人，这里只能接受这类人，因为贫贱的商人极为吝啬，只会给王国带来更多损失而非益处。”[27]伦敦的成功显而易见，最终轻松证明了其相比其他城镇超乎寻常的规模和权力是合理的。

对于难以适应城市不断变迁的伦敦人来说，斯托的文字是为保护伦敦的独特性而做出的大胆防御：所有的遗憾和怀旧都被暂时放在了一边。

1598年的约翰·斯托和理查德·哈克卢特是两个不同世代的伦敦人，他们拥有惊人相似的天赋，但兴趣点非常不同。一位是老人，对他来说伦敦就是一切；另一位比他小30岁，是教会教士，他的职责是通过记录英格兰人的环球航行来为上帝服务。斯托和哈克卢特都是伦敦市民的儿子，但斯托是自学成才的古董家，他的社交圈比较偏中下层；哈克卢特是接受过大学教育的学者，懂得获取高额赞助的诀窍，他知道如何打动伊丽莎白一世宫廷里的权贵们，他将自己的巨著《重要的航程》（1589年）的第一版献给弗朗西斯·沃尔辛厄姆爵士，并将扩充内容的后续版本（1598至1600年）献给英格兰的海军大臣（Lord High Admiral）埃芬汉（Effingham）的霍华德勋爵（Lord Howard）和罗伯特·塞西尔爵士，后者是伊丽莎白信赖的秘书，还是伯利勋爵的儿子兼门生。

哈克卢特在1598至1600年间创作的三卷本《重要的航程》，在野心方面甚至超过了斯托的《伦敦调查》。这部作品非常庞大：共176万字，规模与英文《圣经》和约翰·福克斯的著作《行为与典范》(*Acts and monuments*，即著名的“殉教者之书”）相当。《重要的航程》是现存最大的伊丽莎白时代的散文宝典，每卷讲述全球的一部分：第一卷是北部和东北部，第二卷是南部和东南部，第三卷是美洲。哈克卢特花了数年时间从航海家、水手、商人和外交官那里收集资料，他的写作技巧是让读者听到这些人的声音，为此他小心地将他收集到的资料插入书中，展示给读者，然后自己隐入后台。他对为这项工作付出的辛勤工作和取得的成就表现得落落大方，他认为这项工作对国家非常重要，这将“英格兰近年来取得值得纪念的功绩”保存下来，“使它们不会被遗忘贪婪地一口吞下”。[28]

哈克卢特知道他必须深入挖掘过去，去看那些非常陈旧、但能够解释当下的原始资料。和斯托一样，哈克卢特能够将几个世纪压缩，以惊人的速度开始一段航程，穿越古代英格兰历史的迷雾，串起伊丽莎白时代伟大的航海家（例如德雷克或者弗罗比舍）的远航。他的书是对成就的颂扬，这一点从标题页上就可以很容易地看出来：《近1500年范围内，英格兰伟大的航海、旅行、交通和发现，经由海上或陆地，前往地球上最偏僻遥远的地区》(*The principal navigations, voiages, traffiques and discoveries of the English Nation, made by Sea or over-land, to the remote and farthest distant quarters of the Earth, at any time within the compasse of these 1500. yeeres*)。他在1589年版中使用了同样的标题：这十年，除了哈克卢特收集了更多的证据来证明他的观点外，书中没有任何改变。

然而，西班牙和葡萄牙的阴影一直笼罩在英格兰的肩上，哈克卢特清楚这些海上强国已取得的成就。他承认：“确实，我们的成就不能与他们相提并论。”事实上，英格兰被迫比对手付出了更多努力，在艰难的北部海域航行时表现出了更大的勇气和决心。他所说的西班牙和葡萄牙的“黄金成就”——即殖民和征服——即将到来。在他心中，英格兰人掌握的通往俄罗斯的“方便”航线可以与葡萄牙发现东印度群岛匹敌。[29]

在这部作品的开头，哈克卢特列出了一份英雄名单，其中包括理查德·钱塞勒、休·威洛比爵士和安东尼·詹金森爵士。[30]当时，这些人中只有詹金森还在世，当时他从王室外交官这个忙碌的岗位退休后，搬到北安普敦附近的乡村庄园生活。哈克卢特写道，英格兰商人甚至已经推进到了“这个庞大帝国东部和东南部最远端”以外的地方，进入了充满未知和危险的里海地区，这都要归功于詹金森。[31]在《重要的航程》中，哈克卢特完善了一个世纪的资料，这项工作由哈克卢特本人、他在中殿律师学院的堂兄理查德、理查德·伊登、约翰·迪伊、安东尼·詹金森、汉弗莱·吉尔伯特爵士和迈克尔·洛克历经几十年一起完成。如今的内容为大家所熟知：英格兰这个勇敢的局外人，很快就赶上了那些一度称霸的大国。有清楚的证据表明，全球争霸即将来临，这只是个时间问题。

对于哈克卢特来说，这只是受到上天护佑的更大计划的一部分，正如他在《论西方的种植》（*Discourse on Western planting*，1584年）这一重要的长文中所言，他的抱负是在美洲建立殖民地。得益于像吉尔伯特和沃尔特·雷利爵士这样的人，这一进程时断时续，但在世纪之交总算实现了。哈克卢特从一开始就对大西洋主义深信不疑，他的新版《重要的航程》第三卷的目的就是了解迄今为止人们为发现美洲而付出的所有努力。他印出了他能找到的所有有关美洲大陆的资料，其中有很多是关于莫斯科公司的塞巴斯蒂安·卡伯特和马丁·弗罗比舍在加拿大北极地区的英勇航行、伊丽莎白一世因探险队要求而授予的各项专利以及雷利在16世纪80年代前往弗吉尼亚的航行。正如我们即将看到的那样，哈克卢特对弗吉尼亚特别感兴趣。

伦敦在哈克卢特的远大计划中占有特殊的位置。他认为，英格兰的全球野心有其深刻的历史根源："但是，人们不应该认为我们的商品外贸是在这几年形成的，或是认为这不是长期延续下来的方式。"为了证明这一点，他让读者翻开这一卷后面的一页，在那里，他们会读到罗马历史学家塔西佗用拉丁语写下的一段话，哈克卢特将它翻译成了英语：古代伦敦"虽然没有被赋予罗马殖民地的名称和称号，却因其商人和人群而闻名"。[32] 约翰·斯托在《伦敦调查》中也用相同的短文来表达相同的观点：历史上，伦敦本就是一座商业城市，在英格兰拥有无可匹敌的地位。[33]

在新世纪之初，斯托的《伦敦调查》和哈克卢特的《重要的航程》都在伦敦销售。两部都是严肃的作品，意味深长，两部作品清楚地记载了这座古城中激动人心的事情，即城市的变化，伊丽莎白时代的人们本能地认为这种变化令人不安，但无论如何他们拥抱了这种力量。伦敦与以前不太一样了，但在转型过程中出现了新的可能，即对有待发现的未来、新的冒险、新的商业和新的世界的期待。

第 18 章

到东印度群岛去

1606年，约翰·桑德森在穆尔菲尔兹种下了他的树，当时他在生意上是半退休的状态。他是伦敦本地人，他父亲的房子，也就是他出生的地方，就在圣保罗大教堂的阴影下，他在广场上的圣保罗学校就读。他在学校的经历并不快乐：他写下了他在学习上的“不适应”，他还受到过严酷殴打，这给他留下了终生不褪的伤痕。在遥远的东地中海工作对桑德森来说是种解脱，而且这份工作给他带来了地位和责任。1584年，他24岁，第一次被委派到君士坦丁堡，女王派驻那里的大使让他做家里的管家。在接下来的几十年中，桑德森继续探索东方，学习语言，游览埃及（他在那里看到了狮身人面像），并走访了圣地（Holy Land）的乡村城镇。他在那里通过小亚细亚（Asia Minor）到达了安条克（Antioch）和阿勒颇，并访问了的黎波里（Tripoli）和大马士革（Damascus）。

桑德森一直没有结婚。在他还是个年轻人时，曾经与一位女仆交往过，但她的女主人打破了两人结婚的希望。1606年——这件事恐怕已经恍如隔世——桑德森40多岁，就他不安分的性格来说，他已经算是安定下来了。他从来不是个容易相处的人，有时脾气非常暴躁，他始终放不下以前的伤痛和委屈。人到中年，他清楚地知道婚姻不适合他，他在一封1608年的信中说道，伦敦的富有寡妇很快就被新丈夫哄抢一空；“我谁也不喜欢，”他写道，“我更喜欢自由的单身生活，而不是为获得更多的财富而去迁就某位女士的心情。”[1]他偶尔会去剧院庆祝自己的独身。他经常弹奏鲁特琴抒发感情。他从未完全放弃商业生活：他在伦敦与弟弟住在一起，他常去皇家交易所听取最新消息，并与君士坦丁堡的老朋友保持书信联系。

年轻的约翰·桑德森最初前往地中海并非受到强烈的职业意识驱使。他十几岁的时候成为学徒，在不知情也没有同意的情况下，被师傅转让给一个与奥斯曼帝国贸易的伦敦商人财团。在第一次出发前往君士坦丁堡之前，他和其他同行的先生们在怀特岛总督乔治·卡鲁（George Carew）爵士的地窖里“愉快地喝醉了”。[2]在航行中，船舶搁浅让他们几近遇难；船上的大副在岗位上睡着了。这不是桑德森唯一经历过的海难，另一次发生在亚历山大（Alexandria）和开罗（Cairo）之间的罗塞塔（Rosetta）附近。虽然充满危险，他非常适应这种新生活；他是精力充沛的旅行者，尽管他暴躁的脾气考验着他的前辈的耐心，桑德森是那种必须说个清楚才算完的人。

从前，威尼斯的船只在泰晤士河上航行，运来东方的香料和丝绸。16世纪，伦敦的商人转而在安特卫普购买这些商品。都铎时期的部分商人更进一步，远航到东方进行贸易，其中包括安东尼·詹金森和迈克尔·洛克。在约翰·桑德森出生十年前，詹金森曾在阿勒颇晋见苏莱曼大帝。但对于英格兰商人来说，地中海贸易是试验性的，且高度危险。海盗在北非海岸作恶，捕获船只，并把船员变成奴隶。作为东方强大的伊斯兰势力，奥斯曼帝国在谈判中充满了敌意。对于伊丽莎白时代的人们而言，土耳其的权势既令人着迷，又使人厌恶。正如一位作者所说，“许多人好奇土耳其人的强权和势力”，他们是“最粗鲁野蛮的”民族。[3] 诗人托马斯·纳什称奥斯曼帝国为“人类最强大的暴政”。[4] 任何想与土耳其开展直接贸易的商人必须说服奥斯曼的苏丹，让他相信英土贸易是值得保护和培养的事业，这种推销相当不易。

约翰·桑德森被坚韧而勤奋的商人派到君士坦丁堡，这些商人认识到，要想在奥斯曼帝国取得成功，他们必须与之合作。16世纪80年代，特许公司的模式已经很成熟：正如伦敦莫斯科公司所表明的，汇集资源和专业知识对于长途交易的成功至关重要，因为这种贸易需要大量资金来装备船只、在当地建立基地和支付工作人员的薪水。灾难、腐败（16世纪70年代和80年代，莫斯科公司在俄罗斯的经理人和代理商中出现过这种问题，他们为自己的私人企业谋利）以及国外竞争都是会出现的社会问题。在东地中海地区，法国和威尼斯——尤其是后者——的商人从事着历史悠久、非常高效的贸易，他们自然对试图加入东部香料业务的新兴英格兰商人财团怀有敌意。

两位有远见的伦敦商人开始了新的黎凡特贸易，他们是爱德华·奥斯本（Edward Osborne）和理查德·斯塔普（Richard Staper）。他们是富有的成功人士，都进行过大量商业投资：奥斯本主要在西班牙和葡萄牙；斯塔普也在西班牙，他还投资了北非和巴西。16世纪80年代，斯塔普和其他伦敦商人，以及一些积极进取的私掠船主试图强行加入一度很强大的葡萄牙帝国的贸易。奥斯本和斯塔普关注君士坦丁堡，16世纪70年代后期，他们派出了代理人——威廉·哈伯恩（William Harborne）。

哈伯恩是个能力卓越的人选：他勇敢、强壮、为人高调，极为自信。他是商人兼外交官，是女王的手下，其职责是为英格兰谋求商业利益。他被派往莫斯科担任大使，他听从政府的指示，但他从商人手中赚取薪水。这种模式很奏效：1580年苏丹穆罕默德三世（Sultan Murād Ⅲ）同意向在他的帝国进行贸易的英格兰商人发放许可证。哈伯恩和其他人一样，他们都知道取得这种商业突破必须向苏丹及其官员献上礼物，新的黎凡特商人财团为此花费几千英镑购买银餐具，蓝色、红色、紫罗兰色、绿色和黑色的精美布匹，灵猩、西班牙猎犬、獒犬和猎狗；显然穆罕默德喜欢狗。[5] 关于这些奢华礼物的消息在整个伦敦传开了，于是本·琼生在《人人高兴》中借角色之口说："我要献给您最棒的礼物（我们土耳其公司向苏丹都没有送过类似的礼物）！"（第一幕，第二场，69—70行）

哈伯恩招摇的作风使他成为伊丽莎白时代的名人。1599年，托马斯·纳什写道，幸亏哈伯恩"不是对皮肤被切短的［即割包皮的］异教徒一无所知的生手，而是谈论他们的先知在麦加的坟墓就像说起伦敦一样熟悉的老手"。"因此，这片土地上至高无上的女神伊丽莎，"纳什继续说道，"派他去解放英格兰俘虏，为我们打开通往红海和幼发拉底河（Euphrates）的航道。"[6] 在君士坦丁堡，威廉·哈伯恩是年轻的约翰·桑德森的老板。

1581年，女神伊丽莎，即女王伊丽莎白一世，授予了一小部分伦敦商人黎凡特贸易的商业垄断权，为期七年。[7] 他们被寄予厚望，1582年，伊丽莎白借给奥斯本和另外三个商人价值超过

42 000英镑的优质银条，约定五年后还清。[8] 他们很快就取得了成功。在第一个五年，新公司的业务蓬勃发展，公司自豪地宣称他们雇用了19艘船和782名水手，进行了27次航行，向王室金库支付了11 359英镑的关税；1588年，公司一艘船的货物估价超过70 000英镑。[9] 要么是这些数字被夸大了，要么是有些落队的商船也被计入了，尽管如此，黎凡特项目的收益仍然相当可观。16世纪90年代中期，900吨英格兰航运货物和216个水手在英格兰和亚历山大之间航行，另有1130吨货物和264名水手驶向爱琴海（Aegean Sea）的港口和岛屿。“珠宝”号（*Jewel*）、“百夫长”号（*Centurion*）、“皇家交易所”号（*Royal Exchange*）、“伟大的苏珊”号（*Great Susan*）以及“玛格丽特和伊丽莎白”号（*Margaret and Elizabeth*）从叙利亚带回商品，如生丝、靛蓝染料（伦敦染坊的需求量很大）、药物、安哥拉山羊毛、棉花纱线、香料和葡萄干。英格兰出口布和锡，公司的船舶在君士坦丁堡、希俄斯岛、叙利亚和埃及之间穿梭。尽管取得了极大的成功，但黎凡特公司一直热衷于提醒伊丽莎白政府中的朋友，地中海贸易花费巨大。16世纪90年代，所有船舶和船员的费用达到16 910英镑。[10]

由于其商业影响力和君士坦丁堡大使馆的成功，第一家土耳其公司（Turkey Company，大家通常这样称呼黎凡特公司）于1592年被授予新的特许证。这使一小部分伦敦商人得以一同分享垄断权，许可证的年限也延长了——这意味着公司无法像莫斯科公司那样在冒险和航行方面按兵不动。[11]

这家新改组后的黎凡特公司（Levant Company）有53名成员，其中之一是拉尔夫·菲奇（Ralph Fitch）。公司成员都是些大人物（公司还宣称其中有不少市议员），但菲奇是其中最不寻常的一位。1583年，他和另外三人向西出发，到达了莫卧儿（Mughal）皇帝阿克巴（Akbar）的城市法塔赫布尔西克里（Fatehpur Sikri）。他们从伦敦前往阿勒颇，然后去了巴士拉（Basra）和霍尔木兹（Hormuz）。在霍尔木兹，他们被葡萄牙当局俘虏，然后被转押到果阿（Goa），他们从那里逃到比贾普尔（Bijapur），然后向北到阿格拉（Agra）。之后，他们分开行动。探险队领队约翰·纽伯里（John Newberry）走陆路回到阿勒颇，而菲奇沿着贾木纳河（Jamuna）和恒河（Ganges）顺流而下，前往孟加拉、缅甸和马六甲海峡。菲奇和纽伯里约定两年后在缅甸的勃固（Pegu）会面。然而，纽伯里失踪了，所以菲奇独自回到了伦敦。在离开了8年后，他于1591年4月又回到了伦敦。[12]

1599年，理查德·哈克卢特出版了菲奇对其梦幻之旅的记述。菲奇的描述平淡无奇，仿佛他们只是乘船去了海峡对面的安特卫普：

> 公元1583年，本人，伦敦商人拉尔夫·菲奇，想看看东印度地区的国家，和商人约翰·纽伯里先生一起（之前他曾去过霍尔木兹）……我们主要是在尊敬的爱德华·奥斯本爵士和伦敦市民兼商人理查德·斯塔普先生的送别下开始了航程，我登上了伦敦一艘名为“虎”（*Tiger*）的船，我们乘着这艘船去了叙利亚的黎波里……[13]

我们刚刚遇到的奥斯本和斯塔普在这里非常重要：他们是1581年成立的土耳其公司的两位决策者，他们自然也是新近得到特许权的黎凡特公司的成员。事实上，他们从一开始就主要负责黎凡特的贸易，[14] 菲奇的行程为奥斯本和斯塔普十年的梦想提供了可能性。1592年的黎凡特特许证允许公司在东地中海的陆上和海上开展贸易，“也可以经陆路通过上述君主［苏丹］的国家进出东印度，这是约翰·纽伯里［和］拉尔夫·菲奇最近发现的”。[15] 这是未来从东地中海到印度开展陆路贸易的可能的路线，以前从没有人这样做过。

但是，当时还另有一条显而易见的通往东方的路线。几十年来，支持北方航线的英格兰宇宙地理学家和航海家都嘲笑葡萄牙人，因为他们需要费力地绕过非洲南端才能到达在东印度群岛的领地。然而，到了16世纪90年代，这个绕过好望角（Cape of Good Hope）到东印度群岛的旅程似乎是个机遇，等待着英格兰航海家；毕竟，德雷克已经设法在世界各地航行，武装民船前往加勒比海和南美洲的海岸探险已经很普遍了。

尽管如此，这仍是一项沉重且艰辛的任务。早期约翰·桑德森曾投资过一次这样的项目，它于1590年以失败告终。另一次较成功的尝试是四年后的詹姆斯·兰开斯特（James Lancaster）的冒险，至少他到达了东印度群岛。兰卡斯特航行到马来半岛（Malay Peninsula）西海岸的槟榔屿（Penang），从加勒比回到英格兰。兰开斯特航行的关键词是坏血病、疾病、逃亡和被俘：这是一次悲惨且沉重的失败，明显称不上是寻找亚洲航线的英勇突破。但兰开斯特的努力至少表明，对于伦敦商人而言，一路驶向东印度群岛也是可行的。巧合的是——对伊丽莎白时代的人们来说或许也是天意——兰开斯特的船叫“爱德华·博纳旺蒂尔”号，和40年前理查德·钱塞勒开到俄罗斯的那艘船的名字一样。[16]

然而，当时的旧习惯很难打破，特别是在英西战争时期。长期以来，有组织的私掠是对抗西班牙的手段。摧毁葡萄牙港口、掠夺西班牙船只的黄金和白银（腓力二世1580年把葡萄牙并入他的帝国）为船长、商人、女王和她的廷臣获取巨额资金提供了大好机会。相比于在东印度群岛建立长期贸易，这对资金和基础设施的要求当然要低得多。[17]16世纪90年代中期，伦敦或英格兰的其他地方都没有那种促成了黎凡特公司成功的财团——至少当时还没有，但形势很快就会促使伦敦商人迅速组织起来。

16世纪，贸易上的竞争对手总是存在。法国和意大利的商人忙于地中海贸易，理查德·哈克卢特对法国的殖民野心至少担忧了十年。1599年，哈克卢特出版了拉尔夫·菲奇在1583年从果阿发出的一封信件，他在旁边评论道："意大利人是我们在东方贸易中的强大敌人。"[18] 但是16世纪末，哈克卢特和每个伦敦人都知道，在东印度群岛的竞争中，实际上对手只有一个——尼德兰，即英西战争中英格兰的盟友。

尼德兰人自己也在应对困境。1585年，西班牙在斯海尔德河附近的军事行动意味着安特卫普香料市场的终结，这促使尼德兰商人寻找新的途径，直接与亚洲进行贸易。要前往东印度群岛，就意味着要挑战葡萄牙对好望角航线的统治地位。1595年，位于阿姆斯特丹的"远地公司"（Company of Far Lands）向东方派出了四艘船，其中三艘在1597年带着一船胡椒、肉豆蔻和肉豆蔻干皮返回。其他商人为了加入亚洲贸易纷纷成立了自己的组织，他们在阿姆斯特丹成立了另一家公司，在齐兰和鹿特丹还成立了一些其他组织。在阿姆斯特丹的公司后来合并了，人们通常称之为"传统公司"（Old Company）。1598至1599年，这间公司的远航取得了巨大的成功：估计航程的投资获利约为400%。[19]

于是，尼德兰商人加入了东印度的贸易。到了16世纪90年代后期，他们在爪哇（Java）西部的万丹城（Bantam）建立了总部，并于1598年在阿姆斯特丹印刷了总部地图。这是一个不错的开端。他们与“中国人”共享这座城市的西部郊区，用围栏把他们的财产保护起来。阿姆斯特丹商人在延伸到中国和日本的亚洲贸易路线中占有了一席之地——这正是不久之后伦敦商人拼命想做到的。东亚等待着向西北欧开放，那里有印度马拉巴（Malabar）海岸、苏门答腊（Sumatra）和爪哇的辣椒，还有摩鹿加群岛的丁香、肉豆蔻和肉豆蔻干皮。[20]

正是尼德兰在东印度群岛的成功震撼了伦敦商人，促使他们开始行动。1599年，一本小册子在圣保罗广场出售，这是一本关于最近一次尼德兰航行的译文，名为《真实报道：阿姆斯特丹的八艘船组成的船队前往爪哇和东印度群岛，此次成功的航行回报高、速度快》（*A true report of the gainefull, prosperous and speedy voiage to Java in the East Indies, performed by a fleete of eight ships of Amsterdam*）。航海日志的最后一段明确了项目的规模以及贸易的巨大潜力，船队已经成功返回，“在一年两个月零十九天的短暂时间里（几乎和环绕地球一周所用的时间一样长），给我们带回了满船琳琅满目、利润丰厚的商品”。[21]约翰·桑德森的一个伦敦朋友从君士坦丁堡写信给他：“佛兰芒人成功找到了去往东印度群岛的航线，带回了丰富的商品……并且为再次前往那里做好了准备。”他悲观地说：“这对你的公司将是一个打击。”[22]

尼德兰人似乎无处不在。有一段时间，黎凡特公司的商人感觉尼德兰人一直紧追不舍。1595年，黎凡特公司抱怨说，他们的尼德兰竞争对手想要免费得到公司花费数十万英镑从零开始建立起来的项目：一项非常昂贵复杂的贸易，包括一支地中海舰队、整个奥斯曼帝国的领事和代理队伍，以及在君士坦丁堡的大使馆。尼德兰人甚至希望英格兰政府保护他们在阿姆斯特丹和土耳其之间航行的船舶。公司抱怨说，如果这样的事情发生，国家利益和伊丽莎白女王的国库势必会受到影响。[23]

1599年，情况变得更糟。伦敦与黎凡特的贸易靠着耗资高昂、长途跋涉的商队，将香料从幼发拉底河和波斯湾陆运到地中海沿岸。一条更直接的从东印度群岛到尼德兰的（虽然也是漫长而危险的）航线可能会致使英格兰的地中海贸易瘫痪。这就是黎凡特公司的阿勒颇代理在1599年11月时担心的事情："我向你保证，我们的阿勒颇贸易不值得冒险，除非今年情况有所改善，但这似乎不太可能。"[24]他相信，这里的香料贸易即将崩溃，不止他一个人持这种观点。一个月后，他和约翰·桑德森的另一位同事悲观地分析道：

> 佛兰芒人带着满满的货物从东印度群岛返回，去年9月又有六艘大船离开伦敦前往这些地区。根据经验，不久以后我们就会看到，他们在东印度群岛的贸易彻底破坏了我们与阿勒颇的交易；这样一来，我们公司将无法承受他们的费用。

他继续道，如果香料通过除阿勒颇以外的任何途径进入英格兰，黎凡特公司可能连地中海贸易支出的巨额费用的一半都无法承担。[25]这是全球性贸易的最初形态：尼德兰人在东印度群岛的商

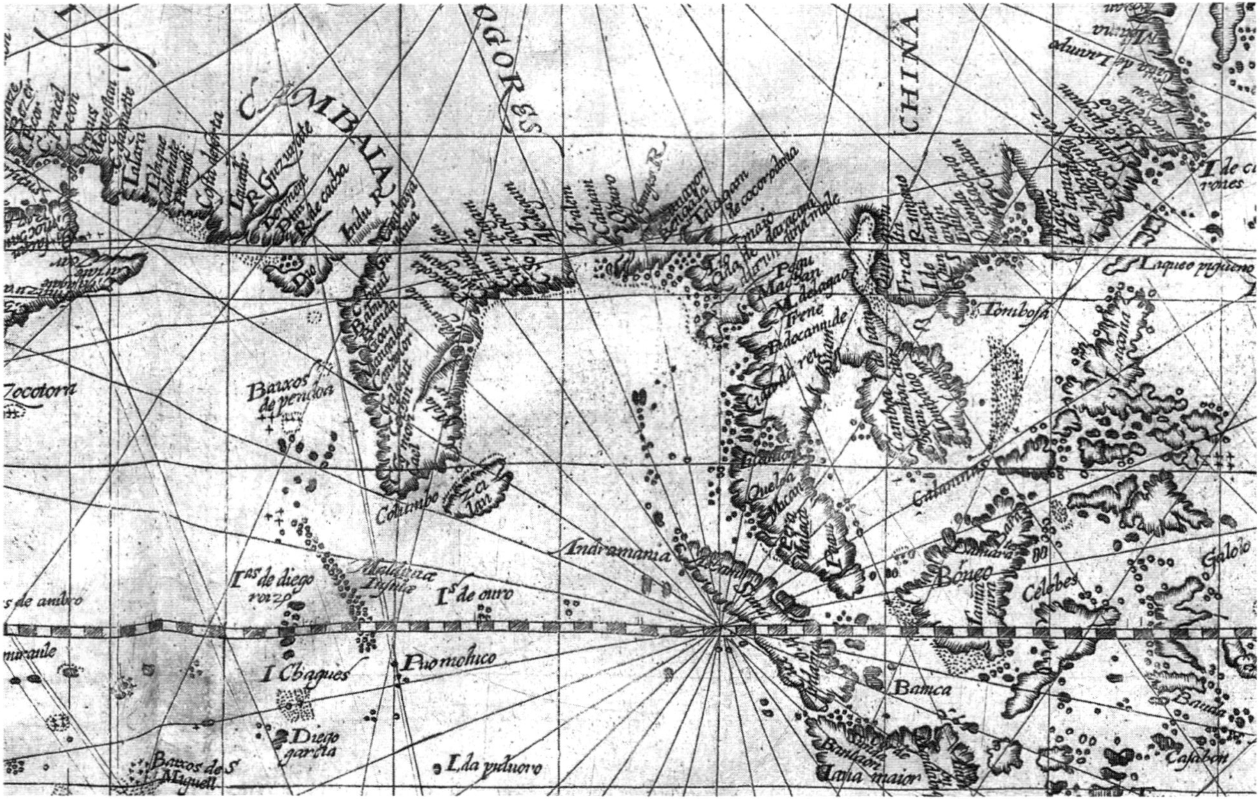
CHINA
MBAIA
OGORES
Zocotora
Baxos de pendoa
Columbo
Andramania
Maldiuna Insulae
Is de ouro
Puomoluco
I Chagues
Diego garcia
I. da pulnoro
Baxos de S Miguell
Bamca
Celebes
Galolo
Banda
Tombosa
Laqueo piqueno
Galamina
Iaua maior

东印度群岛，1599年。

业突破直接威胁到英格兰在地中海的重要贸易。

尼德兰人从印度回来时，桑德森还不是尼德兰威胁论者，他把报道当成愚蠢的玩笑，把报道中说的尼德兰人从东印度群岛运回的靛蓝染料当成船的压舱物。[26] 黎凡特公司的资深商人们表示同意。他们在1600年3月写道，尼德兰人不一定会成功：

> 我们认为，没有任何理由显示我们应当对这［尼德兰到东印度群岛的航行］感到气馁……他们的航程漫长且充满危险，有许多障碍可能阻碍他们前进，并且可能会令尼德兰商人动摇，使他们不想再冒险，不想再忍受如此漫长的环行航线和多变的气候、面对海洋和敌人的威胁，转而回归土耳其熟悉安全的贸易。[27]

无论如何，这是官方的态度。但我们可以将这些冷静的话与亨德里克·科内利斯·弗罗姆（Hendrik Cornelisz Vroom）1599年画的尼德兰探险归来的场景进行比较。这幅画虽然有些程式化，但画作自豪地描绘了船只围绕在从东印度群岛返回欧洲的四艘大帆船周围，一派节日景象。泰晤士河上从未有过这样的庆祝活动。

* * *

黎凡特公司的官方态度丝毫没有透露出有多少伦敦黎凡特商人开始组织起来采取行动。1599年秋天，伦敦商业精英正在组建另一家前往东印度群岛的新公司。9月，一份完整的清单列出了所有加入这家企业的商人。为保险起见，每个人都亲笔写下自己的名字，并写明他愿意出资多少来支持“尝试前往东印度群岛的航行”。第一个在登记册上写下名字的是市长斯蒂芬·索姆（Stephen Soame）爵士；最大的投资者之一是伦纳德·哈利迪，七年后，他将在新穆尔菲尔兹约翰·桑德森的树旁边种下一棵树。哈利迪为航行投入了1000英镑；大多数其他投资人出资100英镑到500英镑，有5个人在800英镑和3000英镑之间，筹得的总金额为30 133英镑。

两天后，9月24日周一，投资者聚在了一起，制订他们的目标。为了祖国荣誉和英格兰贸易的发展，他们提议在那一年开启赴“东印度群岛和其他岛屿及其附近国家”的航行。他们选出了15名董事组成了董事会，还选出一名财务主管处理投资的款项。[28]

第二天，他们同意向女王枢密院请求支持。他们说，尼德兰人成功的东印度群岛航行导致他们只能这样做。他们知道尼德兰人正在计划第二次远航；事实上，为了新的航行，尼德兰人在英格兰买了几艘船。“这激起了伦敦商人的热情，他们对发展本国贸易的热情不亚于尼德兰商人为社会公益努力的决心”，他们提议航行至东印度群岛。他们最需要的是作为一家统一的公司得到认可，“赴印度群岛贸易是如此遥远，所以只有统一的资本才能进行贸易”。[29] 这家公司从一开始就充满活力，汇聚了资源和决心。

阅读他们的会议记录，人们会感到他们对这项工作表现出了钢铁般的决心。他们招募船只和船员，并向枢密院请愿。他们取得了一些进展，但是由于伊丽莎白政府正在与西班牙就和平条约谈判，项目暂停了一段时间。因为在政治和外交方面，支持东印度群岛项目在当时过于敏感，这个项目只好被暂时搁置一边。商人们转而期盼第二年能开始航行。[30]

地中海贸易中最有经验的商人操控着这家雄心勃勃的新公司。15位董事中有5位已经在黎凡特公司工作了近10年，其中包括理查德·斯塔普，他花了20年向女王和枢密院请愿，希望土耳其贸易得到支持。斯塔普毫无悬念地成为新的东印度公司的董事之一，其工作是游说伊丽莎白的顾问。另外两位公司董事分别于1605年和1610年加入重新得到特许权的黎凡特公司，这表明像往常一样，伦敦商业利益相互交叠，组成一张密集的大网。[31] 黎凡特商人推动着东印度项目，这项目需要他们的经验，最重要的是需要他们的资金。

12月31日周三，一家新的国际贸易公司诞生了，另有一家公司获得了新的特许状，前者是伦敦商人的东印度贸易公司，后者是伦敦商人的黎凡特贸易公司。[32] 东印度公司为前往亚洲积极准备着：他们当时已筹资近7万英镑，这使他们可以在装备船只和招募船员时关注每个细节。这些准备工作得益于伦敦广泛的国际联系：开赴东印度群岛的船只装配的绳索由莫斯科公司从俄罗斯进口。[33]

1601至1613年间，伦敦商人共进行了12次东印度群岛航行：第一年有五艘船，1604年有四艘到万丹，1607年有三艘到万丹和红海。公司的主要目的是带回"胡椒、香料、黄金和其他商品，使冒险家的利益最大化"。[34] 但是他们发展出了更为复杂的印度、英格兰和欧洲大陆的"三角贸易"。这家公司在东印度群岛贸易，将货物带回伦敦，再将其出口欧洲。有记录表明，1613至1614年之间的15个月期间，曾有价值近22万英镑的胡椒、丁香、肉豆蔻和肉豆蔻干皮出口到德意志、尼德兰、西班牙、意大利和土耳其。[35] 这种以香料、印花布和靛蓝为主的欧洲业务，形成了以伦敦为中心的复杂的贸易体系，这些商品被换成金条和其他出口货物，进一步投入到公司在东印度群岛的港埠贸易中去。[36] 公司的特许权允许它第一次航行就从英格兰运出3万英镑的“外国银币，西班牙或其他国家的外国白银”（也就是英格兰私掠船的赃物）。很快，公司向亚洲出口白银和黄金就成为其交易的突出特点，因为白银在亚洲价格昂贵。[37] 1601至1624年间，东印度公司向东方输出了数值惊人的价值753 336英镑的金条。[38]

这与伦敦还只是安特卫普卫星城的时代已经相去甚远。这座城市现在已经扔掉了拐杖，完全自立。当然，新的竞争对手出现了，其中就有阿姆斯特丹，它即将成为地位突出的环球金融和贸易的超级实体；而且1602年，尼德兰人已经建立了真正强大的贸易公司，即尼德兰东印度公司［Vereenigde Oost-Indische Compagnie（VOC）］。但是伦敦最终直接加入了一个复杂的环球商业体系；伦敦商人正在与世界另一端的生产商和贸易商直接打交道。据估算，1615年东印度公司船队有21艘船，总吨位为10 516吨；其中10艘是新船，两艘正在建造中。[39] 公司在从红海到日本沿线建立了贸易站：位于万丹的“商馆”，以及包括苏拉特（Surat）在内的印度莫卧儿王朝（Moghul India）的5座城市。[40] 到1621年，万丹成为摩鹿加群岛、中国、日本、婆罗洲（Borneo）、爪哇和苏门答腊的贸易总部，势力范围向外延伸到孟加拉湾（Bengal）、马拉巴和果阿的东印度公司贸易站。苏门答腊总部监管着印度、红海以及波斯和波斯湾的商馆。[41]

尽管如此，对于东印度公司来说，这仍是一条颠簸坎坷的旅程。几十年来全球贸易起起伏伏，这意味着公司时而运转良好，时而困难重重。1618年东印度公司与尼德兰东印度公司之间发生武装冲突，最终的解决方案明显对尼德兰人有利；[42] 即便如此，东印度公司还是取得了巨大的成就。对伦敦商人而言，仅通过俄罗斯和莫斯科公司进行的波斯交易这一项，他们就可以说是在组织和沟通方面取得了前所未有的成就。公司的管理机制令人印象深刻，1621年印刷的《规章或议事程序》（*Lawes or Standing Orders*）涵盖了东印度公司的各个方面，从其委员会、法庭、管理人员和账户，到其仓库、造船者、工匠、薪资、搬运工和书记员，这家环球公司的业务由335项规章制度管理着。

1500年，伦敦商人前往安特卫普市场销售布料并购买奢侈品，他们的城市是一座繁荣的中型城市，位于商业强权的边缘。一个世纪之后，这座城市逐步发展、复杂化，甚至有时狂热化，这里的商业精英为追寻财富，出发前往已知世界的最远角落。

1601年1月29日周四，东印度的董事举行例行会议。即将启航的船队中资历最深的两位船长，詹姆斯·兰开斯特和约翰·米德尔顿也参加了会议；黎凡特公司的前辈理查德·斯塔普也在场。

在很多方面，这是一次不起眼的会议，他们在会上讨论了支付22件锁子甲账单的问题，还有木材价格的问题。但这不是全部，因为一位特邀发言人加入了他们：

> 东印度群岛航行的史料编纂家哈克卢特先生与委员会［董事们］会面，为他们朗读了自己的笔记和书本……委员会要求他写下东印度群岛中主要的贸易地点。[43]

毫不奇怪，哈克卢特很早就参与了东印度项目。1600年春天，他写了一篇关于西班牙在印度的贸易站的文章。当时，哈克卢特向董事们阐述了他所知道的关于东方的一切。他带着一大堆书和文件，其中包括扬·惠更斯·范·林斯霍滕（Jan Huygen van Linschoten）的《东西印度群岛航行说明》（*Discours of voyages into the East and West Indies*，1598），这是部鸿篇巨著，应哈克卢特的要求而从荷兰语翻译过来。书中有许多关于不同地区、居民和习俗的详细描述；书中有马达加斯加、苏门答腊和爪哇的地图，还有各种版画，描绘了印度的森林田野和大象、中国商船和果阿当地人，林斯霍滕的作品是东印度航海的必备读物：它让人们了解将会遇到的人和物。另一本是当时能找到的最好的关于中国历史的书。这些书里当然还有哈克卢特自己的大作《重要的航程》，这套书的第三卷即最后一卷在几个月前刚刚出版印刷。在这些文献中，最重要的是1592年从一艘葡萄牙人的东印度船上缴获的地图和文件。在这一点上，私掠行动发挥了作用。对于哈克卢特，当然还有伦敦东印度公司来说，这些文件里有一些他们需要处理并掌握的重要情报。[44]

在与东印度董事会谈后的两周内，哈克卢特拟定了一份详细材料，说明所有印度香料和它们的产地；同时，他还协助游说女王枢密院。他因这些工作而收到10英镑的高额酬劳，还因交给公司的三张地图而得到30先令，但哈克卢特的兴趣不在钱上。他始终被探险发现的欲望驱使着，立即看到了两代人都没有发现的新贸易机会：在经历了半个世纪的敌对后，英格兰有可能与西班牙这一欧洲的超级大国达成和平。[45]

他们从温金·德沃德印刷的约翰·曼德维尔爵士的《旅行》走到如今，从那书中奇异的怪兽，那早期对中国的幻想，终于到达了真正的东方：大汗宫廷的所在地上设立着爪哇和印度的商馆，宇宙地理学家预测的北部海上航线不存在，取而代之的是遍布全球的交易路线。在这个充满新机遇的世纪里，从伦敦的角度看，世界是多么地不同，伦敦的商业又是多么地不同。

第 19 章

富有价值的弗吉尼亚

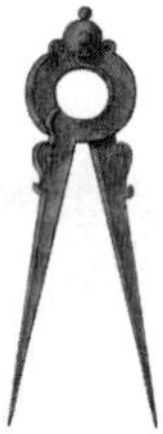

在新世纪的头几年，站在码头上的伦敦人可能会看到“巨龙”号（*Dragon*）、“赫克托”号（*Hector*）或“苏珊”号（*Susan*）已经为绕好望角进入印度洋的远航做好准备，或者莫斯科公司的船队“勇者”号（*Brave*）、“罗巴克”号（*Roebuck*）、“速度”号（*Speedwell*）、“胜利”号（*Triumph*）和“智天使”号（*Cherubim*）从阿尔汉格尔（Archangel）返航，沿着泰晤士河逆流而上。[1]在河边的码头上，起重机装卸着丰富多样的商品。水手、工人、商人的学徒、公司的中间人和代理人以及海关官员在船舶和仓库之间穿梭，岸边的阶梯上有乘坐划艇和内河船的乘客上上下下。这个港口异常繁忙，所以在与西班牙交战时期，罗伯特·塞西尔爵士专门派人监视那里，寻找城里的敌国间谍和阴谋分子。这里大多是人们熟悉的景象：萨瑟克就在河对面，它和伦敦之间由一座雄伟的棕红色桥梁连接，比林斯门被笼罩在这座桥的阴影中。然而，这座城市比以往任何时候都更拥挤，城里充斥着由人、动物和钟声产生的巨大噪声。

伦敦从伊丽莎白时代进入了詹姆斯一世时代。1603年，伊丽莎白一世去世，苏格兰国王詹姆斯六世继承王位，后者是苏格兰玛丽女王的儿子，现在成了大不列颠国王。伦敦各地的教堂都庆贺他的即位，例如交易所附近的圣巴塞洛缪教堂，在“国王宣布即位的那一天”，花费了6先令8便士用于敲钟。[2]日常生活的节奏几乎没有任何改变；在圣巴塞洛缪教区，锁仍然需要维修，长椅仍然需要修理，教区水泵仍然需要照看，还有死猫死狗以及其他垃圾仍然需要清理。在新王统治的头几个月里，伦敦人遭受了一场特别严重的瘟疫。诗人兼剧作家托马斯·德克尔称1603年为“奇妙的一年”，这一年充满变化、奇迹和恐惧。

英格兰与法国和尼德兰有着悠久的历史渊源，几个世纪以来，伦敦一直与这两国的港口有往来。但现在伦敦有了新的目标：俄罗斯、波斯、北非、巴西、东地中海的远端、印度、中国和日本。这些新地区带来了新的挑战。

1604年5月，在伦敦塔附近希兴巷的莫斯科屋，英格兰在俄罗斯贸易的高层人士为解决一件棘手的问题而举行会议。他们在莫斯科的首席代理发回警报，表示公司的交易特许权即将被取消或暂停，必须派出大使重新谈判并确认这些特权，于是他们紧急致函在宫廷任职的罗伯特·塞西尔。[3]

半个世纪以来，莫斯科公司一直在努力维持其独家商业特许权，这是一场艰苦的战斗。代理人和中间人牺牲公司的利益，填满自己的腰包，而来自其他欧洲国家的商人施压要求放开与俄罗斯的贸易。沙皇和官员都换人了：有些人友善，有些则充满敌意。伊丽莎白时代的人们认为俄罗斯的政治环境既神秘又残酷。前任大使贾尔斯·弗莱彻（Giles Fletcher）于1591年在伦敦发表了他对俄罗斯及其统治者和人民的尖刻分析。弗莱彻对沙皇及其宫廷的揭露如此富于煽动性，以至于莫斯科公司不得不请求伯利勋爵禁止这本书的出版，他们成功了。[4]激怒莫斯科最有权有势的人会对英俄的长期贸易造成威胁。与其失去宝贵的贸易，不如对克里姆林宫野蛮的暴力和暴政保持沉默。

1604年，詹姆斯国王的政府迅速行动。在莫斯科公司的商人致函一个月零一天后，6月10日在格林尼治宫（Greenwich Palace），被选定的大使托马斯·斯迈思爵士由罗伯特·塞西尔亲自领到国王面前。詹姆斯想知道关于俄罗斯的一切。当斯迈思告诉国王，由于冬季严寒，他将离开整整15个月时，国王十分惊讶。他说："看起来托马斯爵士要从太阳出发一样。"对此，北安普敦伯爵发挥了他那作为臣子的阿谀奉承的才能，口出妙语道："他就是从太阳出发，从光芒万丈的陛下这里出发。"听到这句话，詹姆斯面露微笑，并让斯迈思亲吻他的手。[5]

托马斯·斯迈思爵士是有丰富俄罗斯贸易经验的商人，这是他出任大使最重要的资本。他受命为谋求莫斯科公司的"安全与利益"尽可能地谈判，还要处理棘手的英土关系问题以及英格兰驻君士坦丁堡大使馆的地位问题。[6]在莫斯科，他以行事为人温文尔雅而为人称道，不像那些爱面子的廷臣或学者那样常常因大使的地位感到焦虑。考虑到1604年到1605年克里姆林宫错综复杂的政治形势，托马斯爵士不得不时刻保持警觉。到达后，他和几十年前的理查德·钱塞勒和安东尼·詹金森一样受到了盛情款待。一位合格的英格兰驻莫斯科大使需要三个方面的能力：一是具备实用的政治智慧；二是面对外交拖延和令人恼火的草案时，要有足够的耐心；三是有能够应付盛宴狂饮的肠胃和头脑。

很久之前，有人给托马斯·斯迈思画了一幅肖像。当时他是个22岁的年轻人，画家是尼德兰移民科内利斯·克特尔（Cornelis Ketel）。托马斯的画像是他父亲老托马斯委托的一组家族个人肖像中的一幅，老托马斯是伦敦港的海关主管。如果克特尔精确地画出了这位老托马斯的话，那么他就是伊丽莎白时代城市男性的典型代表：大块头，红胡子，面色红润，身着传统制服，穿戴着一顶黑色商人帽子和厚重的毛皮长袍，看起来像是约翰·艾沙姆的兄弟。小托马斯的母亲爱丽丝·斯迈思（Alice Smythe）在肖像中完全是严厉的都铎时期的夫人形象，她的目光仿佛能让泰晤士河结冰。托马斯的姐妹是母亲的缩影，但他和兄弟看起来与父亲非常不同。托马斯·斯迈思穿着银灰色的开衩紧身上衣，留着深褐色的短发，面色白皙，嘴唇红润，似乎更像诗人，而不是商人。[7]

然而，他成了十足的生意人。20年后，他名声显赫，有权有势。伦敦没有人能够像他那样手握大权又保持时髦优雅。一些家族很容易掌握在这座城市里传播的信息，例如关于金钱和人脉的，不过可怜的迈克尔·洛克明显是个例外。老托马斯·斯迈思是个重要人物，他对伦敦的交易世界了如指掌，但他还是活在他的岳父，即小托马斯的外祖父安德鲁·祖德（Andrew Judde）爵士的阴影里。祖德曾任市长，在生皮商公会是位大人物，和其他皮草商一样，他也是莫斯科公司的创始成员。他风度翩翩、极有威严，他的女儿爱丽丝性格严谨，这很可能是长期形成的家庭特征。

如果不是最受女王喜爱的大臣埃塞克斯伯爵（Earl of Essex）罗伯特·德弗罗（Robert Devereux），祖德的外孙很可能会跟随外祖父的脚步成为市长。1601年，埃塞克斯伯爵受到羞辱又陷入绝望，将自己的追随者们武装起来，带领他们走上伦敦街头，闹剧般地试图迫使伊丽莎白女王接见他。当时，斯迈思是市议员，也是当年伦敦的两位治安官之一，还是新成立的东印度公司的总督。为了寻求支持，埃塞克斯和他的手下去了斯迈思的家。政变失败后，托马斯爵士千方百计地摆脱与伯爵之间的关联，他激烈否认和伯爵有任何接触，并告诉他的兄弟约翰，他最近收到的唯一一封埃塞克斯伯爵的信是“关于东印度公司业务”的。[8]但这件事还是对他造成了损害，埃塞克斯伯爵的叛国罪败坏了托马斯·斯迈思爵士的名声，他受到了枢密院的问询，几小时后，他被免除市议员的职务。他放弃了其他职位，谨慎地退出了东印度公司的董事会；他的副手主持了会议，并选出了一位新总督。[9]

大约有两年时间，他受到冷落，但他最终还是等到了转机。1604年，国王派托马斯爵士担任拜见沙皇的大使，他的正式职责之一就是维护王室尊严，这样的工作很少由有过不光彩历史的人担任。几年后，托马斯·斯迈思爵士被认为是一位非凡的大商人，他因担任要职积攒了越来越多的经验，成为完美的商业官僚。他至少两次（分别在埃塞克斯事件之前和之后）担任莫斯科公司的总督。他从一开始就是东印度公司的策划人之一，后担任了17年的公司董事，他也是后来的两次探险活动的董事，其中一次是前往百慕大（Bermuda），另一次是进一步探索西北航道。他是西班牙公司（Spanish Company）的董事，还是1605年重新得到特许权的黎凡特公司的创办人。在詹姆斯一世执政初期，伦敦的众多商人冒险家公司里很少有人比他更忙碌。

然后就是新世界了。11年来，托马斯·斯迈思爵士担任一家计划殖民统治一片尚未开发的大陆的公司的最高长官，这就是伦敦弗吉尼亚公司（Virginia Company of London），这家公司的目标是让美洲也成为上帝的子民，并使之与英格兰建立贸易往来。

在《重要的航程》的第二版和最后一版中，理查德·哈克卢特将“世界的第四部分”留到了最后一卷，这指的是美洲。在克里斯托弗·哥伦布发现这片大陆后的一个世纪里，宇宙地理学家和航海家都受到了它的揶揄与考验。

理查德·哈克卢特讨厌模糊的说法，他只把美洲这个词当作一种方便的简略说法。他曾戏称这个大陆为“我的西方亚特兰蒂斯（Western Atlantis）”；但总的来说，他更喜欢实用的“新世界”这个名称。简单来说，美洲很新，因为哥伦布1492年才发现它，而“世界”反映了它的大小。这个大陆巨大而神秘：“直到今天，”哈克卢特写道，“它的内陆和海岸都没有被彻底了解。”[10]

理查德·哈克卢特知道，即使手上有这么多资料，也不能完全认识美洲。他知道他在《重要的航程》中呈现的图像是单调的，缺乏“更加生动精致的色彩”。[11]一些购买哈克卢特的书的读者选择单独购买一张壮观的折叠地图，它被缝在第三卷上，这张地图有书本身大小的四倍，上面极为精细地描绘了欧洲、南美洲、非洲甚至南亚这些大陆的细节。然而，无论是地图上还是书本中，北美洲都有大量未知领域，它是一片等待填补的空白。这片未知土地的地图上印有伊丽莎白女王的纹章，这绝非巧合：美洲很快就会迎来大批的人来探索、绘制地图、殖民、种植和开采，而原本就住在那里的男人、女人和儿童将有幸接受新殖民者的教化。

1600年9月1日周一，在伦敦，哈克卢特在第三卷的题献上签名。他把这本书献给罗伯特·塞西尔爵士，自16世纪80年代以来，哈克卢特争取到了一批强大的支持者，塞西尔是这些人中的最新一员。20年来，哈克卢特一直敦促推进殖民议程，他将他第一本关于美洲的书《发现美洲的不同航行》献给了菲利普·西德尼，并把单卷的《重要的航程》献给弗朗西斯·沃尔辛厄姆爵士。他和迈克尔·洛克曾帮助汉弗莱·吉尔伯特爵士整理北美大陆殖民计划书，几年后，哈克卢特也为沃尔特·雷利爵士做了同样的工作。在英格兰第一次成功航行到现在北卡罗来纳州海岸期间，他完成了颇具影响力的“论西方的种植”一文，这篇简短的文章为雷利及其支持者撰写。这支探险队的两名领队菲利普·阿马达斯（Philip Amadas）和阿瑟·巴洛（Arthur Barlowe）于1584年7月登陆，以女王的名义“占有”美洲大陆。[12]他们回国一个月后，哈克卢特专门向伊丽莎白女王递交了一份“论西方的种植”特别版本。

英格兰殖民者殖民美洲有各种各样的原因。一个原因是传教，即让“异教徒”转信真正的宗教；另一个原因是宣布所有权，即意图扩大女王统治的范围。贸易也是一个强有力的动机，就像在寒冷气候的地区出售英格兰毛织品的老点子（关于中国航行的书籍和文章中经常提到那里十分寒冷），那里肯定有广袤的市场。他们还希望能进一步探索与扩大联系，越过美洲与日本，和中国交易。中殿律师学院的大理查德·哈克卢特在1585年提出了这些相互关联的目标。当然，实现这些目标并不容易，他指出人们将面对一些艰难的抉择：“想不占领一个地区就推广基督教，会很困难。占领后贸易将变得很容易，但占领不容易。不占领就进行贸易看起来可行，也不太难。”他用哈姆雷特式的话语作结尾：“要怎么做，这是一个问题。”[13]毋庸置疑，他的堂弟理查德的想法和

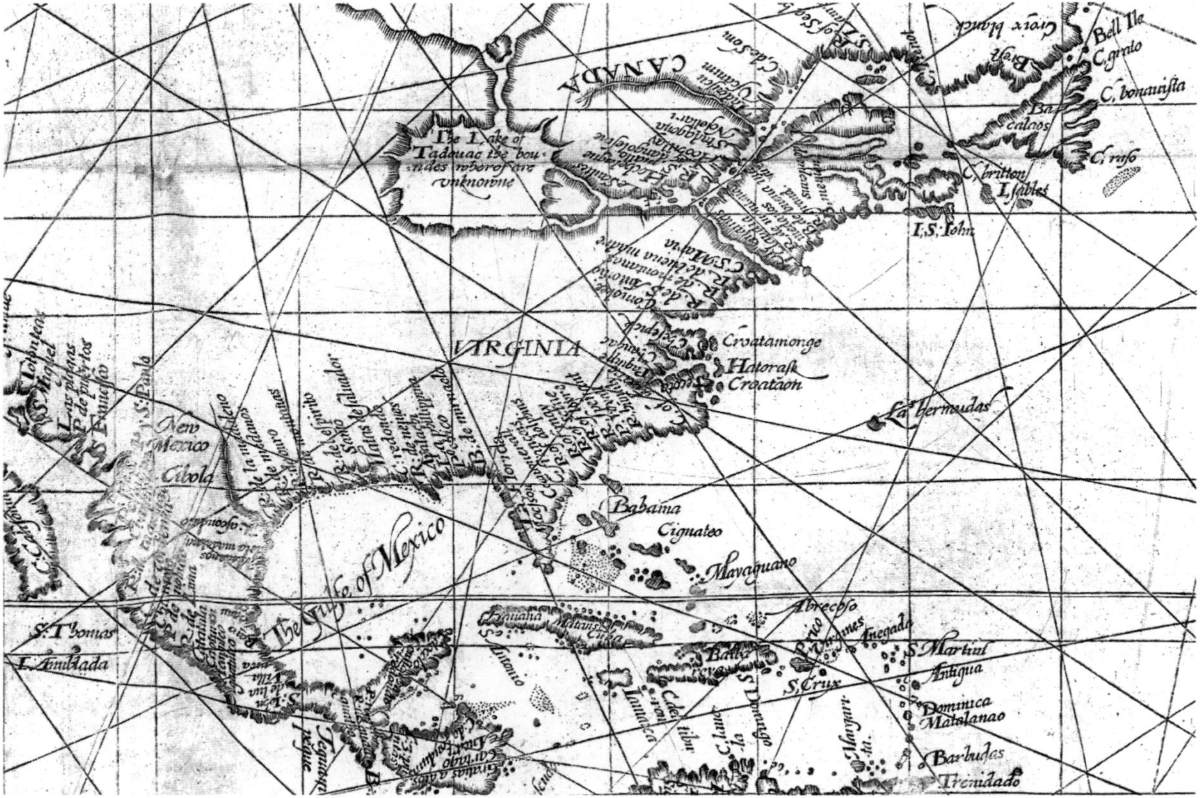

北美洲，理查德·哈克卢特的“世界的第四部分”。

他一致。

第一次的殖民尝试以失败告终。雷利野心勃勃，能言善辩，1584年，他获得了伊丽莎白女王的许可，以她的名义建立殖民地，且有权在自己的纹章上用拉丁文标注铭文“沃尔特·雷利，骑士，弗吉尼亚总督”。[14] 但是，殖民新大陆的现实是残酷的。到1587年，罗诺克岛（Roanoke Island）上只有一个刚刚起步的定居点，有两个婴儿在那里出生；他们很可能是第一批欧洲裔美洲人，他们其中之一是个女孩，受洗时被命名为弗吉尼亚。但这个小小的殖民地消失了，所有的定居者都下落不明，包括小弗吉尼亚和她的父母阿纳尼亚斯·戴尔（Ananias Dare）和埃莉诺·戴尔（Eleanor Dare）。再也没有人见过罗诺克的英格兰定居者。[15]

然而，尽管罗诺克定居点境况可怖、雷利的努力失败了，希望依然存在：人们期盼一个拥有丰富自然资源的新大陆，希望为英格兰建立一个繁荣的西方贸易卫星。人们很快就习惯于称那部分美洲地区为弗吉尼亚，1600年后，陆续有人尝试探索和殖民那一地区。雷利的专利权在1590年已经过期，因此，1602年的远航很大程度上是对沃尔特爵士过去的努力的致敬，也寻求他的祝福。这对他意义重大，他给予了他们祝福，当他在给罗伯特·塞西尔爵士的信中提到弗吉尼亚时，他就像某位殖民地的先知：“我有生之年将看到它成为隶属于英格兰的国家。”[16]

罗诺克并没有被遗忘，1602年，新一批探险者曾试图找到旧殖民者，但失败了。他们没有时间感伤或者遗憾。殖民弗吉尼亚太重要了，他们不能错失这个机会：一片充满希望的美丽土地，开始激发詹姆斯一世时期英格兰人的想象力，就像伊丽莎白一世时代人们充满对中国的幻想一样。当然，弗吉尼亚确实存在。英格兰探险家和弗吉尼亚本地人一起吃着用水煮熟的鱼，吸着浓烈的烟草，他们享受着那里宜人的气候，发现了丰富的自然资源。他们非常清楚地明白，依靠金钱、努力和上帝的旨意能成就什么。

当时人们的魄力令现代人惊讶。伊丽莎白时代和詹姆斯一世时代的人们头脑非常灵活。1602年底，作家兼冒险家约翰·布里尔顿（John Brereton）出版了一本有影响力的弗吉尼亚简介。他毫不畏惧距离和地理带来的巨大挑战，他认为如果一个项目能够实现，那么它总会实现。野心没有上限，野心最终都会成为现实。

而布里尔顿的野心相当大。他想通过让“宗教和信徒”在美洲东部沿海地区扎根，开拓美洲与欧洲的贸易。船只来回奔忙在北大西洋上，他的脑海里想象着葡萄牙和西班牙的葡萄酒、水果、香料、糖、丝绸、黄金和白银运达弗吉尼亚，英格兰本国的布匹和家畜穿越大海而来。弗吉尼亚将成为美洲的转口港。更雄心勃勃的是，鉴于伊丽莎白时代人们都了解这片大陆的规模，布里尔顿认为弗吉尼亚将成为欧洲、美洲和亚洲之间横贯大陆贸易的重要中转站。他始终怀着找到从美洲进入北太平洋和印度洋的西北航道的希望，他预测每四个月就会有船回到英格兰，载满“中国和日本等地的巨大财富，包含香料、药品、麝香、珍珠、宝石、黄金、白银、丝绸、金色布料，以及各种珍贵物品”。[17]

事实上，布里尔顿的计划书与英格兰环球贸易体系相差无几。布里尔顿的小册子由出版《重要的航程》的大印刷商乔治·毕晓普（George Bishop）在伦敦出售，这本书与吉尔伯特和雷利的殖民专利，以及成立仅一年的东印度公司的特许权一样，充满了乐观情绪。贸易是在彼此友谊中把王国联系在一起的黄金纽带：这个比喻来自另一本小册子——《托马斯·斯迈思爵士在俄罗斯的旅程和消遣》(*Sir Thomas Smithes voiage and entertainment in Rushia*，1605)。[18] 斯迈思和其他东印度公司的大人物们纷纷投身弗吉尼亚项目，东方和西方有可能实现无缝连接，对于伦敦的商人和投资者来说，这是弗吉尼亚带来的希望。

1606年4月10日，凭借詹姆斯国王授予的专利许可证，伦敦弗吉尼亚公司成立。这是一家混合企业，是公私合营的合作体，即通过投资股份制企业筹集资金(这一点与莫斯科公司和东印度公司非常相似)，但是公司的管理权属于国王，国王通过委员会管理。这家新公司巧妙地平衡了许多利益相关方。伦敦的大人物们占据了主导地位，但来自布里斯托尔和普利茅斯的商人也要求平等的话语权；公司及其国王的委员会要监督弗吉尼亚的两个单独的种植园，这使事情变得更加复杂。北部的一块殖民地属于英格兰西南部企业，南部的种植园属于伦敦。托马斯·斯迈思爵士，威廉·罗姆尼(William Romney)爵士和约翰·埃尔德雷德(John Eldred)坐镇国王的委员会，这三人都属于东印度公司。

1606年，诗人迈克尔·德雷顿(Michael Drayton)歌颂了这家即将成立的企业。在阅读了《重要的航程》中对弗吉尼亚的描述后(“勤奋的哈克卢特／他的书会引起／人们寻求名望的热情”)，他赞扬美洲是一个独特的地方，像一座伊甸园：

> 在海上愉快地航行
> 你用成功吸引我们
> 去获取珍珠和黄金，
> 去占领你，

弗吉尼亚，
这世上唯一的天堂。

在那里，大自然蕴藏了
飞禽走兽和鱼儿，
还有最肥沃的土地，
不用付出太多辛劳
三季丰收后，
收获远超你的预期。[19]

诗人可以成为优秀的宣传员，也可以成为尖刻的讽刺家。得益于哈克卢特（可能还有约翰·布里尔顿），德雷顿富于诗意地想象了弗吉尼亚繁茂的葡萄藤和直冲天际的高大雪松。在乔治·查普曼（George Chapman）、本·琼生和约翰·马斯顿（John Marston）的戏剧《向东呀》（*Eastward Hoe*，1605）中，他们毫不留情地取笑人们对弗吉尼亚的幻想。剧中的一个场景设在比林斯门附近的蓝色船锚（Blue Anchor），司盖普思瑞福特（Scapethrift）向西格尔船长（Captain Seagull）询问关于美洲的情况，"但是船长，那里有我听说的那样的财宝吗？""我告诉你，"西格尔船长直接引用了托马斯·莫尔爵士的《乌托邦》（*Utopia*）里的话，"那里的黄金比我们的铜还多。接油盘、便壶和锁囚犯的链条都是用金子制成的，而孩子们则从海边收集红宝石和钻石。弗吉尼亚的气候非常好，遍地都是野猪，就像英格兰最温顺的肉猪一样普遍，鹿肉和羊肉一样常见。"

但是幽默也展现出了更尖锐的一面。西格尔船长间接但明确地提到罗诺克岛，尽管他弄混了日期："那里有一个完整的英格兰人的国家，他们是79年［1579年］留下的人的后代。"人们对殖民地社会的新自由抱有乌托邦式的幻想，他们期待逃离现实中卑微的教区职务和苦差事，过上有身份有地位的生活，这部剧也抨击了这一点："你将在那里自由地生活，没有军官、大臣、律师或情报人员［间谍］……你在那里可能成为议员，而永远不会成为拾荒者；你可能成为贵族，而永远不会成为奴隶。"西格尔暗指那是一个没有法律秩序或道德约束的社区："除此之外，我们行事既不需要遵循法律，也不凭良心，这两者都不需要太多：好好侍奉上帝，吃饱喝足，'这种满足不亚于一场盛宴'。"[20]

我们有充分的理由认为，查普曼、琼生和马斯顿在1605年清楚地知道普通伦敦人对弗吉尼亚新生活的看法。很多绅士参与了1606年的第一次横跨北大西洋的航行，但定居的295人大多是木匠、铁匠、药剂师、裁缝、工匠、渔民和劳工；16世纪90年代，他们是那些认真工作才能勉强维生的人。也许是渴望探险，或是渴望在新大陆上留下自己的印记，他们来到了弗吉尼亚。从统计数字上看，他们中的很多人很可能在1601年或1603年的瘟疫中失去了家人。况且有谁在读过或听过清新淳朴的弗吉尼亚后，还会乐意留在伦敦拥挤不堪的污秽、恶臭和疾病中呢？

当然，事情远没有那么简单。弗吉尼亚的第一个殖民地是詹姆斯国王新不列颠王国最远的前哨。为了避免殖民地成为西格尔船长想象中的那个既没有法律约束又缺乏良心的社会，这里设有一个总督和政务委员会组成的政府，绅士和传教士都有职权。[21]带着《圣经》和祈祷书的传道士给殖民地增添了一种神圣的使命感。我们几乎可以肯定，有人带上了哈克卢特的《重要的航程》，以供定居者们学习和打发时间。[22]然而1606年和1607年，人们有充分的理由相信罗诺克的悲剧可能会再次发生，1606年的那批种植者赖以生存的那两批船运补给，在1608年的几个月里才分别到达。从英格兰到美洲最短的海上航行记录为5周，最长的18周。[23]弗吉尼亚的气候根本不是舒适温和的，1607年和1608年，美洲的冬天和欧洲的一样严酷。伦敦的弗吉尼亚冒险家在严寒中瑟瑟发抖，这场严寒冻结了泰晤士河，将它变成一个操场，同时也造成伦敦人食物匮乏，燃料储备不足，城市的贸易和商业难以为继。千里之外的情况更糟：为了生存，公司的种植者们必须苦苦挣扎。[24]

伦敦的弗吉尼亚公司努力争取金钱和支持，到了1609年春天，公司正在精心策划一项筹集资金的重大新举措。殖民大陆是一种"冒险"：这个项目再次借用了弗罗比舍远航时的说法，以及股份公司的方式。公司印刷了证书，姓名和出资金额是空白的，后续将由出任公司财务主管的托马斯·斯迈思爵士推进。出资人将拥有殖民地的永久股份，可以传给继承人和子孙后代。证书指出，出资人将"不定期地"得到弗吉尼亚的"矿山和黄金、白银及其他金属矿产，或财宝、珍珠、宝石，或任何种类的商品或利润"回报。[25] 在伦敦，这场商业投资看起来收益丰厚；市长汉弗莱·韦尔德（Humphrey Weld）爵士坚定地支持这个项目。得益于韦尔德的帮助，至少有五家同业公会（包括那些有影响力的著名公会，如丝绸商公会、成衣商公会和绒匠公会）成了弗吉尼亚公司的投资者。[26]

在殖民地发展的早期阶段，殖民的主要目标是抢占先机和扩大宣传效应。每个人都相信弗吉尼亚蕴藏着丰富的资源，人们会在适当的时候将其带回英格兰。理查德·哈克卢特特别指出那里有喂蚕用的桑树和各种染料的原料，他1609年的小册子标题《富有价值的弗吉尼亚》(*Virginia richly valued*)也表明了同样的意思。哈克卢特在弗吉尼亚计划中看到了未来的商业财富，对于他来说，能有这种发现不奇怪，毕竟他的名字出现在弗吉尼亚公司1606年的许可证上，他还是公司股东之一。

但更重要的是，美洲还是一片未开化的大陆，为接受上帝的话语做好了准备。理查德·哈克卢特一手拿着冒险家证书，一手拿着《圣经》。他认为，弗吉尼亚是对基督教坚贞和使命的一场考验：

> ……应尊重并珍惜痛苦的［即勤勉的］传道人，尊敬奋勇向前的士兵，奖励勤劳者，鼓励怯懦者，解除弱者和病人的痛苦，镇压叛乱者，保护基督徒在野蛮人中的声誉，颂扬我们最神圣的信仰，逐渐消灭所有异教徒和偶像崇拜。

哈克卢特不相信弗吉尼亚本地人，他们“像风向标一样反复无常，随时准备利用一切有利形势捣乱”。温和地对待他们是最好的方式，但是，如果“温和的方式不能发挥作用”，那么他认为可以让经历过西班牙战争的训练有素的英格兰老兵来“端正他们的态度，将他们送到传教士的手中”。[27]懦夫和意志不坚定的人无法完成这种转变异教徒的神圣工作。

通过约翰·斯托和其他编写伦敦历史的学者，人们知道，伦敦这座古城一开始就是繁忙商人的聚居地。现在，新特洛伊城外出现了“新不列颠”(Nova Britannia)，这个名字是公司对其美洲计划的称呼。[28] 1609年，新不列颠的未来定居者被邀请至托马斯·斯迈思爵士在伦敦的住所，与他见面；邀请函发给了伦敦各地潜在的殖民者，尤其是那些工作勤恳的人。公司将给他们每人价值12英镑10先令的1股股份，但对他们而言，更具吸引力的也许是过上乡村生活的承诺，他们被许诺能拥有一套房子、一片花园和果园，还有公司出资购买的成套衣服。[29]公司想要在整个英格兰招募投资者，他们向城镇和个人宣传："建立英格兰的殖民地是一项伟大的工程和事业，这符合上帝的愿望，他鼓励我们继续前进。"[30]这庞大项目始于伦敦：更确切地说，始于一位有财力且有影响力的商人的豪宅里。这幢房子位于圣安德鲁哈伯德教堂（St Andrew Hubbard）和芬丘奇街之间的一条巷子里，未来的定居者和潜在的投资者敲响他的大门，拜访托马斯·斯迈思爵士。

除了挖掘新大陆的财富、建立跨海贸易并令异教徒皈依之外，伦敦的弗吉尼亚公司真的打算建设一个国家。1609年4月，弗吉尼亚冒险家和未来的殖民者聚集在白教堂地区，听传教士威廉·西蒙兹（William Symonds）讲道。他从《创世记》中选取了三节经文（12：1—3）：

> 耶和华对亚伯兰说，你要离开本地、本族、父家、往我所要指示你的地去。
>
> 我必叫你成为大国，我必赐福给你，叫你的名为大，你也要叫别人得福。
>
> 为你祝福的，我必赐福与他。那咒诅你的，我必咒诅他，地上的万族都要因你得福。[31]

没有比这更重要的项目了。这不只是贸易和商业，还是受到上帝祝福的全球性国家建设活动，是一项自然而然的殖民工程，其政治、商业、社会和经济利益已在16世纪80年代为理查德·哈克卢特所勾勒。也许受到西蒙兹布道的启发，布道发表的几天后，另一位宣传弗吉尼亚探险项目的布道人解释了它的重要性：

> 投身这样的冒险可以彰显上帝的荣耀，扩大我国的领土，使我们的人民在海外得到优先权和工作，满足国内的需求，大大提高国王陛下的关税收入，将我国的荣誉和声名传播宣扬到世界的尽头。[32]

威廉·西蒙兹在布道中赞扬了公司投资者和定居者的文明使命，他以一种鼓舞人心的方式结束了演讲："那么，要心怀喜悦，荣耀的主，你愉悦地传播福音，将主的名字四处传播，你将得到嘉许，这是万能的主的荣耀，权力和领土属于他。哈利路亚。"[33]

第20章

过去的时间，现在的时间

1616年，也就是威廉·莎士比亚去世那一年，克拉斯·菲斯海尔（Claes Visscher）为伦敦画了一幅精妙的全景图。这幅画用铜版雕刻，然后在阿姆斯特丹印刷，其视角很像70年前安东尼斯·范登·维恩加尔德绘制伦敦时的视角，但其所用的印象派笔触比维恩加尔德更为立体、阴影更明显且更精细。菲斯海尔笔下17世纪初的城市显然仍是维恩加尔德从萨瑟克看到的那座城市，仍是那塔楼和尖顶林立的伦敦，大桥仍然巍然耸立在泰晤士河上，连通两岸，港口码头挤满了船只，但也有所不同：这座还在成长的城市比都铎时期更庞大、更笨重，被填得满满当当。这种变化不仅是物质方面的，伦敦人居住和想象的世界其实更大、更复杂。

我们以为这样的全景图会像照片一样准确，但这幅并非如此：它是由可能从未去过伦敦的艺术家用这座城市的旧风景画拼凑而成。然而，伦敦正如画家想象的那样，巨大、其在商业上的成就无比辉煌，“备受世界赞美”；在记载中，伦敦被视作与阿姆斯特丹齐名的17世纪著名商业中心。伦敦是一座贸易繁忙、充满活力和力量的城市，不再仅仅是一颗徘徊在欧洲或世界商业生活边缘的卫星。[1]

到1620年，几乎所有我们在本书中遇到过的伦敦人，无论是那些在这里出生的，还是移居到这里的人，都已经逝去。理查德·格雷欣爵士于1549年去世，他的儿子托马斯爵士死于1579年，1596年轮到了约翰·艾沙姆，1605年是约翰·斯托，1610年或1611年是安东尼·詹金森，1616年是小理查德·哈克卢特，迈克尔·洛克大约是在1620至1622年间。艾沙姆和詹金森事业有成，退休后搬到北安普敦郡的乡村庄园。斯托在他热爱并歌颂过的城市去世，葬在圣安德鲁安德谢夫教堂（St Andrew Undershaft）。他的纪念碑保留至今，上面的铭文写道（由拉丁文翻译过来）：

> 伦敦市民约翰·斯托虔诚地等待着基督的复活。他曾通过孜孜不倦地发掘古代记录，充分利用自己的有生之年，为子孙后代留下了卓越的英格兰编年史和伦敦城市调查。[2]

像斯托一样，理查德·哈克卢特也实现了他的终身抱负，成为杰出的英格兰航海专家。他1616年制定了遗嘱，将他的财产留给家人、朋友和慈善机构，包括小迈克尔·洛克，他是不幸的老迈克尔的儿子。老迈克尔职业生涯坎坷，在“中国公司”失败后，他在阿勒颇担任土耳其公司领事这一灾难性的职务，而且他的债务不断增加。在某种程度上，他的生活是真正的轮回：他死于齐普赛街的那座以锁头为标志的建筑中。[3]

像前几代人一样，这些人中最富有的那些留下了纪念碑和坟墓，这些东西总结并歌颂了他们的职业生涯。少数墓碑得以保留下来，托马斯·格雷欣爵士葬在主教门的圣海伦（St Helen）教堂，他那座美丽的雪花石和黑色大理石制成的墓碑向他同时代的人——以及今天的我们——诉说着一位商界巨擘的财富和权力。他不需通过墓碑夸耀自己，墓碑上也没有过多的话语：斑驳的大理石板上只简单地刻着他的名字和葬礼日期。[4]

1620年，任何同约翰·斯托一样爱好在城市中游荡、观察和记录的伦敦人都可以在城市教堂里找到几十座坟墓和纪念碑。对于詹姆斯一世时期的人来说，这大部分都是已经过去的时代的遗迹，那是宗教改革之前的时代，当时的伦敦人仍然相信炼狱，并为死者祈祷。这是对过去遥远乃至有些令人不适的错误与迷信的纪念。举例来说，在哈特街的圣奥拉夫教堂，有理查德·哈登爵士的黄铜纪念牌，上面刻有理查德爵士和他的两位妻子的名字；曾是凯瑟琳·温杜特的凯瑟琳·哈登女士在左边，她的孩子巴塞洛缪和琼在她身后跪着祷告。对于1620年的伦敦人来说，看起来不寻常的是，一个世纪之前他们竟然真的雇用教士到教堂为哈登的灵魂祷告。[5]

对于詹姆斯一世时期的人们，哈特街圣奥拉夫教堂里的其他纪念物更能触动他们。有一座美丽的纪念碑至今仍引人注目，它纪念着商人兄弟安德鲁·贝宁（Andrew Bayning）和保罗·贝宁（Paul Bayning），他们分别在1610年和1616年去世。贝宁兄弟是土耳其和黎凡特公司的商人；保罗和安德鲁也是市议员，保罗还是东印度公司的首批董事之一。[6] 贝宁兄弟认识一位叫理查德·斯塔普的商人，如果没有他的努力，地中海和东方贸易根本就不会存在；斯塔普1608年去世。有好奇心的詹姆斯一世时期的人可能会发现，歌颂斯塔普的墓碑位于早已消失的圣马丁奥维奇教堂（St Martin Outwich）："他是那个时代最伟大的商人，土耳其和东印度贸易中最著名的探索参与者，他虽身家富贵，却为人谦卑，在公共事务中小心谨慎、勤勤恳恳、任劳任怨。"[7]在所有商人中，只有斯塔普配得上这样的描述，他几十年来一直坚定不移地推动伦敦在东方的利益。

这些大人物们留下的遗产与今世的事务、未来的期许纠缠在一起。他们是纯粹出于虚荣和自我膨胀，为了流芳百世而努力吗？托马斯·格雷欣爵士建成交易所的荣耀，以及他捐赠艺术和科学讲师职位的伟大愿景，几乎都被他的遗孀安妮女士变成泡影。她怨恨丈夫为这些项目投入的巨资，因而尽可能地拖延时间，还试图撤销丈夫遗嘱中的复杂规定。1581年，他们发生了一次特别的冲突，当时女王枢密院不得不措辞文雅但态度坚决地推动格雷欣夫人修复皇家交易所的损坏部分。这项交易很简单，他们解释说：她丈夫在遗嘱中指明由她负责维护交易所，作为回报，她可以得到其年收入的一部分。20英镑的费用对于格雷欣家的人来说不算大数目，但这事危及的是女王和王国的荣誉：

> 鉴于在其有生之年，交易所的开支和维修费由她承担，作为回报，她将得到交易所年收入的一部分：虽然他们并不怀疑，她为了纪念已故的丈夫，会用心维护那座著名的建筑物……然而，这座象征着女王陛下和王国的荣誉的宝贵纪念不应破败和衰落。[8]

这不是他们最后一次提醒她承担自己的义务。[9]不过，无论她有多少不满和委屈，安妮·格雷欣最终还是怀揣对托马斯爵士的回忆，要求与他一起葬在主教门的圣海伦教堂。

像格雷欣这样的富商想要拥有一切：财富、遗产和天堂。但是人是否能拥有一切，对利润的追求与对永生的期盼之间的矛盾是否能调和？1619年8月，伊曼纽尔·伯恩（Immanuel Bourne）在圣保罗广场布道时审视的正是这些问题。几个月后，这场布道的内容在位于交易所北门、乔治·费尔贝德（George Fairbeard）的商店印刷出售。伯恩是康希尔地区的圣迈克尔教堂的教士，这间教堂在交易所隔壁，所以伯恩就住在商人中间，他知道在伦敦的商人们受利润驱使而进行贸易，他在其中看到了罪恶和贪婪的诱惑，他把收益（即物质财富）比喻为夏娃在伊甸园受到撒旦诱惑吃下的苹果。伯恩认为追求信仰高于一切，他对促使商人走遍天涯海角的那种力量感到困惑：

> 如果我们看看这个时代，奇怪的是……每家企业每天都在进行海运或陆运、骑马或徒步运输，就好像他们在诱惑天上的上帝，看他是否会因他们这种孤注一掷的勇气而惩罚他们？无论污秽或洁净，无论潮湿或干燥，无论寒冷或酷热，都不能阻碍商人从一个集市走向另一个集市，从一座城市到另一座城市，从一个王国到另一个王国，这都是为了获得可观的收入。[10]

当然，这也是本书中贝宁、格雷欣、斯塔普或任意一位商人成功的秘诀：明知前方有巨大困难，仍坚忍不拔、不屈不挠。这种力量与激励虔诚的传道人追寻天堂的力量不同——但小理查德·哈克卢特是个例外，在他看来，探险发现和商业尝试代表了神的意志。

在本书结尾，记录死者的情况就很简单了：在哈特街圣奥拉夫教堂的小墓地，埋葬着马丁·弗罗比舍因好奇心带回的因纽特男婴，没有人记录他的死亡；那里也有1563年可怕的瘟疫暴发时死去的数十名教区居民，甚至还有文具商兼翻译家托马斯·哈克特，他生前曾向伦敦人传播了美洲新大陆的潜力。[11]

但1620年的伦敦不是后来查尔斯·狄更斯笔下“空无一人的城市”，那座教堂庭院空寂而阴森，可以让人们在夜晚安静地漫步的城市。[12]詹姆斯一世时期，这座城市充满生活气息且适合生活，那一年，哈特街的圣奥拉夫教堂进行了53场洗礼，奥斯丁修道院的基督圣殿进行了76场，将这些数字乘以100多，并考虑到仍有数千人为找工作而来到伦敦，我们可以发现死亡率得到了平衡。伦敦人继续生活、工作和消遣，教区生活有其熟悉的结构和节奏。1620年，在小圣巴塞洛缪，教堂执事忠实地记录下了教区里的富人为值得帮助的穷人提供的礼物和遗赠。这是教会的繁忙时期，工人们花了三个月给教堂塔楼重新勾缝，并更换了窗户。[13]

对于那些处在城市生活外的人来说，生活可能会很困难。詹姆斯国王看到了在伦敦外来的富商中筹集大笔资金的机会。1618至1620年间，一起案件在星室法院（Star Chamber）传得沸沸扬扬，据称，外国人正在把金条和硬币运向国外，造成国内的贫困：金额甚至一度高达惊人的700万英镑。国王用两种方式从异乡人那里得到钱：一是贷款，二是对外国商人处以巨额罚款。[14]

虽然这很严酷，但这也许最后在贸易和金融方面是公平的。可以想见，在印度的伦敦商人和在弗吉尼亚的投资者的日子很艰难。阅读东印度公司在苏拉特总部代理商的报告就能体会到，环球公司在探索中面临的痛苦正日益增长。他们密切关注着葡萄牙和尼德兰的竞争对手，他们对波斯人的疏忽懒散问题感到愤怒，还抱怨印度人“天生狡猾”和政府腐败。他们交易的商品早就不是传统的英格兰布料了，而是包括玻璃珠、独角鲸角、象牙、抛光珊瑚、水银、从俄罗斯运来的兽皮、金线织物、胭脂虫和海象牙。他们表示有必要用武力来保护贸易——这预言了未来。[15]

弗吉尼亚的冒险家和殖民者面临着更大的困难，1620年是充满危机的一年。在伦敦的非官方会议上，弗吉尼亚公司商定计划，意图加强对殖民地的管理。他们首先需要消除公司因“偏见和派系”引起的“近期的干扰”，团结一致：企业很容易受到强势的个人和利益集团干预。就弗吉尼亚公司而言，意见分歧点是殖民地和账目的管理问题。[16]

像其他苦苦挣扎的企业一样，弗吉尼亚公司在1620年夏天发布了一本写给投资者和种植者的手册，手册中的弗吉尼亚令人无法抗拒。那里曾发生过“许多灾难”，这是魔鬼和他的代理试图破坏“为基督教和英格兰人而殖民弗吉尼亚这一崇高行动”。[17]但与哈克卢特和其他早期提倡殖民美洲的英格兰先知一样，手册描述弗吉尼亚的方式沉着稳定、毫不动摇：

> 我们历尽千辛万苦才能从俄罗斯获得皮草、鱼子和绳索，而这些资源在弗吉尼亚及其附近地区都可以轻松获取，而且数量充足。现在，我们需要从挪威、丹麦、波兰和德意志获取桅杆、木板、沥青和焦油、制陶和肥皂用的草木灰、大麻和亚麻（制造亚麻织品的材料），但在弗吉尼亚，这些资源

> 不仅数量充足，而且质量上乘。铁大量地消耗了我们的木材，而且会在短时间内被锈蚀，但是铁可以在弗吉尼亚找到……这里能提供世界上最好的条件。法国和西班牙的葡萄酒、水果和盐，波斯和意大利的丝绸，都可以在弗吉尼亚发现，并且在品质上毫不逊色。[18]

现实情况则更加复杂。其他大陆的地位不会轻易为美洲取代，英格兰与欧洲的贸易早已固定且至关重要。但是，这种华丽的描述中蕴含着潜力的火花：人们真的从这个新世界中能得到如此多的回报吗？ 1620年的计划书结尾列出了一长串的贵族、士绅和商人投资者，这表明，谁能抵抗这样的机会？

尤其是在1620年，伦敦的弗吉尼亚公司经受了一次具体的考验。众所周知，詹姆斯国王非常厌恶烟草，他在那一年宣称："它使人普遍在身体和礼仪方面更加堕落。"詹姆斯在经济方面反对烟草，他认为它不仅耗尽王国的黄金，还导致英格兰的主要商品在交易时低于其实际价值，以此提高烟草价格，而这些都使"诚信守序的商人在交易中遭遇巨大的混乱和打压"。[19]弗吉尼亚公司的董事会发现烟草的大量进口可能将受到管制，导致殖民地被"彻底摧毁破坏"。他们通过公司的财务主管南安普敦伯爵（他也加入了东印度公司，还是莎士比亚的赞助人）向国王请愿，詹姆斯国王表示："他绝无意于签署损害两个殖民地的法令。"[20]公司必须与王室政府进行艰苦的协调和游说，显然，经营着暴利烟草生意的弗吉尼亚公司在1620年有身居高位的朋友。同时，为了巨大的利益，公司迅速为新市场做好准备：如果不能将烟草进口到英格兰，那么他们将把业务转移到弗拉辛（Flushing）和米德尔堡

（Middelbur）这些低地国家。问题所在之处，也可能是公司的机会之所在。

1620年后，伦敦继续扩张膨胀，逐渐呈现大都会的风貌。16世纪30年代，人们见证了城市边界外的河岸街附近的考文特花园（Covent Garden）地区的发展。伦敦城和威斯敏斯特区逐渐融为一体，其地理上的重要性正在改变。现在的伦敦与伊丽莎白时代人们认识的老伦敦城相距很远，如果我们在现在的地图上把后者划出来的话，就会发现它只是一片由几个地铁站围起来的地方。这种变化始于17世纪，因此，在16世纪90年代的描绘威斯敏斯特的风景画中"考文特花园"还是一片空地，而到了大约1660年，在文策斯劳斯·霍拉（Wenceslaus Hollar）迷人的新考文特花园鸟瞰图中，这里井井有条，成了城市规划师的梦想，这里的房屋有三四层高，一些带有优雅的拱廊，井然有序地围绕在花园和中央广场四周。这座城市终于有了秩序感和设计感。[21]

1666年9月，随着一场超出想象的惨烈火灾，一切都变了。尽管古罗马城墙以外的郊区被保存了下来，但大火把旧城区化为灰烬。除了那些在主教门、阿尔德门，以及伦敦塔附近的建筑物外，几乎所有本书中提到的建筑物都毁于一旦，包括圣安东尼教堂和阿克的圣托马斯医院（我们的故事开始的地方）、圣劳伦斯犹太教堂、市政厅和皇家交易所，等等。

学者兼日记作者约翰·伊夫林在萨瑟克滨河地区的安全地带目睹了大火。他试图说明这场灾难的规模，这场火灾带给他的震撼宛如身体上的重击。他的散文用简洁的语言描述了他和家人看到的恐怖场景："我们看到凄凉的景象，在靠近水边的地方，整座城市都被可怕的火焰笼罩；从桥开始，整条泰晤士街，向北延伸至齐普赛街，向南到三鹤码头，所有的房屋都被大火吞没了。”没有什么可以阻止这场大火，因为火苗“以惊人的方式”从一座房子窜到另一座，从一条街窜到另一条，点燃了“教堂、公共建筑、交易所、医院、纪念碑、装饰物”。“圣保罗的石头，”他继续说道，“像手榴弹般乱飞，熔化的铅在街道上汇聚成溪，路面闪烁着火红的光，所有人和马都在路面上行走。”城市被破坏得非常彻底，约翰·伊夫林觉得这场伦敦大火“如所多玛（Sodom）一般，或是像世界末日”。而伊夫林的另一个参照物是古代特洛伊的毁灭。现在，像老特洛伊一样，新特洛伊也荡然无存，“伦敦曾存在，”伊夫林写道，“但已不复存在。”[22]

然而，伦敦还是幸存下来了，就像罗马人曾在布狄卡起义和第一场大火之后两度重建伦底纽姆一样。如今，人们仔细地审视着这座城市，古老的街道、建筑物，以及旧区的边界都被精心记录下来。在一代又一代的伦敦人曾走过的大街小巷间，伦敦重新发展起来；圣保罗教堂这座哥特式的庞然大物被克里斯托弗·雷恩爵士的圆顶杰作取代。如果雷恩提出的新城模型被采用，那么城墙内的伦敦将非常规整，将有长长的林荫大道和整齐的广场，广场的焦点将是一座新交易所——从新门到齐普赛街、从道盖特（Dowgate）到海关关所、从伦敦桥到主教门，所有的路都通往商人交易所。

但这个计划未能成真，也许伦敦人更喜欢那种熟悉的混乱和碰撞感，这种无序带有深深的祖先的印记。乔舒亚·雷诺兹爵士后来提到了雷恩的观点，认为其“效果可能会……令人相当不愉快：统一性可能会令人有些厌倦和厌恶”。[23]

伦敦大火之后的故事就属于其他书了。但我们必须提到一件发生在20世纪的后续事件。不知何故，奥斯丁修道院的基督圣殿竟然逃过了1666年的灾难，但1940年10月16日的凌晨，它被附着在降落伞上的地雷击中。这座简朴的教堂由石灰岩和白垩建成，用赖盖特石（Reigate）装饰。在这次猛烈的爆炸中，这座伦敦最后一处尚能使用的中世纪奥古斯丁教团的修道院变成了一堆瓦砾。[24]

尝试在伊丽莎白时代的地图和风景画的引导下漫游今天的伦敦会是件令人晕头转向的事：即使是特别擅长看地图且方向感极强的人也会丧失信心，迷失方向，来回乱走。我们必须非常努力才能找到自己的方位。古老的街道名称有时会指引我们，有时又会欺骗我们。

但我们或多或少是能做到的。即使考虑到所有的改变——无论是因为火灾、轰炸、常规拆迁，还是几个世纪以来所发生的一切变化——部分旧城的格局和结构仍旧得以保留至今，就像骨架中的主要骨骼一样，只是在其基础上长出了新的身体。有时我们确实找到了幸存的小奇迹，例如城里几座中世纪的教堂。在巨大的办公楼旁，它们显得瘦小干瘪，它们一直顽强地抵御着现代化，令其无法完胜。或者，它们至少表明这里曾有过别的东西：另一个世界，另一种生活。人们很难不去感受当时和现在的巨大历史距离，也很难不感受到一丝忧伤。

这种不一致非常吸引人。主教门的圣海伦教堂，位于圣玛丽斧街30号（30 St Mary Axe，以绰号“小黄瓜”闻名）的身影下，离圣安德鲁安德谢夫小教堂很近。安德谢夫（Undershaft）也是一个绰号，正如约翰·斯托解释的那样，“因为在古时，每年五朔节的早上……高高长长的杆子（shaft），即五月柱，会被立在那里的街道中央”。在1517年发生了“五朔节骚乱”这样的反异乡人暴动之后，人们放弃了这种做法。[25]斯托最后的安息之地就在今天庞大的利德贺大厦对面。正如斯托在《伦敦调查》开篇所言：“人们在这里能看到古时伦敦的样子，和现在所有人看到的一样。”[26]

我们现在甚至很难想象这里曾发生过这样的事。大约500年前，联排住宅、公寓、商店、礼堂和教堂都聚集在一起，而现在的城市则由钢铁、混凝土和玻璃组成。这里曾经是一个人性化的城市，现在已经变成了缺乏人情味的大都市。现在，这里的生活拥挤忙碌，这里有小酒馆、餐馆、酒吧和全神贯注的金融家；他们的金钱是抽象的，在屏幕上，在电脑中，而且他们也很少参与在不同的大陆间运送商品的活动。伊丽莎白时代的传教士在看似无害的纸质汇票中发现了罪恶，那么他们会如何看待现在的这一切？

然而，人们太容易把逝去的伊丽莎白时代想象成纯洁快乐的时代，像约翰·斯托一样歌颂那充满欢愉的往昔。坐落在环球企业、银行的总部和办公室的身影下，伊丽莎白城的残余部分可能看起来非常渺小。但是，正如我希望在本书展现给大家的那样，16世纪和17世纪的伦敦是活力蓬勃的地方。伊丽莎白时代和詹姆斯一世时代检验了金钱和财富的道德底线，在那个世界里，高利贷是股份，投资者将他们的资金投入冒险，这对他们的头脑、人员和船只都是极度的考验：为了跨洋航行、穿越大陆并殖民新领地，他们必须要有惊人的体能和耐力。今天，要主宰世界可能需要计算机、律师和会计师，这种统治可能是通过公司、虚拟网络或其他方式达成；而近500年前，这需要数月或数年的耐心、努力和辛劳，并且没有人能保证最后取得成功。无论用什么标准衡量，伊丽莎白和詹姆斯一世时期的人们取得了非凡的成就。同样值得一提的是，在这座精英们以其稳定和保守为荣的城市里，出现了像莫斯科公司、东印度公司、弗吉尼亚公司和许多类似的公司，他们做出了突破性的尝试。

时间还在继续，当然它本该如此。他们曾拥有的东西如今成了我们的。理查德·哈登爵士在希兴巷的“豪宅”现在是一处很大的空地——但伦敦就是伦敦，这也将很快改变。今天，它是一个建筑工地，四周围着一圈栅栏，上面写着颇难理解的企业口号“世界与世界相遇的地方”：这句话怎么看都毫无意义。但奇怪的是，这句口号非常适合这个曾是莫斯科屋的地点，这里曾是伦敦和俄罗斯的交汇点，在这里伦敦商人曾制订出使莫斯科的计划，安东尼·詹金森曾汇报他前往波斯国王宫廷的旅行。

在这座城市的小角落里，毗邻伦敦塔，悠久的历史沉淀下了浓厚铜绿，这里仍被称为希兴巷。在哈特街的圣奥拉夫教堂，海军文员兼日记作者塞缪尔·佩皮斯（Samuel Pepys）曾在这里做礼拜，并葬在这里；伊丽莎白·佩皮斯的纪念半身像显然采用了谈话的姿势，显得生气勃勃，俯视着教堂的座位。在大火中，佩皮斯和威廉·佩恩（William Penn，发现宾夕法尼亚的威廉·佩恩的父亲）爵士帮助挽救了城市的这一部分，他们用火药炸毁房屋，造出了一条防火隔离带。这座教堂的广场是查尔斯·狄更斯最喜欢的伦敦教堂广场，为了纪念其可怕的入口（塞缪尔·佩皮斯本人很熟悉这里），他给它起了绰号：

> 这道门上装饰着由头骨和两根交叉的骨头组成的图案，尺寸比真正的头骨要大，由石头制成，它让我联想到“冷酷可怕的圣徒”（Saint Ghastly Grim）这个绰号，他将铁钉钉在石头骨顶部，将其穿透。因此，头骨在高处恐怖地咧嘴一笑，一次次地被铁矛刺穿。所以对我来说，“冷酷可怕的圣徒”既令我反感，又有一种吸引力，我经常在白天或夜里想到它。有一次，我曾经在午夜时分的雷雨中感受到它对我的召唤。“为什么不呢？”我为自己辩解道。[27]

哈特街的圣奥拉夫教堂是幸运的幸存者，这间教堂于1940年因轰炸遭到严重损坏，20世纪50年代重建。尽管如此，理查德·哈登爵士的纪念堂仍然存在，就在祭坛的南侧；里面他的肖像早已不知去向，但他的两位妻子安妮和凯瑟琳仍在为他的灵魂祈祷。保罗·贝宁身穿华丽的猩红色衣服，戴着詹姆斯一世时期流行的整洁的高轮状皱领，跪在兄弟安德鲁面前。他们活着的时候，放眼黎凡特和东印度群岛；死后，保罗眉头紧皱，恳切地望向天堂。

在这里，当下尘封了过去：人们很容易在现实的喧嚣和繁忙中忘记这段历史，但不知何故，这里的精髓，其本质中不可磨灭的部分，已被织入商人的布料里。

注　释

书中引用的手稿标注了相关档案馆或图书馆的索书号。在引用手稿（标注页码）或印刷书籍（标注页码或署名）、丛书和期刊时，本书使用以下缩写：

Bannerman, *St Olave*	*The registers of St Olave, Hart Street, London, 1563-1700*, ed. W. Bruce Bannerman (London, 1916)
Beaven	*The aldermen of the city of London*, ed. A. B. Beaven, 2 vols. (London, 1908-13)
BL	British Library, London
Dekker, *Plague*	*The plague pamphlets of Thomas Dekker*, ed. F. P. Wilson (Oxford, 1925)
EcHR	*Economic History Review*
EHR	*English Historical Review*
Freshfield, *Account books*	*The account books of the parish of St Bartholomew Exchange in the city of London, 1596-1698*, ed. Edwin Freshfield (London, 1895)
Freshfield, *Minute books*	*The vestry minute books of the parish of St Bartholomew Exchange in the city of London, 1567-1676*, ed. Edwin Freshfield (London, 1890)
HLQ	*Huntington Library Quarterly*
Jonson	*The Cambridge edition of the works of Ben Jonson*, ed. David Bevington, Martin Butler and Ian Donaldson, 7 vols. (Cambridge, 2012)
Kingsford	*A survey of London by John Stow: reprinted from the text of 1603*, ed. Charles Lethbridge Kingsford, 2 vols. (Oxford, 1908)
ODNB	*Oxford Dictionary of National Biography*, online or in

	print, ed. H. C. G. Matthew and Brian Harrison, 60 vols. (Oxford, 2004)
*PN*1	Richard Hakluyt, *The principall navigations, voiages and discoveries of the English nation, made by sea or over land, to the most remote and farthest distant quarters of the earth at any time within the compasse of these 1500. yeeres* (STC 12625, London, 1589)
*PN*2	Richard Hakluyt, *The principal navigations, voiages, traffiques and discoveries of the English nation, made by sea or over-land, to the remote and farthest distant quarters of the earth, at any time within the compasse of these 1500. yeeres*, 3 vols. (STC 12626, London, 1598-1600)
STC	*A short-title catalogue of English books, 1475-1640*, ed. W. A. Jackson, F. S. Ferguson and Katharine F. Pantzer, 3 vols. (Bibliographical Society, London, 1986-91)
Stow, *Chronicles*	*Three fifteenth-century chronicles, with historical memoranda by John Stowe, the antiquary*, ed. James Gairdner (Camden Society, second series, vol. 28, London, 1880)
Taylor, *Geography*	E. G. R. Taylor, *Tudor geography, 1485-1583* (London, 1930)
Taylor, *Richard Hakluyts*	*The original writings and correspondence of the two Richard Hakluyts*, ed. E. G. R. Taylor, 2 vols. (Hakluyt Society, second series, nos. 76, 77, London, 1935, repr. 1967)
TRP	*Tudor royal proclamations*, ed. Paul L. Hughes and J. F. Larkin, 3 vols. (New Haven, CT and London, 1964-9)
WP	Richard Hakluyt, *A particuler discourse ... known as a Discourse of Western planting*, ed. David B. Quinn and Alison M. Quinn (Hakluyt Society, extra series, no. 45, London, 1993)

在英国国家档案馆（United Kingdom's National Archives）保存的手稿标注了档案馆使用的索书号。书中涉及的类别如下：

PC 2	枢密院名册
PROB 11	坎特伯雷特权法院，注册遗嘱副本
SP 1	国家文件，亨利八世，通用系列
SP 10	国家文件，国内，爱德华六世
SP 11	国家文件，国内，玛丽一世
SP 12	国家文件，国内，伊丽莎白一世
SP 15	国家文件，国内，增编，爱德华六世到詹姆斯一世
SP 68	国家文件，外国，爱德华六世
SP 69	国家文件，外国，玛丽一世
SP 70	国家文件，外国，伊丽莎白一世（1558—1577）
SP 91	国家文件，外国，俄罗斯（1589年起）
SP 94	国家文件，外国，西班牙（1577年起）
SP 97	国家文件，外国，土耳其（1577年起）

第1章 商人的世界

1 原壁画已经不复存在。可以确定的是，《财富的胜利》1752年在德意志的大火中烧毁，但它的草图原稿被保存在卢浮宫（还有一份复制品保存在大英博物馆），另有1561年安特卫普印刷的蚀刻版画，现在保存在巴塞尔艺术博物馆（Kunstmuseum Basel）。参见 Paul Ganz, *The paintings of Hans Holbein: first complete edition* (London, 1950), pp. 284–8; John Rowlands, *Holbein: the paintings of Hans Holbein the Younger*; *complete edition* (Oxford, 1985), pp. 223–4; Susan Foister, *Holbein and England* (New Haven, CT, and London, 2004), pp. 130–37; and Susan Foister, *Holbein in England* (London, 2006), pp. 69–71。

2 PROB 11/12/28.

3 Caroline M. Barron, *London in the later middle ages: government and people, 1200–1500* (Oxford, 2004), pp. 346–8.

4 John Guy, *Thomas Becket: warrior, priest, rebel, victim* (London, 2012), p. 1.

5 *Acts of court of the Mercers' Company*, ed. Laetitia Lyell and Frank D. Watney

(Cambridge, 1936), p. 131.

6 *Acts of court*, ed. Lyell and Watney, p. 130.

7 *Acts of court*, ed. Lyell and Watney, pp. 125, 130–34.

8 D. J. Keene and Vanessa Harding, *Historical gazetteer of London before the Great Fire* (Cambridge, 1987), pp. 351–63; *Materials for a history of the reign of Henry VII*, ed. William Campbell, 2 vols (London, 1873), vol. I, pp. 107, 182, 565, 570; vol. II, pp. 12, 342, 404, 438, 540; Alwyn Ruddock, 'London capitalists and the decline of Southampton in the early Tudor period', *EcHR*, second series, 2 (1949), p. 142; Beaven, vol. I, p. 130.

9 Kingsford, vol. I, p. 252.

10 John Weever, *Ancient funerall monuments within the united Monarchie of Great Britaine, Ireland, and the Islands adjacent* (STC 25223, London, 1631), pp. 402–3; Kingsford, vol. I, p. 252.

11 'For the buriall of Aldermen', in *The ordre of my Lord Mayor, the Aldermen & the Shiriffes, for their metings and wearynge of theyr apparell throughout the yeare* (STC 16705.7, London, 1568), sig. B4-v.

12 Anne F. Sutton, *The mercery of London: trade, goods and people, 1130–1578* (Farnham, 2005), p. 382.

13 PROB 11/15/41; *Calendar of wills proved and enrolled in the Court of Husting, London, 1358–1688*, ed. Reginald R. Sharpe (London, 1890), p. 611; John Watney, *Some account of the hospital of St Thomas of Acon* (London, 1906), p. 179; *Acts of court*, ed. Lyell and Watney, pp. 263, 273, 308–9.

14 Sylvia Thrupp, *The merchant class of medieval London* (Chicago, 1948), p. 347; Sutton, *Mercery of London*, pp. 537–8.

15 PROB 11/21/281; Sutton, *Mercery of London*, pp. 537–8.

第2章 伦敦人

1 Jeremy Boulton, 'London 1540–1700', in *The Cambridge urban history of Britain, 1540–1840*, ed. Peter Clark (Cambridge, 2000), pp. 315–17.

2 Caroline M. Barron, *London in the later middle ages: government and people, 1200–1500* (Oxford, 2004), pp. 238–40.

3 Steve Rappaport, *Worlds within worlds: structures of life in sixteenth-century London* (Cambridge, 1989), pp. 51, 68, 391–2.

4 Rappaport, *Worlds within worlds*, p. 67; Boulton, 'London 1540–1700', pp.

316–17; Barron, *London in the later middle ages*, p. 239; Paul Slack, 'Metropolitan government in crisis: the response to plague', in *London 1500–1700: the making of the metropolis*, ed. A. L. Beier and Roger Finlay (Harlow, 1986), p. 62.

5 Rappaport, *Worlds within worlds*, pp. 78–9.

6 Kingsford, vol. II, p. 199.

7 *The city of London from prehistoric times to c. 1520*, ed. Mary D. Lobel (Oxford, 1991), p. 83.

8 *The views of the hosts of alien merchants, 1440–1444*, ed. Helen Bradley (London Record Society, vol. 46, Woodbridge, 2012), p. xxv.

9 Charles Nicholl, *The lodger: Shakespeare on Silver Street* (London, 2008), pp. 186–7.

10 Bannerman, *St Olave*, pp. 121, 123.

11 *The A to Z of Elizabethan London*, ed. Adrian Prockter, Robert Taylor and John Fisher (London Topographical Society, no. 122, London, 1979), p. ix; John Schofield, *Medieval London houses* (New Haven, CT, and London, 2003), pp. 87–8.

12 *London consistory court wills, 1492–1547*, ed. Ida Darlington (London Record Society, London, 1967), pp. 102–6, 114–16, 117–18.

13 Bannerman, *St Olave*, pp. 1–2.

14 Tarnya Cooper, *Citizen portrait: portrait painting and the urban elite of Tudor and Jacobean England and Wales* (New Haven, CT, and London, 2012), pp. 76–8.

15 *London consistory court wills*, ed. Darlington, pp. 2, 60.

16 *London consistory court wills*, ed. Darlington, pp. 44–5.

17 Martha Carlin, ' "What say you to a piece of beef and mustard?": the evolution of public dining in medieval and Tudor London', HLQ, 71 (2008), pp. 199–217, at pp. 199, 214; *A bioarchaeological study of medieval burials on the site of St Mary Spital*, ed. B. Connell, A. G. Jones, R. Redfern and D. Walker (London, 2012), p. 161.

18 Stow, *Chronicles*, p. 142.

19 Andrew Boorde, *Hereafter foloweth a compendyous Regyment or a dyetary of Helth* (STC 3378.5, London, 1542), sig. F2-v.

20 A. J. Hoenselaars, *Images of Englishmen and foreigners in the drama of Shakespeare and his contemporaries* (London and Toronto, 1992), p. 115.

21 *English historical documents, 1558–1603*, ed. Ian W. Archer and F. Douglas Price

(London and New York, 2011), pp. 735–8; BL, Cotton MS, Faustina C.II, fos. 170–87v.

22 *TRP*, vol. III, p. 182.

23 *St Mary Spital*, ed. Connell, Jones, Redfern and Walker, pp. 149–54.

24 Hatfield House, Hertfordshire, Cecil Papers 151/144.

25 Ernest L. Sabine, 'Latrines and cesspools of mediaeval London', *Speculum*, 9 (1934), pp. 306, 307.

26 这里我参考了亲爱的马丁·巴特勒教授的作品，感谢他的慷慨帮助。"我祝他们能得到永生/我和他的缪斯女神一起破浪前行，高唱埃涅阿斯的赞歌"：'On the Famous Voyage' (c. 1612), in Jonson, vol. V, pp. 190–98, at p. 198。

27 *News from Gravesend: Sent to Nobody* by Thomas Dekker and Thomas Middleton, in *Thomas Middleton: the collected works*, ed. Gary Taylor and John Lavagnino (New York, 2007), p. 140, lines 537–42; *Newes from Graves-end: Sent to Nobody* (STC 12199, London, 1604), sig. C4.

28 Thomas Rogers Forbes, *Chronicle from Aldgate: life and death in Shakespeare's London* (New Haven, CT, and London, 1971), pp. 100, 124–35.

29 Slack, 'Metropolitan government in crisis', p. 62. 另参见 Corporation of London's *Analytical index to the series of records known as the Remembrancia, 1579–1664* (London, 1878), pp. 329–38。

30 John Caius, *A boke, or counseill against the disease commonly called the sweate, or sweatyng sicknesse* (STC 4343, London, 1552), fo. 8v (sig. A8v).

31 Bannerman, *St Olave*, pp. 1, 105–6, 247.

32 *The booke of Common Prayer, and administracion of the Sacramentes, and other Rites and Ceremonies in the Churche of England* (STC 16293.3, London, 1559), sig. U1v.

33 Thomas Nashe, 'In Time of Pestilence 1593', in Forbes, *Chronicle from Aldgate*, p. 133.

34 SP 12/125, no. 21.

35 John Field, *A godly exhortation, by occasion of the late judgement of God, shewed at Parris-garden* (STC 10844.8, London, 1583), sigs. C1v–C4v, at sig. C4-v; BL, Lansdowne MS 37, fo. 8.

36 Field, *Godly exhortation*, sig. B5v.

37 Corporation of London, *Remembrancia*, p. 337.

38 Ruth Mazo Karras, 'The regulation of brothels in late medieval England', *Signs*,

14 (1989), p. 420; Paul Griffiths, 'The structure of prostitution in Elizabethan London', *Continuity and Change*, 8 (1993), p. 43. 另参见 Henry Ansgar Kelly, 'Bishop, prioress, and bawd in the stews of Southwark', *Speculum*, 75 (2000), pp. 342–88。

39 *English historical documents*, ed. Archer and Price, pp. 711–13.

40 Jonson, vol. III, p. 562.

41 *The Elizabethan underworld*, ed. A. V. Judges (London, 1965), pp. 407–10, at p. 410.

42 *TRP*, vol. III, pp. 196–7.

第3章 地标

1 Wynkyn de Worde, *Here begynneth a shorte & a breve table on these cronycles* (STC 9996, Westminster, [1497]), sig. c2r.

2 Kingsford, vol. I, p. 1.

3 Ralph Merrifield, 'Roman London', in *The city of London from prehistoric times to c. 1520*, ed. Mary D. Lobel (Oxford, 1991), p. 11; Kingsford, vol. I, p. 4.

4 'The Ruin', in *A choice of Anglo-Saxon verse*, ed. Richard Hamer (London, 1990), p. 27.

5 *The Wonderfull yeare* (1603), in Dekker, *Plague*, p. 33.

6 *The panorama of London circa 1544 by Anthonis van den Wyngaerde*, ed. Howard Colvin and Susan Foister (London Topographical Society, no. 151, London, 1996).

7 James Pilkington, *The true report of the burnyng of the Steple and Churche of Poules in London* (STC 19930, London, 1561), sig. A8.

8 Thomas Middleton, *The Meeting of Gallants at an Ordinarie: or The Walke in Powles* (STC 17781, London, 1604), sig. B3-v; *Thomas Middleton: the collected works*, ed. Gary Taylor and John Lavagnino (Oxford, 2007), pp. 183–5; Eleanor Lowe, '"My cloak's a stranger; he was made but yesterday": clothing, language, and the construction of theatre in Middleton', in *The Oxford handbook of Thomas Middleton*, ed. Gary Taylor and Trish Thomas Henley (Oxford, 2012), p. 199.

9 Pierre Du Ploiche, *A treatise in English and Frenche right necessary and proffitable for al young children* (STC 7363, London, 1551), sig. H1.

10 Kingsford, vol. II, p. 2; *City of London*, ed. Lobel, p. 77.

第4章 安特卫普的阴影

1 Ian Blanchard, *The international economy in the 'age of discoveries', 1470–1570* (Stuttgart, 2009); J. L. Bolton and Francesco Guidi Boscoli, 'When did Antwerp

replace Bruges as the commercial and financial centre of north-western Europe? The evidence of the Borromei ledger for 1438', *EcHR*, 61 (2008), pp. 360–79; Alison Hanham, *The Celys and their world: an English merchant family of the fifteenth century* (Cambridge, 1985), pp. 210–11; Herman van den Wee, *The growth of the Antwerp market and the European economy (fourteenth–sixteenth centuries)*, 3 vols (The Hague, 1963), vol. II, pp. 113–42; Smithsonian Institution, *Antwerp's golden age: the metropolis of the west in the 16th and 17th centuries* (Antwerp, 1973–5); Dan Ewing, 'Marketing art in Antwerp, 1460–1560: Our Lady's *Pand*', *Art Bulletin*, 72 (1990), pp. 558–84.

2 Florence Edler, 'Winchcombe kerseys in Antwerp (1538–44)', *EcHR*, 7 (1936), pp. 58–9.

3 Richard Rowlands (Verstegan), *The post for divers partes of the world* (STC 21360, London, 1576), pp. 77–87.

4 *The Book of Privileges of the Merchant Adventurers of England, 1296–1483*, ed. Anne F. Sutton and Livia Visser-Fuchs (Oxford, 2009), p. 211.

5 Anne F. Sutton, 'The Merchant Adventurers of England: their origins and the Mercers' Company of London', *Historical Research*, 75 (2002), p. 45; *Book of Privileges*, ed. Sutton and Visser-Fuchs, pp. 294–305.

6 Guido Marnef, *Antwerp in the age of Reformation: underground Protestantism in a commercial metropolis*, trans. J. C. Grayson (Baltimore, 1996), p. 23.

7 Marnef, *Antwerp in the age of Reformation*, p. 24.

8 Kristine K. Forney, 'Music, ritual and patronage at the Church of Our Lady, Antwerp', *Early Music History*, 7 (1987), p. 27.

9 Smithsonian Institution, *Antwerp's golden age*, p. 23; Ewing, 'Marketing art in Antwerp', pp. 565–6.

10 Marnef, *Antwerp in the age of Reformation*, p. 37.

11 Marnef, *Antwerp in the age of Reformation*, p. 40.

12 *The prognostication of maister Jasper Laet* (STC 470.6, London?, 1520).

13 SP 1/197, fo. 37; W. C. Richardson, *Stephen Vaughan: financial agent of Henry VIII; a study of financial relations with the Low Countries* (Baton Rouge, 1953), p. 58.

14 *Fugger-Zeitungen: ungedruckte Briefe an das Haus Fugger aus den Jahren 1568–1605*, ed. Victor Klarwill (Vienna, 1923).

15 *A collection of state papers*, ed. Samuel Haynes (London, 1740), p. 153.

16 SP 1/78, fo. 34.

17 Ian Blanchard, 'Gresham, Sir Richard (*c*. 1485–1549)', *ODNB*; *The chronicle and political papers of King Edward VI*, ed. W. K. Jordan (Ithaca, NY, 1966), p. 111.

18 SP 1/21, fo. 112; SP 1/21, fo. 226.

19 SP 1/21, fo. 226.

20 BL, Cotton MS, Galba B.IX, fo. 13.

21 SP 1/104, fo. 211; John Foxe, *The first volume of the ecclesiasticall history, contayning the actes [and] monumentes of thinges passed in every kinges time* (STC 11224, London, 1576), p. 1173 (sig. KKK3).

22 SP 1/75, fo. 83; *The life and times of Sir Thomas Gresham*, ed. J. W. Burgon, 2 vols (London, 1839), vol. I, p. 23.

23 Anne F. Sutton, *The mercery of London: trade, goods and people, 1130–1578* (Farnham, 2005), p. 398.

24 Stow, *Chronicles*, p. 127.

25 *A chronicle of London, from 1089 to 1483*, ed. H. N. Nicholas (London, 1827), p. 74; Caroline M. Barron, *London in the later middle ages: government and people, 1200–1500* (Oxford, 2004), p. 157.

26 *The ordre of my Lord Mayor, the Aldermen & the Shiriffes, for their metings and wearynge of theyr apparell throughout the yeare* (STC 16705.7, London, 1568), sigs. A7v–B1v.

27 SP 1/135, fo. 8; SP 1/135, fo. 105a; *Sir Thomas Gresham*, ed. Burgon, vol. I, p. 37.

28 Jean Imray, 'The origins of the Royal Exchange', in *The Royal Exchange*, ed. Ann Saunders (London Topographical Society, no. 152, London, 1997), pp. 20–35.

第5章 "爱、服务和服从"

1 Kingsford, vol. I, p. 275; John Weever, *Ancient funerall monuments within the united Monarchie of Great Britaine, Ireland, and the Islands adjacent* (STC 25223, London, 1631), pp. 398–9; John Guy, *A daughter's love* (London, 2008), p. 21.

2 *Biographical history of Gonville and Caius College, 1349–1897*, ed. John Venn, 3 vols (Cambridge, 1897–1901), vol. I, p. 28.

3 SP 68/12, fo. 36-v.

4 SP 1/135, fo. 244; Ian Blanchard, 'Sir Thomas Gresham *c*. 1518–1579', in *The Royal Exchange*, ed. Ann Saunders (London Topographical Society, no. 152, London, 1997), pp. 11–12.

5 *The courtyer of Count Baldessar Castilio divided into foure bookes*, trans. Thomas Hoby (STC 4778, London, 1561), sig. Yy4v.

6 Ian Blanchard, 'Gresham, Sir Thomas (*c.* 1518–1579)', *ODNB*.

7 *The life and times of Sir Thomas Gresham*, ed. J. W. Burgon, 2 vols (London, 1839), vol. I, p. 115.

8 W. C. Richardson, *Stephen Vaughan: financial agent of Henry VIII; a study of financial relations with the Low Countries* (Baton Rouge, 1953), pp. 48–53, at p. 49; R. B. Outhwaite, 'The trials of foreign borrowing: the English Crown and the Antwerp money market', *EcHR*, 19 (1966), pp. 289–92.

9 John Guy, *Tudor England* (Oxford, 1988), p. 192; Blanchard, 'Sir Thomas Gresham', pp. 15–16.

10 *A Proclamation … for the prohibicion of the cariyng out of the realme of gold or silver, and of eschaunge and reeschaunge* (STC 7839, London, 10 June 1551); *A Proclamacion sette furth … lycencyng the Exchaunges and rechaunges of money* (STC 7844.4, London, 23 March 1552); Raymond de Roover, *Gresham on foreign exchange* (Cambridge, MA, 1949), p. 183.

11 Richard Ehrenberg, *Capital and finance in the age of the Renaissance: a study of the Fuggers and their connections*, trans. H. M. Lucas (London, 1928), p. 254.

12 *Sir Thomas Gresham*, ed. Burgon, vol. I, p. 118.

13 *Sir Thomas Gresham*, ed. Burgon, vol. I, p. 92.

14 *Sir Thomas Gresham*, ed. Burgon, vol. I, p. 117; SP 70/3, fo. 8; H. Buckley, 'Sir Thomas Gresham and the foreign exchanges', *Economic Journal*, 34 (1924), p. 597.

15 Blanchard, 'Sir Thomas Gresham', p. 16.

16 SP 70/3, fo. 8.

17 SP 10/15, no. 13; *The chronicle and political papers of King Edward VI*, ed. W. K. Jordan (Ithaca, NY, 1966), pp. 146–7.

18 de Roover, *Gresham on foreign exchange*, p. 220.

19 PC 2/4, pp. 614–15.

20 PC 2/4, p. 618; 另参见 SP 10/15, no. 13; 和 PC 2/4, p. 488。

21 *Sir Thomas Gresham*, ed. Burgon, vol. I, p. 119.

22 Ehrenberg, *Capital and finance*, pp. 180–81.

23 SP 69/2, fos. 50–51.

24 SP 69/2, fo. 65.

25 Jervis Wegg, *Antwerp, 1477–1559* (London, 1916), pp. 97–8.

26 BL, Lansdowne MS 12, fo. 16v; Ehrenberg, *Capital and finance*, p. 254.

第6章 寻找中国

1 Sebastian Münster, *A treatyse of the newe India*, trans. Richard Eden (STC 18244, London, 1553), sig. F1; 另参见 Richard Hakluyt, *Divers voyages touching the discoverie of America* (STC 12624, London, 1582), sigs. B1–3; *PN*1, pp. 250–51; and *New American world: a documentary history of North America to 1612*, ed. D. B. Quinn, 5 vols (New York, 1979), vol. I, p. 181。

2 关于塞巴斯蒂安·卡伯特的三个卓越研究成果分别是 Robert K. Batchelor, *London: the Selden Map and the making of a global city, 1549–1689* (Chicago, 2014), ch. 1; Alison Sandman and Eric H. Ash, 'Trading expertise: Sebastian Cabot between Spain and England', *Renaissance Quarterly*, 57 (2004), pp. 813–46; and Heather Dalton, *Merchants and explorers: Roger Barlow, Sebastian Cabot, and networks of Atlantic exchange, 1500–1560* (Oxford, 2016), esp. pp. 34–9, 72–88, 179–85。

3 Wynkyn de Worde, *Here bygynneth a lytell treatyse or booke named Johan Mandevyll knyght* (STC 17247, Westminster, 1499), sig. N5-v.

4 Münster, *Treatyse of the newe India*, sigs. F1–F5v.

5 de Worde, *Johan Mandevyll*, sigs. N5–O5v; Münster, *Treatyse of the newe India*, sigs. F1–F5v.

6 B. G. Hoffman, *Cabot to Cartier: sources for a historical ethnography of northeastern North America, 1497–1550* (Toronto, 1961), pp. 16–25; *The Cabot voyages and Bristol discovery under Henry VII*, ed. J. A. Williamson (Hakluyt Society, second series, no. 120, Cambridge, 1962), pp. 270–80, 282–91, 302–3; Sandman and Ash, 'Trading expertise', pp. 816–17.

7 Humphrey Gilbert, *A discourse of a Discoverie for a new Passage to Cataia* (STC 11881, London, 1576), sig. D3; Henry Harrisse, *John Cabot the discoverer of North-America and Sebastian his son* (London, 1896), p. 440.

8 Batchelor, *London*, p. 48.

9 PC 2/2, p. 236; Henry Harrisse, *Jean et Sébastien Cabot, leur origine et leurs voyages* (Paris, 1882), pp. 358–60; Harrisse, *John Cabot*, p. 451.

10 Harrisse, *Jean et Sébastien Cabot*, pp. 359–60.

11 Batchelor, *London*, pp. 32, 49; Dalton, *Merchants and explorers*, pp. 179–81. 若想

全面了解卡伯特与罗杰·巴洛（Roger Barlow）早期前往南美的航行，多尔顿（Dalton）的研究必不可少。

12 Münster, *Treatyse of the newe India*, sig. aa4v.

13 Pietro Martire d'Anghiera, *The decades of the newe worlde or west India*, trans. Richard Eden (STC 645–647, London, 1555). 这是此书的副标题。

14 Münster, *Treatyse of the newe India*, sigs. aa4, aa5.

15 BL, Lansdowne MS 118, fo. 27; T. S. Willan, *The early history of the Russia Company, 1553–1603* (Manchester, 1956), p. 41.

16 Münster, *Treatyse of the newe India*, sig. A1v.

17 *PN*1, pp. 265–6.

18 *PN*1, p. 262.

19 *PN*1, p. 262.

20 d'Anghiera, *Decades of the newe worlde*, pp. 306–9; *PN*1, pp. 263–5.

21 Batchelor, *London*, p. 32.

22 *PN*1, pp. 259–63.

23 *PN*1, pp. 268–9.

24 Marshall T. Poe, *Foreign descriptions of Muscovy: an analytic bibliography of primary and secondary sources* (University of Iowa, 2008), pp. 8–9, 41–54; Samuel H. Baron, 'Herberstein and the English "discovery" of Muscovy', *Terrae Incognitae*, 18 (1986), pp. 43–54, *reprinted in his Explorations in Muscovite history* (Aldershot, 1991); Marshall T. Poe, *"A people born to slavery": Russia in early modern European ethnography, 1476–1748* (Ithaca, NY, 2000), ch. 1. 关于伊登对莫斯科公司的理解，参见 d'Anghiera, *Decades of the newe worlde*, pp. 278–306, printed in Sigismund von Herberstein, *Notes upon Russia: a translation of the earliest account of that country, entitled 'Rerum moscoviticarum commentarii'*, ed. R. H. Major, 2 vols (Hakluyt Society, original series, London, 1851–2; repr. Cambridge, 2010), vol. II, pp. 177–256。

25 SP 11/5, no. 4 (*PN*1, pp. 304–9). 关于公司投资创始人，参见 SP 11/7, no. 39; and T. S. Willan, *The Muscovy merchants of 1555* (Manchester, 1953)。

26 *PN*1, p. 284.

27 *PN*1, p. 296.

28 *PN*1, pp. 263–5.

29 *'Of the Russe Commonwealth' by Giles Fletcher 1591: facsimile edition with variants*, ed. R. Pipes and J. V. A. Fine (Cambridge, MA, 1966), fos. 9-v, 11v.

30 Robert Recorde, *The whetstone of witte, whiche is the seconde parte of Arithmetike* (STC 20820, London, 1557), sig. a3v.

31 *PN*1, p. 304.

第7章 俄罗斯特使

1 Henry Harrisse, *John Cabot the discoverer of North-America and Sebastian his son* (London, 1896), pp. 458–60; Jean Taisnier, *A very necessarie and profitable Booke concerning Navigation*, trans. Richard Eden (STC 23659, London, 1575), dedicatory epistle; Richard Hakluyt, *Divers voyages touching the discoverie of America, and the Ilands adjacent unto the same* (STC 12624, London, 1582), sig. A4; Heather Dalton, *Merchants and explorers: Roger Barlow, Sebastian Cabot, and networks of Atlantic exchange, 1500–1560* (Oxford, 2016), p. 184.

2 Kingsford, vol. I, p. 131.

3 *Acts of court of the Mercers' Company*, ed. Laetitia Lyell and Frank D. Watney (Cambridge, 1936), p. 694; T. S. Willan, *The early history of the Russia Company, 1553–1603* (Manchester, 1956), pp. 28–9; Anne F. Sutton, *The mercery of London: trade, goods and people, 1130–1578* (Farnham, 2005), p. 538; Mercers' Company, London, Acts of Court 1527–1560, fos. 44, 46-v.

4 Kingsford, vol. I, pp. 134, 136; Willan, *Russia Company*, pp. 28–9.

5 *PN*1, p. 299.

6 *PN*1, pp. 299–300.

7 *PN*1, pp. 293–5, 295–9, 299–300, 385–97.

8 *The diary of Henry Machyn*, ed. J. G. Nichols (Camden Society, first series, vol. 42, London, 1848), p. 127; Samuel H. Baron, *Muscovite Russia: collected essays* (London, 1980), essay III.

9 Baron, *Muscovite Russia*, essay III, pp. 48–9.

10 *PN*1, p. 322.

11 Baron, *Muscovite Russia*, essay III, p. 45; *PN*1, p. 322.

12 PC 2/7, p. 538; *PN*1, p. 322.

13 *PN*1, p. 322.

14 *PN*1, p. 322.

15 *PN*1, p. 323; *Diary of Henry Machyn*, ed. Nichols, p. 127.

16 *PN*1, p. 323.

17 *Diary of Henry Machyn*, ed. Nichols, p. 127.

18 '*Of the Russe Commonwealth' by Giles Fletcher 1591: facsimile edition with variants*, ed. R. Pipes and J. V. A. Fine (Cambridge, MA, 1966), fo. 113v.

19 Stow, *Chronicles*, p. 142.

20 *PN*1, p. 323.

21 Baron, *Muscovite Russia*, essay III, p. 51; *Diary of Henry Machyn*, ed. Nichols, p. 130; *PN*1, p. 324.

22 *PN*1, p. 324.

23 SP 69/10, fos. 90–93v.

24 John Strype, *Ecclesiastical memorials, relating chiefly to religion and the reformation of it*, 3 vols (Oxford, 1822), vol. III, i, p. 522.

25 *Diary of Henry Machyn*, ed. Nichols, p. 130.

26 *PN*1, p. 324.

27 A. H. Johnson, *The history of the Worshipful Company of the Drapers of London*, 2 vols (Oxford, 1914–15), vol. II, p. 185.

28 John Schofield, *Medieval London houses* (New Haven, CT, and London, 2003), p. 225.

29 *PN*1, p. 324.

30 BL, Lansdowne MS 118, fo. 27.

31 Stephen Alford, *Burghley: William Cecil at the court of Elizabeth I* (New Haven, CT, and London, 2008), pp. 76–9.

32 *PN*1, pp. 325–6.

33 Willan, *Russia Company*, p. 41.

34 Robert Recorde, *The whetstone of witte, whiche is the seconde parte of Arithmetike* (STC 20820, London, 1557), sig. a3-v.

第8章 艾沙姆兄弟

1 *John Isham, mercer and merchant adventurer: two account books of a London merchant in the reign of Elizabeth I*, ed. G. D. Ramsay (Northamptonshire Record Society, vol. 21, Gateshead, 1962), pp. lxv, 171–3.

2 Tarnya Cooper, *Citizen portrait: portrait painting and the urban elite of Tudor and Jacobean England and Wales* (New Haven, CT, and London, 2012), p. 74.

3 *John Isham*, ed. Ramsay, pp. xv, 170.

4 *John Isham*, ed. Ramsay, p. 169.

5 *John Isham*, ed. Ramsay, pp. xiv–xv.

6 *John Isham*, ed. Ramsay, p. xv.

7 *John Isham*, ed. Ramsay, pp. 170–71.

8 PROB 11/35/45.

9 *John Isham*, ed. Ramsay, p. xvi; T. S. Willan, *The Muscovy merchants of 1555* (Manchester, 1953), p. 111.

10 Ian W. Archer, 'Isham, John (1525–1596)', *ODNB*.

11 PROB 11/41/322.

12 Anne F. Sutton, *The mercery of London: trade, goods and people, 1130–1578* (Farnham, 2005), pp. 478–80.

13 *John Isham*, ed. Ramsay, pp. 155–65.

14 *John Isham*, ed. Ramsay, p. xvi; Kingsford, vol. I, pp. 242–3; PROB 11/41/322.

15 *John Isham*, ed. Ramsay, p. 158.

16 Hatfield House Library, Hertfordshire, Cecil Papers, Bills 1.

17 William Tyndale, *The prophete Jonas* (STC 2788, Antwerp, 1531?), sig. C5.

18 *John Isham*, ed. Ramsay, p. 160.

19 *John Isham*, ed. Ramsay, pp. 162–5.

20 Kingsford, vol. I, p. 225.

21 Bishop James Pilkington of Durham, in Kingsford, vol. II, p. 316.

22 *The port and trade of early Elizabethan London: documents*, ed. Brian Dietz (London Record Society, vol. 8, London, 1972), p. 130; Willan, *Muscovy merchants of 1555*, p. 83.

23 Herman van der Wee, *The growth of the Antwerp market and the European economy (fourteenth–sixteenth centuries)*, 3 vols (The Hague, 1963), vol. II, pp. 230–38, at p. 231.

24 PROB 11/87/356.

第9章 "气派非凡的伦敦交易所"

1 Richard Ehrenberg, *Capital and finance in the age of the Renaissance,* trans. H. M. Lucas (London, 1928), p. 238; Dan Ewing, 'Marketing art in Antwerp, 1460–1560: Our Lady's *Pand*', *Art Bulletin*, 72 (1990), p. 577.

2 *Elizabeth I and her people*, ed. Tarnya Cooper (London, 2013), pp. 136–7; BL, Lansdowne MS 5, fos. 95v–96.

3 SP 70/57, fo. 56v; Ann Saunders, 'The building of the Exchange', in *The Royal Exchange*, ed. Ann Saunders (London Topographical Society, no. 152, London,

1997), p. 36.

4 Saunders, 'The building of the Exchange', pp. 37–9; Jean Imray, 'The origins of the Royal Exchange', in *Royal Exchange*, ed. Saunders, pp. 28–32; Stow, *Chronicles*, p. 135; Kingsford, vol. I, p. 193.

5 Kingsford, vol. I, p. 193.

6 John Earle, *Micro-cosmographie. Or, A peece of the world discovered; in essayes and characters* (STC 7441, London, 1628), no. 54.

7 Julia Gasper, 'The literary legend of Sir Thomas Gresham', in *Royal Exchange*, ed. Saunders, p. 101.

8 John Payne, *Royall exchange: To suche worshipfull Citezins/ Marchants/ Gentlemen and other occupiers of the contrey as resorte therunto* (STC 19489, Haarlem, 1597), p. 42.

9 'Les Singularitéz de Londres, 1576', trans. Gill Healey and Ann Saunders, in *Royal Exchange*, ed. Saunders, pp. 48–9.

10 Kay Staniland, 'Thomas Deane's shop in the Royal Exchange', in *Royal Exchange*, ed. Saunders, pp. 59–67; Payne, *Royall exchange*, p. 15.

11 Payne, *Royall exchange*, p. 30.

12 *The accounts of the churchwardens of the parish of St Michael, Cornhill, in the city of London, from 1456 to 1608*, ed. W. H. Overall (London, 1883), p. 167; Freshfield, *Account books*, p. 6.

13 John Awdeley, *The fraternity of vagabonds* (1575), in *The Elizabethan underworld*, ed. A. V. Judges (London, 1965), p. 57.

14 *The moste excellent and pleasaunt Booke, entituled: The treasurie of Amadis of Fraunce* (STC 545, London, [1572?]). 其他哈克特"他在交易所里的有绿龙招牌的店里"售卖的书籍包括 Pierre Boaistuau, *Theatrum Mundi, The Theatre or rule of the worlde*, trans. John Alday (STC 3169, London, 1574)。这本书之前大约在1566年印刷的一版(STC 3168)曾在哈克特在圣保罗教堂广场的店里出售；以及Edward Hake, *A Touchestone for this time present* (STC 12609, London, 1574)。

15 SP 70/130, fo. 47.

16 *An admonition to the Parliament* (STC 10848, [Hemel Hempstead?, 1572]), article 16.

17 *Calendar of the manuscripts of the most honourable the Marquis of Salisbury preserved at Hatfield House*, 24 vols (Historical Manuscripts Commission,

London, 1883–1976), vol. II, p. 55.

18 SP 12/243, no. 9.

19 Gasper, 'Literary legend of Sir Thomas Gresham', p. 101.

20 *William Haughton's Englishmen for My Money or A Woman Will Have Her Will*, ed. Albert Croll Baugh (Philadelphia, 1917), p. 113 (line 373).

21 Gasper, 'Literary legend of Sir Thomas Gresham', p. 100.

22 Richard Niccols, *The Furies: With vertues encomium. Or the image of honour. In two bookes of epigrammes, satyricall and encomiasticke* (STC 18521, London, 1614), sig. B3; Crystal Bartolovich, 'London's the thing: alienation, the market, and *Englishmen for My Money*', *HLQ*, 71 (2008), p. 143.

第10章　外国人和异乡人

1 John Oldland, 'The allocation of merchant capital in early Tudor London', *EcHR*, 63 (2010), p. 1079; PROB 11/32/429.

2 Andrew Pettegree, *Foreign Protestant communities in sixteenth-century London* (Oxford, 1986), pp. 21, 82; Fiona Kisby, 'Royal minstrels in the city and suburbs of early Tudor London: professional activities and private interests', *Early Music*, 25 (1997), p. 209; *The othe of everie free man, of the Cittie of London* (STC 16763.3, London, [1595]).

3 Lien Bich Luu, *Immigrants and the industries of London, 1500–1700* (Aldershot, 2004), pp. 104–9.

4 J. Lindeboom, *Austin Friars: history of the Dutch Reformed church in London, 1550–1950* (The Hague, 1950), pp. 198–203.

5 Kingsford, vol. I, p. 177. 另参见 *The panorama of London circa 1544 by Anthonis van den Wyngaerde*, ed. Howard Colvin and Susan Foister (London Topographical Society, no. 151, London, 1996), pp. 28–9 (drawing VII)。

6 Royal Commission on Historical Monuments (England), *An inventory of the historical monuments in London*, 5 vols (London, 1924–30), vol. IV, pp. 32–4; Lindeboom, *Austin Friars*, plate III; Pettegree, *Foreign Protestant communities*, p. 77.

7 *Register of the attestations or certificates of membership, confessions of guilt, certificates of marriages, betrothals, publications of banns … preserved in the Dutch Reformed church Austin Friars, London*, ed. J. H. Hessels (London and Amsterdam, 1892), p. 2.

8 *Register of … Austin Friars*, ed. Hessels, pp. 220–21.

9 *A treatise or sermon of Henry Bullynger* (STC 4079, London, 1549).

10 Peter W. M. Blayney, *The Stationers' Company and the printers of London, 1501–1557*, 2 vols (Cambridge, 2014), vol. II, p. 607.

11 A. J. Hoenselaars, *Images of Englishmen and foreigners in the drama of Shakespeare and his contemporaries* (London and Toronto, 1992), p. 17.

12 Thomas Dekker, *The Shoemaker's Holiday*, ed. Anthony Parr (London, 2002), p. 25.

13 Dekker, *Shoemaker's Holiday*, ed. Parr, pp. 26–7.

14 *By the Mayor. An Act of Common Councell, prohibiting all Strangers borne, and Forrainers, to use any trades, or keepe any maner of shops in any sort within this Citty, Liberties and Freedome thereof* (STC 16722, London, 1606).

15 SP 12/20, nos. 14, 15.

16 *Returns of aliens dwelling in the city and suburbs of London: from the reign of Henry VIII to that of James I*, ed. R. E. G. Kirk and Ernest F. Kirk, 4 vols (Huguenot Society of London, vol. 10, Aberdeen, 1900–1908), vol. II, p. 156.

17 SP 12/201, no. 31.

18 *Sir Thomas More*, ed. John Jowett (London, 2011), p. 43.

19 *Sir Thomas More*, ed. Vittorio Gabrieli and Giorgio Melchiori (Manchester, 1990), pp. 17–18.

20 *Returns of strangers in the metropolis, 1593, 1627, 1635, 1639: a study of an active minority*, ed. Irene Scouloudi (Huguenot Society of London, quarto series, vol. 57, London, 1985), p. 3; Charles Nicholl, *The lodger: Shakespeare on Silver Street* (London, 2008), pp. 175–80.

21 Guido Marnef, *Antwerp in the age of Reformation: underground Protestantism in a commercial metropolis, 1550–1577*, trans. J. C. Grayson (Baltimore, 1996), p. 142; *Returns of aliens*, ed. Kirk and Kirk, vol. II, p. 76; vol. III, p. 394; PROB 11/60/238.

22 PROB 11/64/371; *The marriage, baptismal, and burial registers, 1571 to 1874…of the Dutch Reformed church, Austin Friars, London*, ed. W. J. C. Moens (Lymington, 1884), pp. 89, 125, 211; *Returns of aliens*, ed. Kirk and Kirk, vol. II, p. 167; *Two Tudor subsidy assessment rolls for the city of London, 1541 and 1582*, ed. R. G. Lang (London Record Society, vol. 29, London, 1993), p. 261 (no. 349).

23 PROB 11/64/371; *Marriage, baptismal, and burial registers*, ed. Moens, p. 89;

Returns of aliens, ed. Kirk and Kirk, vol. I, p. 334; *Register of … Austin Friars*, ed. Hessels, p. 1.

24 PROB 11/64/371.

25 Frances A. Yates, *John Florio: the life of an Italian in Shakespeare's England* (Cambridge, 1934), pp. 65–6; *Returns of strangers*, ed. Scouloudi, p. 208; *Returns of aliens*, ed. Kirk and Kirk, vol. III, pp. 51, 151.

第11章 "旅程、痛苦和危险"

1 Taylor, *Geography*, pp. 95–6, 263; John Dee, *General and rare memorials pertayning to the Perfect Arte of Navigation* (STC 6459, London, 1577), sig. 13.

2 Taylor, *Geography*, pp. 172–3, 256, 264; *Johannis, confratris et monachi Glastoniensis, chronica sive historia de rebus Glastoniensibus*, ed. Thomas Hearne (Oxford, 1726), pp. 497–556.

3 *Early voyages and travels to Russia and Persia by Anthony Jenkinson and other Englishmen*, ed. E. Delmar Morgan and C. H. Coote, 2 vols (Hakluyt Society, first series, nos. 72, 73, London, 1886), vol. I, pp. 26–7.

4 *Early voyages and travels*, ed. Morgan and Coote, vol. I, pp. 35–7, at p. 37.

5 Samuel H. Baron, 'Herberstein and the English "discovery" of Muscovy', *Terrae Incognitae*, 18 (1986), pp. 43–54, at p. 44.

6 *Early voyages and travels*, ed. Morgan and Coote, vol. I, pp. 52–3; Pietro Martire d'Anghiera, *The decades of the newe worlde or west India*, trans. Richard Eden (STC 646, London, 1555), fo. 280v (sig. AAAa4v).

7 *Early voyages and travels*, ed. Morgan and Coote, vol. I, pp. 53–9, at p. 57.

8 *Early voyages and travels*, ed. Morgan and Coote, vol. I, pp. 59–81, at p. 69.

9 *Early voyages and travels*, ed. Morgan and Coote, vol. I, pp. 87–90, at p. 88.

10 *Early voyages and travels*, ed. Morgan and Coote, vol. I, pp. 107–9.

11 John H. Appleby, 'Jenkinson, Anthony (1529–1610/11)', *ODNB*.

12 Martín Cortés, *The Arte of Navigation*, trans. Richard Eden (STC 5798, London, 1561), Preface.

13 SP 70/101, fo. 36v.

14 Krystyna Szykuła, 'Anthony Jenkinson's unique wall map of Russia (1562) and its influence on European cartography', *Belgeo,* 3–4 (2008), pp. 325–40.

15 *Early voyages and travels*, ed. Morgan and Coote, vol. I, pp. 145–6.

16 *Early voyages and travels*, ed. Morgan and Coote, vol. I, pp. 150, 157–8.

17 SP 70/75, fo. 69. On Eden as Smith's pupil, see Eden's Preface to Cortés, *Arte of Navigation*.

18 SP 12/36, no. 60, and BL, Cotton MS, Galba D.IX, fo. 4, collated in *Early voyages and travels*, ed. Morgan and Coote, vol. I, pp. 159–66.

19 *The voyages and colonising enterprises of Sir Humphrey Gilbert*, ed. D. B. Quinn, 2 vols (Hakluyt Society, second series, nos. 83, 84, London, 1940), vol. I, pp. 105–6.

20 SP 12/42, nos. 5, 5(I); *Sir Humphrey Gilbert*, ed. Quinn, vol. I, pp. 110–11; Taylor, *Geography*, p. 268.

21 SP 70/101, fo. 33.

22 *Early voyages and travels*, ed. Morgan and Coote, vol. I, pp. ci–cii.

23 William Warner, *Albions England* (STC 25082, London, 1596), p. 283.

第12章　富饶的土地

1 Taylor, *Richard Hakluyts*, vol. I, pp. 2–5, 69–70.

2 *Middle Temple records*, ed. Charles Henry Hopwood and Charles Trice Martin, 4 vols (London, 1904–5), vol. I, p. 433.

3 R. N. Skelton, *Explorers' maps: chapters in the cartographic record of geographical discovery* (London, 1970), pp. 78–9, 95.

4 *PN*1, sig. *2r.

5 'John Dee his Mathematicall Præface' to *The elements of geometrie of the most auncient Philosopher Euclide of Megara* (STC 10560, London, 1570), sig. c4.

6 William Cunningham, *The cosmographical Glasse, conteinyng the pleasant Principles of Cosmographie, Geographie, Hydrographie, or Navigation* (STC 6119, London, 1559), sig. A4; Peter C. Mancall, *Hakluyt's promise: an Elizabethan's obsession for an English America* (New Haven, CT, and London, 2005), p. 19.

7 Taylor, *Richard Hakluyts*, vol. I, pp. 81–2.

8 Anthony Payne, 'Hakluyt, Richard (1552?–1616)', *ODNB*.

9 Taylor, *Geography*, p. 33; ch. 4 of Humphrey Gilbert, *A discourse of a Discoverie for a new Passage to Cataia* (STC 11881, London, 1576), sigs. E2v–F1.

10 W. P. Cumming, 'The Parreus map (1562) of French Florida', *Imago Mundi*, 17 (1963), p. 27; H. P. Biggar, 'Jean Ribaut's *Discoverye of Terra Florida*', *EHR*, 32 (1917), pp. 253–70.

11 Robert Seall, *A Commendation of the adventerus viage of the wurthy Captain. M.*

Thomas Stutely Esquyer and others, towards the Land called Terra florida (STC 22139, London, 1563).

12 Jean Ribaut, *The whole and true discoverye of Terra Florida, (englished the Florishing lande.)*, trans. Thomas Hacket (STC 20970, London, 1563), sig. A2-v.

13 Ribaut, *Terra Florida*, sig. A7v.

14 Ribaut, *Terra Florida*, sig. B1v.

15 Ribaut, *Terra Florida*, sig. B3v.

16 Ribaut, *Terra Florida*, sig. B3v.

17 Ribaut, *Terra Florida*, sig. A2v.

18 Philip Tromans, 'Thomas Hacket's publication of books about America in the 1560s', *Papers of the Bibliographical Society of America*, 109 (2015), pp. 113, 117–19.

19 André Thevet, *The new found worlde, or Antarctike*, trans. Thomas Hacket (STC 23950, London, 1568); Taylor, *Geography*, pp. 170–78; Mancall, *Hakluyt's promise*, pp. 115–20.

20 Thevet, *New found worlde*, sigs. *2v–*3r.

21 Thevet, *New found worlde*, sig. *4r.

22 SP 70/101, fos. 32–3.

23 *A true declaration of the troublesome voyadge of M. John Haukins* (STC 12961, London, 1569).

24 *PN*1, sig. *3r.

第13章 未知的限制

1 BL, Cotton MS, Otho E.VIII, fo. 42; *The three voyages of Sir Martin Frobisher*, ed. Richard Collinson (Hakluyt Society, first series, no. 38, London, 1867), pp. 87–8.

2 *Sir Martin Frobisher*, ed. Collinson, p. 88.

3 James McDermott, *Martin Frobisher: Elizabethan privateer* (New Haven, CT, and London, 2001), p. 109.

4 McDermott, *Martin Frobisher*, p. 112; T. S. Willan, *The early history of the Russia Company* (Manchester, 1956), pp. 26–8.

5 Samuel H. Baron, 'William Borough and the Jenkinson map of Russia, 1562', *Cartographica*, 26 (1989), pp. 72–85; 威廉的兄弟斯蒂芬1556年的航行在*PN*1, pp. 311–21中有描述。

6 McDermott, *Martin Frobisher*, pp. 104–5.

7 BL, Cotton MS, Otho E.VIII, fo. 42v.

8 McDermott, *Martin Frobisher*, p. 116.

9 *Sir Martin Frobisher*, ed. Collinson, pp. 89–90.

10 McDermott, *Martin Frobisher*, p. 118.

11 Sir Humphrey Gilbert, *A discourse of a Discoverie for a new Passage to Cataia* (STC 11881, London, 1576), Epistle to the reader.

12 John Dee, *General and rare memorials pertayning to the Perfect Arte of Navigation* (STC 6459, London, 1577), sig. A1v.

13 Richard I. Ruggles, 'The cartographic lure of the northwest passage: its real and imaginary geography', in *Meta Incognita: a discourse of discovery; Martin Frobisher's Arctic expeditions, 1576–1578*, ed. Thomas H.B. Symons, 2 vols (Quebec, 1999), vol. I, p. 202; James McDermott, *The navigation of the Frobisher voyages* (Hakluyt Society, London, 1998), p. 8.

14 Gilbert, *Discourse of a Discoverie*, ch. 4 (sigs. D3v–D4v); Taylor, *Geography*, p. 33.

15 McDermott, *Navigation of the Frobisher voyages*, pp. 4–5.

16 Dee, *General and rare memorials*, sig. A1v.

17 BL, Lansdowne MS 24, fo. 159.

18 George Best, *A true discourse of the late voyages of discoverie, for the finding of a passage to Cathaya, by the Northweast, under the conduct of Martin Frobisher Generall* (STC 1972, London, 1578), p. 51; McDermott, *Martin Frobisher*, p. 153.

19 McDermott, *Martin Frobisher*, p. 155.

20 PC 2/11, pp. 157–8.

21 SP 12/110, nos. 21, 22; *Sir Martin Frobisher*, ed. Collinson, pp. 111–13.

22 Pietro Martire d'Anghiera, *The History of Travayle in the West and East Indies, and other countreys lying eyther way, towardes the fruitfull and ryche Moluccaes*, trans. Richard Eden and ed. Richard Willes (STC 649, London, 1577), p. 236. 另参见 Dionyse Settle on Cathay and America in *The three voyages of Martin Frobisher*, ed. Vilhjalmur Stefansson, 2 vols (London, 1938), vol. II, p. 11.

23 Best, *True discourse*, p. 51.

24 *Martin Frobisher*, ed. Stefansson, vol. II, pp. 99–101.

25 *Martin Frobisher*, ed. Stefansson, vol. II, p. 102.

26 Taylor, *Geography*, p. 182.

27 *Martin Frobisher*, ed. Stefansson, vol. II, pp. 14–15.

28 SP 94/1, fo. 3.

29 Settle in *Martin Frobisher*, ed. Stefansson, vol. II, pp. 16–18.

30 SP 15/25, no. 35.

31 *The third voyage of Martin Frobisher to Baffin Island, 1578*, ed. James McDermott (Hakluyt Society, third series, no. 6, London, 2001), p. 83.

32 McDermott, *Martin Frobisher*, pp. 191–2.

33 *Martin Frobisher*, ed. Stefansson, vol. II, p. 225; Taylor, *Geography*, p. 183.

34 PC 2/12, p. 27.

35 *Sir Martin Frobisher*, ed. Collinson, pp. 170–83; *Third Voyage*, ed. McDermott, p. 78.

36 *Third Voyage*, ed. McDermott, p. 78.

37 *Sir Martin Frobisher*, ed. Collinson, pp. 182–3.

38 *Third Voyage*, ed. McDermott, p. 84.

39 *Third Voyage*, ed. McDermott, p. 84.

第14章 洛克先生的耻辱

1 George B. Parks, 'Frobisher's third voyage', *Huntington Library Bulletin*, 7 (1935), pp. 183–4.

2 *The third voyage of Martin Frobisher to Baffin Island, 1578*, ed. James McDermott (Hakluyt Society, third series, no. 6, London, 2001), pp. 66–9.

3 *Third voyage*, ed. McDermott, pp. 58–63. 另参见 BL, Cotton MS, Otho E.VIII, fos. 110–11。

4 *The three voyages of Martin Frobisher*, ed. Vilhjalmur Stefansson, 2 vols (London, 1938), vol. II, p. 5.

5 克特尔画的弗罗比舍肖像，现藏于牛津大学博德利图书馆，被作为彩图收入 *Meta Incognita: a discourse of discovery; Martin Frobisher's Arctic expeditions, 1576–1578*, ed. Thomas H. B. Symons, 2 vols (Quebec, 1999)；还被印在 *Third voyage*, ed. McDermott的扉页上。

6 Thomas Churchyard, *A discourse of The Queenes Majesties entertainement in Suffolk and Norffolk* (STC 5226, London, 1578), sig. L4v.

7 *Third voyage*, ed. McDermott, pp. 91–2.

8 *Third voyage*, ed. McDermott, p. 94. 另参见 Lok's paper on Frobisher's accusations, BL, Lansdowne MS 31, fos. 191–4。

9 PC 2/12, p. 310.

10 PC 2/12, pp. 331–2.

11 *Third voyage*, ed. McDermott, pp. 97–8.

12 *Third voyage*, ed. McDermott, p. 100.

13 Churchyard, *Discourse*, sig. H3.

14 Churchyard, *Discourse*, sig. H3v.

15 Thomas Churchyard, *A Prayse, and Reporte of Maister Martyne Forboishers Voyage to Meta Incognita* (STC 5251, London,［1578］), sigs. A6v–A7.

16 Thomas Ellis, *A true report of the third and last voyage into Meta incognita: achieved by the worthie Capteine, M. Martine Frobisher Esquire. Anno 1578* (STC 7607, London, 1578), sigs. C2v–C3.

17 Ellis, *True report*, sig. B7v.

18 George Best, *A true discourse of the late voyages of discoverie, for the finding of a passage to Cathaya, by the Northweast, under the conduct of Martin Frobisher Generall* (STC 1972, London, 1578), sig. A1v.

19 Richard I. Ruggles, 'The cartographic lure of the northwest passage: its real and imaginary geography', in *Meta Incognita*, ed. Symons, vol. I, p. 214.

20 Best, *True discourse*, sig. a4-v.

21 William H. Sherman, *John Dee: the politics of reading and writing in the English Renaissance* (Amherst, MA, 1995), pp. 176–81.

22 *PN*1, p. 484; Taylor, *Richard Hakluyts*, vol. I, pp. 159–62.

23 *PN*1, p. 469.

24 BL, Lansdowne MS 122, fo. 30; 另参见 BL, Cotton MS, Otho E.VIII, fos. 78–80v; and *PN*1, p. 459。

25 *PN*1, pp. 460–66.

26 Taylor, *Richard Hakluyts*, vol. I, pp. 152–4.

27 Taylor, *Richard Hakluyts*, vol. I, p. 155.

28 David Beers Quinn, *England and the discovery of America, 1481–1620* (London, 1974), pp. 314–15.

29 Ruggles, 'Cartographic lure', pp. 228–9.

30 Richard Hakluyt, *Divers voyages touching the discoverie of America* (STC 12624, London, 1582), dedication to Philip Sidney.

31 Christopher Carleill, *A breef and sommarie discourse upon the entended Voyage to the hethermoste partes of America* (STC 4626.5, n.p., 1583), sig. A2.

32 *The three voyages of Sir Martin Frobisher*, ed. Richard Collinson (Hakluyt Society, first series, no. 38, London, 1867), p. 79.

33 G. D. Ramsay, 'Clothworkers, merchants adventurers and Richard Hakluyt', *EHR*, 92 (1977), pp. 504–21; Peter C. Mancall, *Hakluyt'spromise: an Elizabethan's obsession for an English America* (New Haven, CT, and London, 2005), pp. 60–61; Anthony Payne, *Richard Hakluyt: a guide to his books and to those associated with him, 1580–1625* (London, 2008), pp. 3–7.

34 For the term 'proprietorial colonies', see the editors' Introduction to *WP*, p. xvi.

35 *WP*, pp. 3–7.

第15章 夏洛克的胜利

1 Douglas Bruster, *Drama and the market in the age of Shakespeare* (Cambridge, 1992), p. 14.

2 Sir Walter Mildmay in 1576, in R. B. Outhwaite, 'Royal borrowing in the reign of Elizabeth I: the aftermath of Antwerp', *EHR*, 86 (1971), p. 261.

3 SP 1/224, fo. 88.

4 SP 1/224, fos. 72–3v; SP 1/224, fos. 88–9v.

5 SP 70/2, fo. 7.

6 BL Lansdowne MS 12, fo. 16.

7 SP 70/14, fo. 73.

8 Gerard Malynes, 'A treatise of tripartite exchange', BL, Cotton MS, Otho E.X, fo. 94.

9 BL, Lansdowne MS 12, fos. 28–30v.

10 SP 12/19, no. 2; *The death of usury, or, the disgrace of usurers* (STC 6443, Cambridge, 1594), p. 21.

11 Outhwaite, 'Royal borrowing', pp. 252–3.

12 Norman Jones, *God and the moneylenders: usury and law in early modern England* (Oxford, 1989), pp. 34–42; Outhwaite, 'Royal borrowing', p. 253.

13 Thomas Wilson, *A discourse upon usury*, ed. R. H. Tawney (London, 1925), p. 304.

14 若需深入了解《威尼斯商人》，请参见 Michael Ferber, 'The ideology of *The Merchant of Venice*', *English Literary Renaissance*, 20 (1990), pp. 431–64。

15 *Death of usury*, p. 40.

16 Pierre de La Primaudaye, *The French Academie* (STC 15233, London, 1586), p.

527.

17 Louis Le Roy, *Aristotles Politiques, or Discourses of government* (STC 760, London, 1598), p. 52.

18 Thomas White, *A sermon preached at Pawles Cross on Sunday the thirde of November 1577. in the time of the plague* (STC 25406, London, 1578), p. 13.

19 William Wager, *A comedy or enterlude intituled, Inough is as good as feast* (STC 24933, London, [?1570]), sig. G1-v.

20 Richard Porder, *A sermon of gods fearefull threatnings for idolatrye* (STC 20117, London, [1570]), sig. A5-v.

21 For example, *The Lawes of the Markette* (STC 16704.6, London, 1562).

22 Bruster, *Drama and the market*, pp. 15–19.

23 Porder, *Sermon*, fo. 76-v (sig. L4-v).

24 George Whetstone, *A mirour for magestrates of cyties* (STC 25341, London, 1584), sig. H2.

25 Wilson, *Discourse*, ed. Tawney, p. 303.

26 Porder, *Sermon*, fos. 81v–83 (sigs. M1v–M3). 另参见 Raymond de Roover, 'What is dry exchange? A contribution to the study of English mercantilism', *Journal of Political Economy*, 52 (1944), pp. 252–7; Raymond de Roover, *Gresham on foreign exchange* (Cambridge, MA, 1949), pp. 94–172; T. H. Lloyd, 'Early Elizabethan investigations into exchange and the value of sterling, 1558–1568', *EcHR*, 53 (2000), pp. 60–83。

27 Jones, *God and the moneylenders*, p. 4.

28 Porder, *Sermon*, fo. 84 (sig. M4).

29 de Roover, 'What is dry exchange?', p. 258.

30 Porder, *Sermon*, fo. 85-v (sig. M5-v).

31 Porder, *Sermon*, fo. 86v (sig. M6).

32 de Roover, 'What is dry exchange?', p. 255.

33 Wilson, *Discourse*, ed. Tawney, p. 177.

34 Wilson, *Discourse*, ed. Tawney, pp. 200, 209.

35 Wilson, *Discourse*, ed. Tawney, p. 314.

36 Wilson, *Discourse*, ed. Tawney, pp. 325–6.

37 Wilson, *Discourse*, ed. Tawney, p. 249.

38 Wilson, *Discourse*, ed. Tawney, pp. 177, 200.

39 SP 12/75, no. 54; Wilson, *Discourse*, ed. Tawney, p. 155; Jones, *God and the*

moneylenders, pp. 51–2.

第16章 小圣巴塞洛缪教堂

1 SP 12/245, no. 50.

2 Dekker, *Plague*, p. 33.

3 Ian W. Archer, *The pursuit of stability: social relations in Elizabethan London* (Cambridge, 1991), p. 11.

4 Jonathan Bate, *Soul of the age: the life, mind and world of William Shakespeare* (London, 2008), p. 12.

5 Henry Arthington, *Provision for the poore, now in penurie* (STC 798, London, 1597), sigs. B2–3.

6 *The Queenes Majesties Proclamation for staying of all unlawfull assemblies in and about the Citie of London, and for Orders to punish the same* (STC 8242, London, 4 July 1595).

7 *The Queenes Majesties Proclamation for suppressing of the multitudes of idle Vagabonds, and for staying of all unlawfull assemblies, especially in and about the Citie of London, and for orders to punish the same* (STC 8266, London, 9 September 1598).

8 39 Elizabeth I, c. 4, printed as *An Acte for punishment of Rogues, Vagabonds, and sturdie Beggers* (STC 8261.7, [London, 1598?]).

9 Archer, *Pursuit of stability*, p. 8.

10 *Two Tudor subsidy assessment rolls for the city of London: 1541 and 1582*, ed. R. G. Lang (London Record Society, vol. 29, London, 1993), pp. 170–71.

11 Kingsford, vol. I, p. 180.

12 Freshfield, *Minute books*, pp. xliv–xlv.

13 Freshfield, *Minute books*, p. 12.

14 Freshfield, *Minute books*, pp. 39, 40.

15 Freshfield, *Account books*, p. 3.

16 Freshfield, *Minute books*, p. 40. 另参见 Freshfield, *Account books*, p. 3。

17 教区在1598年2月后购买的 'Bocke of Statuttes'（Freshfield, *Account books*, p. 3）是STC 9492.7（或它的另一版本），《流浪者法令》收录在 sigs. B6-C3。

18 Freshfield, *Account books*, p.10.

19 PROB 11/81/9.

20 PROB 11/88/94.

21 Tarnya Cooper, *Citizen portrait: portrait painting and the urban elite of Tudor and Jacobean England and Wales* (New Haven, CT, and London, 2012), pp. 126–7.

22 Freshfield, *Minute books*, p. 25.

23 *Elizabeth I and her people*, ed. Tarnya Cooper (London, 2013), p. 142.

第17章 变化和怀旧

1 Dekker, *Plague*, p. 40.

2 John Stow, *The survay of London*, ed. Anthony Munday (STC 23344, London, 1618), p. 800.

3 John Schofield, 'An introduction to the three known sheets of the Copperplate Map', in *Tudor London: a map and a view*, ed. Ann Saunders and John Schofield (London Topographical Society, no. 159, London, 2001), p. 2.

4 Bridget Gellert, 'The melancholy of Moor-ditch: a gloss of *1 Henry IV*, I. ii. 87–88', *Shakespeare Quarterly*, 18 (1967), pp. 70–71; John Taylor, *The pennyles pilgrimage* (STC 23784, London, 1618), sig. D1v.

5 Robert Anton, *The philosophers satyrs* (STC 686, London, 1616), p. 20 (sig. F2v); Gellert, 'Melancholy of Moor-ditch', pp. 70–71. 另参见本・琼生的《人人高兴》中布莱恩沃姆伪装成有教养的士兵在穆尔菲尔兹乞讨, II. iv. 6–17, 44–7, 这里我参考了马丁・巴特勒教授的作品。

6 *The travels of John Sanderson in the Levant, 1584–1602*, ed. William Foster (Hakluyt Society, second series, no. 67, London, 1931), pp. 288–9.

7 Richard Johnson, *The Pleasant Walkes of Moore-fields* (STC 14690, London, 1607), sig. A4.

8 Stow, *Survay*, ed. Munday, p. 802.

9 Johnson, *Pleasant Walkes of Moore-fields*, sig. A4.

10 Johnson, *Pleasant Walkes of Moore-fields*, sig. A2.

11 Johnson, *Pleasant Walkes of Moore-fields*, sig. A3v.

12 Johnson, *Pleasant Walkes of Moore-fields*, sig. A4.

13 John Norden, *Speculum Britanniae* (STC 18635, London, 1593), p. 36.

14 Kingsford, vol. I, p. 72; Stow, *Survay*, ed. Munday, p. 794.

15 Kingsford, vol. I, p. 126.

16 *TRP*, vol. II, p. 466.

17 Lena Cowen Orlin, 'Temporary lives in London lodgings', *HLQ*, 71 (2008), pp. 219–42. 另参见 her *Locating privacy in Tudor London* (Oxford, 2007)。

18 Kingsford, vol. II, p. 368.

19 Kingsford, vol. II, p. 73; *Survay*, ed. Munday, p. 795.

20 Ian W. Archer, *The pursuit of stability: social relations in Elizabethan London* (Cambridge, 1991), p. 81.

21 Orlin, 'Temporary lives', p. 220.

22 Patrick Collinson, 'John Stow and nostalgic antiquarianism', in *Imagining early modern London: perceptions and portrayals of the city from Stow to Strype, 1598–1720*, ed. J. F. Merritt (Cambridge, 2001), pp. 27–51.

23 Ian W. Archer, 'The arts and acts of memorialization in early modern London', in *Imagining early modern London*, ed. Merritt, pp. 89–113.

24 Kingsford, vol. II, p. 17.

25 Kingsford, vol. II, p. 72.

26 Kingsford, vol. I, p. 126.

27 Kingsford, vol. II, p. 213.

28 *PN*2, vol. I (1598), sig. *4.

29 *PN*2, vol. I (1598), sig. *4.

30 *PN*2, vol. I (1598), sig. *4.

31 *PN*2, vol. I (1598), sig. *5v.

32 *PN*2, vol. I (1598), pp. 124–5.

33 Kingsford, vol. I, p. 4.

第18章 到东印度群岛去

1 *The travels of John Sanderson in the Levant, 1584–1602*, ed. William Foster (Hakluyt Society, second series, no. 67, London, 1931), p. 255.

2 *Travels of John Sanderson*, ed. Foster, p. 3.

3 *The policy of the Turkish Empire* (STC 24335, London, 1597), sig. A3.

4 'The praise of the red herring' (1599), in *The works of Thomas Nashe*, ed. Ronald B. McKerrow and F. P. Wilson, 5 vols (Oxford, 1966), vol. III, p. 173.

5 SP 97/2, fo. 66; *Travels of John Sanderson*, ed. Foster, p. xii.

6 *Works of Thomas Nashe*, ed. McKerrow and Wilson, vol. III, p. 173.

7 *PN*2, vol. II (1599), i, pp. 141–4.

8 *A collection of state papers*, ed. William Murdin (London, 1759), p. 781; Alfred C. Wood, *A history of the Levant Company* (London, 1964), p. 17.

9 Wood, *Levant Company*, p. 17.

10 SP 97/2, fo. 235; Wood, *Levant Company*, p. 13.

11 *PN2*, vol. II (1599), i, pp. 295–303.

12 *PN2*, vol. II (1599), i, pp. 250–65; Trevor Dickie, 'Fitch, Ralph (1550?–1611)', *ODNB*.

13 *PN2*, vol. II (1599), i, pp. 250–51.

14 *PN2*, vol. II (1599), i, p. 296.

15 *PN2*, vol. II (1599), i, p. 297; SP 97/2, fo. 159.

16 *The voyages of Sir James Lancaster to Brazil and the East Indies, 1591–1603*, ed. William Foster (Hakluyt Society, second series, no. 85, London, 1940), pp. 1–30; and Kenneth R. Andrews, *Elizabethan privateering: English privateering during the Spanish war, 1585–1603* (Cambridge, 1964), pp. 214–16.

17 Andrews, *Elizabethan privateering*, p. 216.

18 *PN2*, vol. II (1599), i, p. 250.

19 Om Prakash, 'The English East India Company and India', in *The worlds of the East India Company*, ed. H. V. Bowen, Margarette Lincoln and Nigel Rigby (Woodbridge, 2002), p. 2.

20 *The voyage of Sir Henry Middleton to the Moluccas, 1604–1606*, ed. William Foster (Hakluyt Society, second series, no. 88, London, 1943), pp. 199–201; R. A. Skelton, *Explorers' maps: chapters in the cartographic record of geographical discovery* (London, 1970), pp. 148, 156; P. J. Marshall, 'The English in Asia to 1700', in *The origins of empire: British overseas enterprise to the close of the seventeenth century*, ed. Nicholas Canny (Oxford, 1998), p. 269.

21 *A true report of the gainefull, prosperous and speedy voiage to Java in the East Indies, performed by a fleete of eight ships of Amsterdam* (STC 14478, London, [1599?]), p. 23 (sig. D2).

22 *Travels of John Sanderson*, ed. Foster, p. 180.

23 SP 12/253, no. 118.

24 *Travels of John Sanderson*, ed. Foster, p. 184.

25 *Travels of John Sanderson*, ed. Foster, p. 190.

26 *Travels of John Sanderson*, ed. Foster, p. 186.

27 *The dawn of British trade as recorded in the court minutes of the East India Company, 1599–1603*, ed. Henry Stevens (London, 1886), p. 270; Wood, *Levant Company*, p. 31.

28 *Dawn of British trade*, ed. Stevens, pp. 5–7.

29 *Dawn of British trade*, ed. Stevens, p. 8.

30 *Dawn of British trade*, ed. Stevens, pp. 10–11.

31 黎凡特商人中托马斯·科达尔（Thomas Cordall），威廉·加拉韦（William Garaway），托马斯·西蒙兹（Thomas Simonds），理查德·斯塔普和尼古拉斯·利特（Nicholas Leate）被委任为东印度航行的负责人：*PN*2, vol. II (1599), i, p. 296; *Select charters of trading companies, 1530–1707*, ed. Cecil T. Carr (Selden Society, London, 1913), pp. 31–2; Theodore K. Rabb, *Enterprise and empire: merchant and gentry investment in the expansion of England, 1575–1630* (Cambridge, MA, 1967), alphabetical list of names; Robert Brenner, *Merchants and revolution: commercial change, political conflict, and London's overseas traders, 1550–1653* (Cambridge, 1993), pp. 21–2, 77–9。1605年的创始成员请参见 Mortimer Epstein, *The early history of the Levant Company* (London, 1908), pp. 158–60。

32 *The register of letters etc. of the Governor and Company of Merchants of London trading into the East Indies*, ed. George Birdwood and William Foster (London, 1893, repr. 1965), pp. 163–89; *Select charters*, ed. Carr, pp. 30–43.

33 *Register of letters*, ed. Birdwood and Foster, p. 204.

34 *Register of letters*, ed. Birdwood and Foster, p. 198.

35 Dudley Digges, *The defence of trade. In a Letter to Sir Thomas Smith Knight, Governour of the East-India Companie, &c.* (STC 6845, London, 1615), p. 42.

36 K. N. Chaudhuri, *The English East India Company: the study of an early joint-stock company, 1600–1640* (London, 1965), p. 8.

37 *Register of letters*, ed. Birdwood and Foster, p. 180.

38 Marshall, 'English in Asia', p. 269; Chaudhuri, *East India Company*, p. 117. 另参见 *Register of letters*, ed. Birdwood and Foster, pp. 196–9。

39 Digges, *Defence of trade*, pp. 19–22.

40 *The English factories in India: a calendar of documents in the India Office, British Museum and Public Record Office*, ed. William Foster, 13 vols (Oxford, 1906–27), vol. I.

41 *The lawes or Standing Orders of the East India Company* (STC 7447, [London], 1621), pp. 50–51.

42 Prakash, 'English East India Company', p. 3.

43 *Dawn of British trade*, ed. Stevens, pp. 123–4; Peter C. Mancall, *Hakluyt's promise: an Elizabethan's obsession for an English America* (New Haven, CT, and

London, 2007), pp. 237–43; Heidi Brayman Hackel and Peter C. Mancall, 'Richard Hakluyt the Younger's notes for the East India Company in 1601: a transcription of Huntington Library Manuscript EL 2360', *HLQ*, 67 (2004), pp. 423–36.

44 Taylor, *Richard Hakluyts*, vol. II, pp. 487–8; *The Hakluyt handbook*, ed. D. B. Quinn, 2 vols (Hakluyt Society, second series, nos. 144, 145, London, 1974), vol. I, pp. 305–6, 311, 313; Mancall, *Hakluyt's promise*, pp. 240–41; Hackel and Mancall, 'Richard Hakluyt the Younger's notes', p. 425; Jan Huygen van Linschoten, *Itinerario, voyage ofte schipvaert van Jan Huygen van Linschoten* (Amsterdam, 1596); *John Huighen van Linschoten his Discours of Voyages into the Easte & West Indies* (STC 15691, London, [1598]), on which see Skelton, *Explorers' maps*, pp. 146–7; Juan Gonzáles de Mendoza, *The Historie of the great and mightie kingdome of China, and the situation thereof*, trans. Robert Parke (STC 12003, London, 1588).

45 *Dawn of British trade*, ed. Stevens, p. 143; Taylor, *Richard Hakluyts*, vol. II, pp. 465–8, 476–82; Mancall and Hackel, 'Richard Hakluyt the Younger's notes', pp. 431–5.

第19章　富有价值的弗吉尼亚

1 SP 91/1, fo. 171-v; T. S. Willan, *The early history of the Russia Company, 1553–1603* (Manchester, 1956), p. 256.

2 Freshfield, *Account books*, p. 4.

3 SP 91/1, fo. 194.

4 BL, Lansdowne MS 112, fos. 134–5v, printed in *'Of the Russe Commonwealth' by Giles Fletcher 1591: a facsimile edition with variants*, ed. Richard Pipes and J. V. A. Fine (Cambridge, MA, 1966), pp. 61–4. 另参见 *The English works of Giles Fletcher, the elder*, ed. Lloyd E. Berry (Madison, WI, 1964), pp. 150–53; Felicity J. Stout, '"The strange and wonderfull discoverie of Russia": Hakluyt and censorship', in *Richard Hakluyt and travel writing in early modern Europe*, ed. Daniel Carey and Claire Jowitt (Hakluyt Society, extra series, no. 47, Farnham, 2012), p. 160; and Felicity J. Stout, *Exploring Russia in the Elizabethan commonwealth: the Muscovy Company and Giles Fletcher, the elder (1546–1611)* (Manchester, 2015), pp. 189–98。

5 *Sir Thomas Smithes voiage and Entertainment in Rushia* (STC 22869, London, 1605), sig. B1v.

6 SP 91/1, fos. 196–8v, at fo. 196.

7 Karen Hearn, 'Merchant-class portraiture in Tudor London: "Customer" Smith's

commission, 1579/80', in *Treasures of the royal courts: Tudors, Stuarts and the Russian tsars*, ed. Olga Dmitrieva and Tessa Murdoch (London, 2013), pp. 37–43. 另参见 Kingsford, vol. I, p. 174。

8 SP 12/278, no. 57.

9 T. S. Willan, *The Muscovy merchants of 1555* (Manchester, 1953), pp. 105–6; Beaven, vol. I, p. 158; vol. II, p. 47.

10 *PN*2, vol. III (1600), sigs. (A2), (A3).

11 *PN*2, vol. III (1600), sig. (A3).

12 *PN*1, p. 728.

13 Taylor, *Richard Hakluyts*, vol. II, p. 332; John Brereton, *A Briefe and true Relation of the Discoverie of the North part of Virginia, being a most pleasant, fruitfull and commodious soile* (STC 3611, London, 1602), p. 30 (sig. D3v).

14 John Guy, *Elizabeth: the forgotten years* (London, 2016), pp. 68–75, at p. 73.

15 *PN*1, pp. 770–71; Thomas Harriot, *A briefe and true report of the new found land of Virginia* (STC 12785, London, 1588); David Beers Quinn, *England and the discovery of America, 1481–1620* (London, 1974), pp. 283–5.

16 *The English New England voyages, 1602–1608*, ed. David B. Quinn and Alison M. Quinn (Hakluyt Society, second series, no. 161, London, 1983), p. 207.

17 John Brereton, *A Briefe and true Relation of the Discoverie of the North part of Virginia* (STC 3610, London, 1602), pp. 15, 23. 布里尔顿的小册子 (STC 3610) 及其再版加印 (STC 3611), 参见 *The Hakluyt handbook*, ed. D. B. Quinn, 2 vols (Hakluyt Society, second series, nos. 144, 145, London, 1974), vol. I, p. 319。

18 *Sir Thomas Smithes voiage*, sig. B1.

19 'To the Virginian voyage', in Michael Drayton, *Poemes Lyrick and pastorall* (STC 72255, London, [1606]), sigs. C4–C5.

20 George Chapman, Ben Jonson and John Marston, *Eastward Hoe* (STC 4973, London, 1605), sig. E1-v; Peter C. Mancall, *Hakluyt's promise: an Elizabethan's obsession for an English America* (New Haven, CT, and London, 2007), pp. 257–8. 关于《向东呀》和《乌托邦》言语上的相似性参见 Thomas More, *A fruteful, and a pleasaunt worke of the beste state of a publyque weale, and of the newe yle called Utopia* (STC 18094, London, 1551), sig. K7-v，这里我参考了亲爱的约翰·盖伊教授的作品，感谢他的慷慨帮助。

21 Virginia Company of London, *A true and sincere declaration of the purpose and ends of the Plantation begun in Virginia … Sett forth by the authority of the*

Governors and Councellors established for that Plantation (STC 24832, London, 1610), p. 6.

22 *Hakluyt handbook*, ed. Quinn, vol. I, p. 317.

23 *The Jamestown voyages under the first charter, 1606–1609*, ed. Philip L. Barbour, 2 vols (Hakluyt Society, second series, nos. 136, 137, Cambridge, 1969), vol. I, pp. xxiv–xxviii.

24 *The great frost. Cold doings in London, except it be at the loterrie* (STC 11403, London, 1608), esp. sigs. B2v–B3; Malcolm Gaskill, *Between two worlds: how the English became Americans* (Oxford, 2014), ch. 1.

25 STC 24830.4，这是伦敦金匠理查德・维多斯（Richard Widows）出资25英镑的证明：*The records of the Virginia Company of London*, ed. Susan Myra Kingsbury, 4 vols (Washington, DC, 1906–35), vol. III, p. 89。

26 *The genesis of the United States*, ed. Alexander Brown, 2 vols (Boston and New York, 1890), vol. I, pp. 257–8, 277–82, 291–3, 302–7.

27 Richard Hakluyt, *Virginia richly valued, By the description of the maine land of Florida, her next neighbour* (STC 22938, London, 1609), sig. A4-v.

28 Robert Johnson, *Nova Britannia: offering most excellent fruites by Planting in Virginia. Exciting all such as be well affected to further the same* (STC 14699.5, London, 1609).

29 Virginia Company of London, *For the Plantation in Virginia. Or Nova Britannia* (STC 24831, London, 1609).

30 STC 24830.9.

31 William Symonds, *Virginia. A sermon preached at White-Chappel, In The presence of many, Honourable and Worshipfull, the Adventurers and Planters for Virginia. 25. April. 1609. Published for the benefit And Use of the Colony, Planted, And to bee Planted there, and for the Advancement of their Christian Purpose* (STC 23594, London, 1609), p. 1.

32 Robert Gray, *A good speed to Virginia* (STC 12204, London, 1609), sig. B2v.

33 Symonds, *Virginia*, p. 54.

第20章　过去的时间，现在的时间

1 Peter Barber, *London: a history in maps*, ed. Laurence Worms, Roger Cline and Ann Saunders (London Topographical Society, no. 173, London, 2012), pp. 22–3.

2 Barrett L. Beer, ‘Stow［Stowe］, John (1524/5–1605)’, ODNB.

3 Taylor, *Richard Hakluyts*, vol. II, p. 509.

4 Minnie Reddan and Alfred W. Clapham, *The church of St Helen, Bishopsgate* (vol. IX of London County Council's *Survey of London*, ed. Sir James Bird and Philip Norman, London, 1924), p. 52 and plates 62–5.

5 Alfred Povah, *The annals of the parishes of St Olave Hart Street and Allhallows Staining, in the city of London* (London, 1894), pp. 58, 66–8.

6 Povah, *St Olave Hart Street*, pp. 89–91; Mortimer Epstein, *The early history of the Levant Company* (London, 1908), pp. 159, 255, 257, 258, 261; Alfred C. Wood, *A history of the Levant Company* (London, 1964), p. 22; *The dawn of British trade as recorded in the court minutes of the East India Company, 1599–1603*, ed. Henry Stevens (London, 1886), pp. 54, 56–8, 74–6, 98, 116, 167, 187, 249, 254, 263.

7 18世纪晚期或19世纪早期，斯塔普的墓碑被从圣马丁奥维奇教堂移到主教门的圣海伦教堂：*The registers of St Martin Outwich*, ed. W. Bruce Bannerman (London, 1905), pp. v–vi; Reddan and Clapham, *St Helen Bishopsgate*, p. 71, plates 94–5。

8 PC 2/13, p. 419.

9 SP 12/187, no. 77.

10 Immanuel Bourne, *The godly mans guide: with a direction for all; especially, merchants and tradsmen, shewing how they may so buy, and sell, and get gaine, that they may gaine heaven* (STC 3417, London, 1620), p. 19.

11 Bannerman, *St Olave*, p. 123.

12 Charles Dickens, *The uncommercial traveller and reprinted pieces etc.* (Oxford, 1987), pp. 233–40.

13 Freshfield, *Account books*, pp. 62–3.

14 *The marriage, baptismal, and burial registers, 1571 to 1874… of the Dutch Reformed church, Austin Friars, London*, ed. W. J. C. Moens, (Lymington, 1884), pp. xxxi–xxxii.

15 *The English factories in India: a calendar of documents in the India Office, British Museum and Public Record Office*, ed. William Foster et al., 13 vols (Oxford, 1906–27), vol. I, pp. 183–6.

16 *The records of the Virginia Company of London*, ed. Susan Myra Kingsbury, 4 vols (Washington, DC, 1906–35), vol. I, p. 398.

17 Council for Virginia, *A declaration of the state of the Colonie and Affaires in Virginia: with the Names of the Adventurors, and Summes adventured in that*

Action (STC 24841.4, London, 1620), p. 1.

18 Council for Virginia, *Declaration of the state of the Colonie*, pp. 3–4.

19 *By the King. A Proclamation for the restraint of the disordered trading for Tobacco* (STC 8637, London, 1620).

20 *Virginia Company*, ed. Kingsbury, vol. I, pp. 402–3.

21 Barber, *London: a history in maps*, pp. 36–9.

22 *The diary of John Evelyn*, ed. William Bray, 2 vols (New York and London, 1901), vol. II, p. 21.

23 Barber, *London: a history in maps*, p. 52.

24 J. Lindeboom, *Austin Friars: history of the Dutch Reformed church in London, 1550–1950* (The Hague, 1950), pp. 191–2.

25 Kingsford, vol. I, p. 143.

26 Kingsford, vol. I, p. xcviii.

27 Dickens, *Uncommercial traveller*, p. 234.

致　谢

最初，是彼得·罗宾逊说服我着手写这本书的，后来在企鹅出版社的西蒙·温德尔、美国布卢姆斯伯里出版社（Bloomsbury USA）的乔治·吉布森和墨水池书籍管理公司（Inkwell Management）的乔治·卢卡斯的帮助下，本书最初的想法和计划得以逐步成型。彼得是一位不可思议的天才，在我搞清楚自己想写些什么之前，他就已经清楚地知道我想写什么。而在这本书的方向和目的方面，西蒙、乔治·吉布森和乔治·卢卡斯给予我巨大的帮助。我非常感谢这四位的帮助，我无以为报。我还要感谢企鹅出版社的团队（尤其是玛丽亚·贝德福德、理查德·杜吉德和玛丽娜·肯普）一直给予我的帮助，感谢简·罗伯逊出色地完成编辑工作，也感谢塞西莉·麦凯为本书找到了这么多精美的插图。

这本书的第一稿由萨拉·巴克博士、马丁·巴特勒教授和约翰·盖伊教授审读，他们的评论、修订和建议使本书得到了极大的提升。不用说，遵循学术传统，我必须事先声明，这个最终版本中的任何错误或古怪之处完全是我自己的问题。对约翰·盖伊，我还需再次表达我由衷的感激：二十年前，他教导我如何成为一名历史学家，他的学识和作品一直给予我灵感。

我非常感谢利兹大学历史学院的同事，在忙碌的三年半的教学后，在2016年初的几个月，让我能利用研修假在平和宁静中完成这本书。特别感谢伊恩·伍德教授，他与我分享了他自己对伊丽莎白时代的广博知识。感谢利兹大学布拉泽顿图书馆和莱德劳图书馆、剑桥大学图书馆、伦敦城市档案馆和莱顿大学图书馆特藏阅览室的工作人员，他们工作专业、彬彬有礼，为本书的研究提供了帮助。

如果没有马克斯和亲爱的玛蒂尔达，这本书不可能出版。马克斯永远是我最大的支持者和最有洞察力的评论家，从玛蒂尔达身上，每天我都学到很多东西，她的快乐使一切都非常值得。我把这本充满爱的书献给我的父母，珍妮弗和托尼·奥尔福德，他们一直鼓励我踏上历史学的旅程，很久以前，在韦斯顿公园博物馆、L.杜加德·皮奇的《奥利弗·克伦威尔》和雷金山的长影里的罗马遗址中我开始了历史学的旅程，而我的父母一直在此过程中给我鼓励。

斯蒂芬·奥尔福德

加格雷夫（Gargrave）

2016年12月

出版后记

《伦敦的崛起》为读者讲述了一段关于16、17世纪伦敦的商人和探险家的故事。这些商人和探险家为了开展贸易和建立殖民地，不惜冒着生命危险出海，甚至敢于乘坐木帆船向北航行，意图穿越北海、寻找到达亚洲的航线。他们为此付出了惨痛的代价，包括船只、物资、人员，但他们最终建立了多条贸易线路，使他们得以从东方进口香料、丝绸、布料和其他珍贵货物，再将之出口至欧洲大陆，也使伦敦取代了安特卫普，成为新的贸易中心。

这些商人和探险家当中有些是世代经商、出身体面的市民，有些则是狂妄贪婪的赌徒和骗子。然而，正是他们成就了今日作为世界经济和金融中心的伦敦，造就了“伦敦的崛起”。

书中涉及许多伊丽莎白时期的文学著作，我们采用了现有中译本，主要是朱生豪译莎士比亚剧作，在此表示感谢。但是，当时的作品仍有许多尚未翻译为中文，书中的译文仅供参考。由于编者水平有限，本书难免有疏漏，还请读者指正。

服务热线：133-6631-2326　188-1142-1266

服务信箱：reader@hinabook.com

后浪出版公司

2020年6月

图书在版编目（CIP）数据

伦敦的崛起：商人、冒险家与资本打造的大都会 /（英）斯蒂芬·奥尔福德著；郑禹译．-- 北京：九州出版社，2020.9

ISBN 978-7-5108-9167-0

Ⅰ．①伦… Ⅱ．①斯… ②郑… Ⅲ．①城市史—史料—伦敦 Ⅳ．① K956.15

中国版本图书馆 CIP 数据核字 (2020) 第 099241 号

London's Triumph: Merchants, Adventurers and Money in Shakespeare's City
by Stephen Alford

著作权合同登记号：图字：01-2020-3716

伦敦的崛起：商人、冒险家与资本打造的大都会

作　者	［英］斯蒂芬·奥尔福德　著　　郑　禹　译
出版发行	九州出版社
地　址	北京市西城区阜外大街甲 35 号 (100037)
发行电话	（010）68992190/3/5/6
网　址	www.jiuzhoupress.com
电子信箱	jiuzhou@jiuzhoupress.com
印　刷	北京盛通印刷股份有限公司
开　本	889 毫米 × 1194 毫米　32 开
印　张	11.25
字　数	263 千字
版　次	2020 年 9 月第 1 版
印　次	2020 年 9 月第 1 次印刷
书　号	ISBN 978-7-5108-9167-0
定　价	78.00 元